W0366374

AIMABLES SAUVAGES

DÉJÀ PARUS DANS PRESSES POCKET

PIERRE-JAKEZ HÉLIAS — Le cheval d'orgueil
JEAN MALAURIE — Les derniers rois de Thulé
JEAN RECHER — Le grand métier
MARGARET MEAD — Mœurs et sexualité en Océanie
JACQUES SOUSTELLE — Les quatre soleils
GEORGES BALANDIER — Afrique ambiguë
VICTOR SÉGALEN — Les Immémoriaux
ADÉLAÏDE BLASQUEZ — Gaston Lucas serrurier
GASTON ROUPNEL — Histoire de la campagne française
CLAUDE LÉVI-STRAUSS — Tristes tropiques
DON C. TALAYESVA — Soleil Hopi
MAHMOUT MAKAL — Un village anatolien
ANTOINE SYLVÈRE — Toinou

COLLECTION TERRE HUMAINE
DIRIGÉE PAR JEAN MALAURIE

AIMABLES SAUVAGES

FRANCIS HUXLEY

Traduit de l'anglais par Monique Lévi-Strauss

PLON

Cet ouvrage a paru en langue anglaise sous le titre :

AFFABLE SAVAGES

La présente édition reproduit dans son intégralité le texte original, à l'exception des illustrations hors texte.
L'édition complète dans TERRE HUMAINE est toujours disponible. Le lecteur trouvera en fin de volume la liste des titres de la collection TERRE HUMAINE.

La loi du 11 mars 1957 n'autorisant, aux termes des alinéas 2 et 3 de l'article 41, d'une part, que les « copies ou reproductions strictement réservées à l'usage privé du copiste et non destinées à une utilisation collective », et, d'autre part, que les analyses et les courtes citations dans un but d'exemple et d'illustration, « toute représentation ou reproduction intégrale, ou partielle, faite sans le consentement de l'auteur ou de ses ayants droit ou ayants cause, est illicite » (alinéa 1er de l'article 40).
Cette représentation ou reproduction, par quelque procédé que ce soit, constituerait donc une contrefaçon sanctionnée par les articles 425 et suivants du Code pénal.

© Librairie Plon, 1960 et 1980 pour la présente édition.

ISBN : 2 - 266 - 01619 - 9

INTRODUCTION

Peu après la découverte du Brésil en 1500, les Portugais, les Français, les Hollandais et les Anglais s'installèrent sur la côte. Ils y trouvèrent plusieurs tribus indiennes, dont la plupart étaient de même culture et parlaient la même langue, le *tupi*; la plus fameuse était la tribu des Tupinamba, que les premiers chroniqueurs ont décrite avec minutie; leurs coutumes offraient le plus passionnant des sujets d'étude. Lorsqu'un bateau, arrivant d'Europe, jetait l'ancre au large de la côte, des groupes d'Indiens attendaient que les nouveaux venus missent pied à terre pour leur proposer une alliance, d'un genre aussi attrayant qu'inédit : en échange de leurs marchandises, les colons seraient conduits dans les villages indiens et traités en hôtes d'honneur – nourris, fêtés et pourvus de femmes.

Grâce à cette hospitalité, les colons apprirent à connaître ce nouveau monde qu'ils avaient découvert, à identifier les animaux de la forêt; ils adoptèrent les techniques indiennes d'agriculture et de chasse. Par la même occasion, ils se liaient avec les Indiens, dont certaines coutumes les fascinaient : l'exécution rituelle d'Indiens ennemis, capturés à la guerre, suivie du festin anthropophagique, qui était le digne couronnement des cérémonies tupinamba.

Les chroniqueurs fournissent une mine d'informations, non seulement sur ces rites sensationnels, mais aussi sur la langue, le chamanisme, le mariage, les funérailles et l'organisation familiale; leurs récits nous révèlent l'histoire des tribus de langue tupi, depuis la découverte. Tandis que progressait la colonisation du Brésil, les nouveaux venus s'emparaient du territoire côtier, où vivaient les Indiens. Beaucoup d'indigènes moururent à la guerre, d'autres furent réduits en esclavage, ou tués par des maladies d'importation récente, telles que la variole, la rougeole ou même le rhume; d'autres encore s'échappèrent dans la forêt, ou partirent pour des expéditions lointaines à la recherche du pays légendaire de *Maran-im*, le paradis terrestre. (En remontant l'Amazone, un groupe parvint à Chachapoyas, au Pérou, en 1549, après un voyage de neuf ans; ces Indiens racontèrent avoir vu un pays qui regorgeait d'or et de pierres précieuses, et que les Espagnols s'empressèrent d'identifier à l'Eldorado.) Les tribus tupinamba disparurent complètement et n'existent plus aujourd'hui que dans les récits des chroniqueurs.

Ces récits ont fait l'objet d'études ethnologiques, dont la principale est due à Alfred Métraux et s'intitule *La Religion des Tupinamba*. Des recherches que je faisais dans les bibliothèques anglaises m'inspirèrent un si vif intérêt pour les Tupinamba que je décidai d'aller au Brésil travailler chez une tribu vivante de langue tupi. La chance me sourit : je reçus une bourse du gouvernement brésilien et une subvention du D.S.I.R. (1). Par l'intermédiaire du Dr Muller, de la Escola de Sociologia e Politica de São Paulo, je fus présenté à Darcy Ribeiro, jeune ethnologue de talent attaché au Service brésilien pour la protection des Indiens.

Le Serviço de Proteção aos Indios (S.P.I.) est une

(1) D.S.I.R. : *Department of Scientific and Industrial Research.*

institution remarquable, dont la tâche n'est pas seulement de pacifier les nombreuses tribus hostiles vivant encore au Brésil, mais aussi de les protéger contre l'exploitation des Blancs après qu'elles ont été pacifiées. Or l'œuvre du Service de Protection se heurte à une opposition considérable. La grande forêt a toujours été le symbole des ressources, apparemment inépuisables, du pays : espèce de *no man's land* qui, en dépit de ses dangers, attire le prospecteur – qu'il soit à la recherche de caoutchouc, d'huile de palme ou de richesses souterraines. Ce n'est pas par hasard qu'au Brésil le verbe *explorar* (explorer) a pris aussi le sens d'exploiter. Aux yeux de cette espèce d'explorateur, les Indiens sont avant tout gênants, et, comme il les craint, il leur tire dessus. Les Indiens ripostent, et c'est le début d'une nouvelle guerre dans la forêt.

Le S.P.I. fait ce qu'il peut pour changer cette attitude envers les Indiens. Aux balles, il préfère l'amour du prochain, et refuse d'user de représailles contre les Indiens qui tuent ses employés. Armés de cadeaux, et non de fusils, ceux-ci poursuivent leur œuvre de pacification en vue d'une compréhension mutuelle. Pour une part importante, la tâche du S.P.I. est également scientifique; il a fait beaucoup pour encourager les études ethnologiques.

Lorsque je rencontrai le senhor Ribeiro, il était sur le point de partir pour une seconde mission ethnologique chez une tribu d'Indiens appelés Urubu. Il me raconta que ces Indiens parlaient un dialecte tupi, qu'ils semblaient avoir pratiqué l'anthropophagie rituelle dans un passé récent – leur pacification date seulement de vingt-cinq ans – et que leurs coutumes et leurs mythes présentaient de grandes similitudes avec ceux des Indiens Tupinamba disparus. Apprenant que cette tribu était justement du type que j'espérais voir, il m'invita séance tenante à l'accompagner dans son prochain voyage. Un ethnologue sera seul capable d'apprécier à sa juste valeur la générosité d'une telle proposition : celui qui travaille avec une tribu ne peut s'empêcher de penser qu'il en a, en quelque sorte, le monopole. Je m'en remis entièrement au senhor Ribeiro pour régler les problèmes matériels que posait ce voyage, car je n'avais jamais pénétré une forêt tropicale et j'ignorais tout des difficultés pratiques auxquelles se heurte le travail ethnologique.

La saison sèche finit vers décembre; voulant en profiter, nous quittâmes Rio en juin 1951 par avion. A Belém, nous achetâmes le gros de nos provisions, que le senhor Ribeiro fit transporter par voie fluviale, en remontant le Gurupí, jusqu'à Canindé, poste que le Service de Protection maintient à l'usage des Urubu. Quant à nous-mêmes, nous prenions un chemin différent; volant d'abord jusqu'à São Luis, à l'embouchure du Pindaré, nous remontions ce fleuve par bateau jusqu'au poste indien de Gonçalves Dias, autour duquel est installée une autre tribu de langue tupi, les Guajajara, ou Tembé. Une marche à travers la forêt nous conduisit dans le territoire des Urubu qui vivent entre les cours du rio Pindaré et du rio Gurupí, orientés approximativement au nord-est (1).

Après avoir visité ensemble quelques villages, le senhor Ribeiro et moi nous nous séparâmes; lui afin de poursuivre le travail qu'il avait commencé l'année précédente, moi pour entreprendre le mien. Maintenant, je savais à peu près comment traiter les Indiens et affronter la forêt. Mais, quand le moment fut venu de retourner à Rio, je me rendis compte que je serais bien en peine pour interpréter les nombreuses informations recueillies au cours de mon enquête. C'est pourquoi, un an après, pendant la saison des pluies de 1953, je revins sur les lieux,

(1) Voir la carte, page 16.

seul cette fois, car le senhor Ribeiro était pris par d'autres missions du Service de Protection.

Ce second voyage a duré presque six mois; il m'a permis de comprendre les occupations et les propos des Indiens. Il servira donc de cadre à mon récit, qui ne prétend nullement être une description complète comme le prouvera la monographie sur ces Indiens que le senhor Ribeiro publiera prochainement. Contrairement à ce qu'on pourrait croire au premier abord, ce récit n'est pas non plus un véritable livre de voyage, mais un essai sur la manière dont les Indiens vivent et se divertissent, et qui fait d'eux les sujets plutôt que les objets d'une étude ethnologique.

J'ai rapporté autant d'anecdotes que possible, afin de laisser parler les Indiens. Comparés à nous, ils ont peu de pudeur; aussi certains épisodes sont-ils difficiles à raconter et risquent de choquer ou d'horrifier le lecteur. La vie des Urubu peut lui sembler ignoble. En fait, rien ne sert de nier leur sauvagerie. Avant la pacification, leur cruauté à la guerre, leur barbarie étaient notoires. Mais, sans parler de leurs vertus d'hospitalité, de courage et d'honnêteté, on peut dire beaucoup de bien d'eux. Car un Indien sait être un sauvage, sans pour autant manquer de principes.

Les sauvages ont un sens moral, et leur univers, fût-il irrationnel, n'est ni désordonné ni privé de signification : superstitions, tabous et coutumes ont un sens, qu'il suffit de rechercher. Les tabous sont particulièrement intéressants pour l'ethnologue car ils apparaissent chaque fois que l'homme voit le surnaturel se manifester dans l'ordre de la nature. Cette distinction entre le naturel et le surnaturel, entre les choses telles qu'elles sont et telles qu'elles nous apparaissent, est maladroite mais utile. Dans l'ensemble, l'homme primitif ne s'intéresse pas aux choses en elles-mêmes : il les admet telles qu'elles sont. C'est l'image qu'il se fait de ces choses qui occupe plutôt son esprit : image dont la forme est empruntée au monde matériel et à laquelle il confère une vie significative née de son imagination. Lorsqu'une telle image a peu de rapport avec la nature réelle d'une chose, ceux qui ne subissent pas son pouvoir l'appellent une superstition : tandis que les tabous, qui sont liés à l'image, montrent qu'elle a un mode d'action bien défini qui, s'il n'est pas contrôlé, peut être funeste, comme le primitif en a souvent fait l'expérience.

Cette fonction attribuée à la croyance magique d'agir comme une sorte de cordon ombilical entre les deux mondes de l'expérience humaine se comprendra mieux à l'aide d'un exemple. Les Urubu croient que les vautours sont des chamans, ou guérisseurs, et que celui qui les tue signe son propre arrêt de mort. Pour trouver l'explication de cette croyance, il suffit d'examiner un de leurs mythes qui raconte l'histoire de Maír (1) et du vautour. Maír est le héros culturel qui a donné aux Urubu leurs coutumes, a instauré leurs rites, et leur a montré comment planter le manioc et le préparer pour le rendre propre à la consommation. Fait étrange, ce n'est pas Maír mais le vautour qui, à l'origine, possédait le feu; Maír dut le lui voler, comme Prométhée l'avait volé à Zeus.

Dans de nombreuses mythologies, le vautour est le maître du feu. Cela pour des raisons évidentes : le vautour plane au-dessus de la terre, très haut dans le ciel; il est donc l'être vivant le plus proche du soleil, ce feu de l'univers; cette « affinité » avec le soleil se manifeste chez le vautour même quand il est perché sur un arbre, car il reste immobile des heures durant, surtout à l'aube, lorsque le soleil

(1) Se prononce Ma-ir. On trouvera p. 341 un guide simplifié de la prononciation indienne.

dore ses ailes à demi déployées. De plus, il mange aussi des charognes.

Les charognards ont toujours eu mauvaise réputation, mais à l'origine cette réputation avait aussi quelque chose de sacré. Au risque de faire croire que les Indiens passent leurs loisirs à philosopher, on peut rapprocher les idées qu'ils entretiennent au sujet du vautour-charognard de la vieille conception védique selon laquelle le monde fut créé par Prajapati, qui est à la fois vie et mort – c'est-à-dire faim. « Tout ce qu'il produisait, il décidait de le manger. Parce qu'il mange tout, on l'appelle infini. C'est pourquoi celui qui connaît l'essence de l'infini devient le mangeur du monde; tout lui est nourriture. » (*Brihadaranyaka Upanishad*, I.I.I.)

En mangeant de la charogne, le vautour devient une sorte de petit Prajapati puisque, tôt ou tard, tout finit par lui devenir nourriture. Le vautour passe pour avoir été le premier maître du feu, car le feu est avant tout vorace. Si le feu détruit, il crée aussi; comme le soleil, il est source de vie. Le vautour présente clairement ce symbolisme à double face quand il est identifié à un chaman; en effet, le pouvoir magique du chaman est incarné par l'asticot, rongeur de charogne, qui figure lui-même la création puisqu'il se multiplie sur les êtres en décomposition. Mais le vautour n'utilise jamais le feu qu'il détient : il mange sa viande crue, et on le considère comme un tyran qui refuse de mettre ses ressources magiques à la disposition des hommes. Ce genre de tyran peut aussi être appelé du nom de sorcier, car il est capable de se venger magiquement de ceux qui cherchent à l'abattre. Il n'est donc pas surprenant que les Indiens traitent les vautours avec respect.

Dans le récit qui suit, la place m'a manqué pour discuter le symbolisme du vautour, mais sa signification profonde se manifeste partout : non seulement dans le personnage de Maír, qui subjugua le vautour et fut capable de faire un usage créateur du feu volé, mais encore dans l'ensemble des traits que nous désignons du nom de culture. C'est grâce à celle-ci que l'homme cesse d'être un animal pour devenir véritablement humain; et la mythologie décrit en termes subjectifs une transformation qu'attestent non seulement les rites et les tabous – actes par lesquels l'homme impose à l'univers sa propre signification – mais aussi ses impulsions sauvages, ses appétits ou sa paresse, qui, en un autre sens, sont aussi la matière première dont la société est formée.

Cette manière de traiter les croyances et les coutumes primitives se heurte à une objection : les interprétations paraissent souvent d'un niveau plus élevé que les faits dont elles permettent de rendre compte. On peut se prémunir en partie contre cette critique en comparant les Urubu avec les Indiens d'autres tribus. De toute manière, je serai obligé de faire appel à la comparaison quand j'aborderai l'anthropophagie rituelle, car les Urubu ne sont pas très loquaces sur ce sujet; je compléterai donc mes informations en résumant les récits des anciens chroniqueurs sur le cannibalisme tupinamba, afin d'indiquer comment les choses ont dû se passer. Il est même possible de faire des comparaisons plus étendues, car, bien que les Indiens sud-américains ne descendent pas forcément d'Adam, comme le concluaient parfois les premiers missionnaires au Brésil, il existe des similitudes patentes entre leurs croyances et celles des anciens peuples européens. Leur mythologie, par exemple, reprend certains thèmes universels tels que le voyage du soleil à travers le monde souterrain, ou bien le passage du héros entre les roches branlantes, appelées Symplégades, qui se referment sur lui; dans un ordre mineur, on peut mettre en parallèle le mythe urubu, qui décrit comment la lune (mâle) commet l'inceste avec sa sœur (cf. p. 195) et l'histoire de

Cupidon et de Psyché – comme on peut voir une ressemblance légère, mais curieuse, entre la manière dont le vieillard tua Piriangwa au cours d'une exécution rituelle (cf. p. 286) et le mythe de Balder, qui fut tué des mains de Hother, le dieu aveugle. Il y a d'autres parallélismes, plus explicites encore, telle la croyance que les haches de pierre sont des « pierres de tonnerre », ou qu'une certaine algue translucide est une étoile filante – croyance que l'on retrouve chez Dryden, quand il écrit : « Lorsque je ramassai ce que je pris pour une étoile tombée, je découvris que j'avais été leurré par une méduse. »

Bien que je ne les aie guère exploités, de tels parallélismes sont intéressants, car ils montrent le même génie à l'œuvre dans différentes parties du monde. Mais peut-être la seule manière de prouver que les interprétations ne trahissent pas la réalité est-elle de vérifier si l'idée que l'ethnologue se fait d'un Indien correspond, tant soit peu, à l'idée que l'Indien se fait de lui-même.

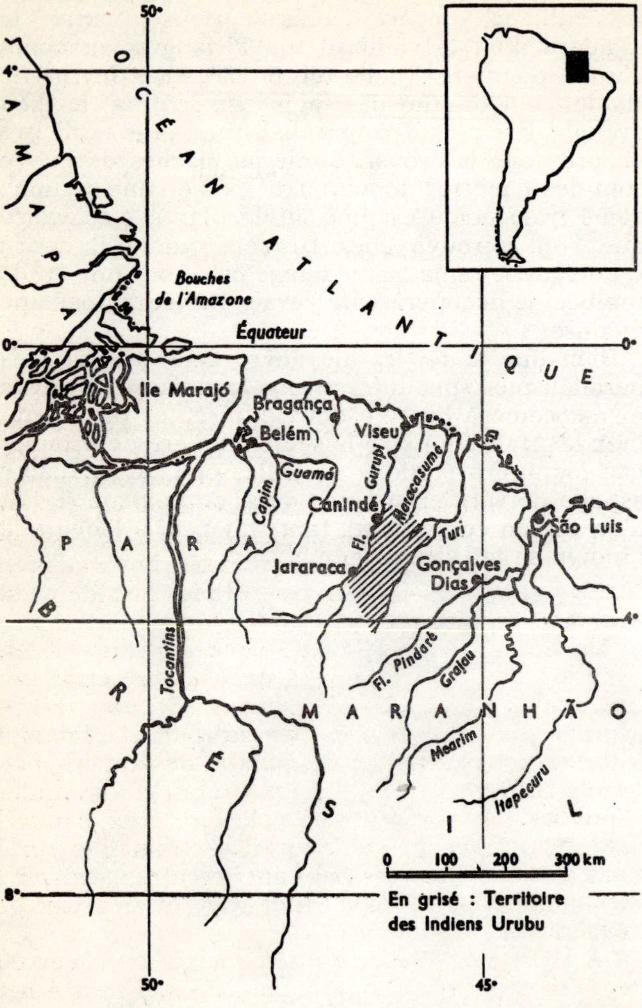

50°
4°
0°
8°
45°
OCEAN ATLANTIQUE
AMAPA
Bouches de l'Amazone
Équateur
Ile Marajó
Bragança
Belém
Viseu
Guamá
Capim
Gurupi
Maracasumé
Canindé
Fl. Gurupi
Turi
São Luis
PARA
Jararaca
Gonçalves Dias
Tocantins
Fl. Pindaré
Grajaú
MARANHÃO
Mearim
Itapecuru
BRÉSIL
0 100 200 300 km
En grisé : Territoire des Indiens Urubu

CHAPITRE PREMIER

LE FLEUVE GURUPI

Le train quitte Belém à 6 heures du matin. La locomotive marche au bois, et les escarbilles qui s'en échappent pénètrent par toutes les fenêtres. Pour faire le plein, on s'arrête une ou deux fois à des piles de bois coupé dans la forêt avoisinante et dans de petites stations où des gamins envahissent les wagons; au commencement, ceux des villes qui vendent des billets de loterie, des limonades, du chewing-gum et des journaux; et plus tard de jeunes paysans avec des confiseries à la noix de coco, de la pâte de banane, du lait de coco en bouteille, des sandwiches et des biscuits enrobés de sucre, tout cela fait à la maison. De chaque côté des rails, la forêt s'épaissit; défrichée par endroits, elle fait alors place à des plantations de manioc, de canne à sucre, et de sisal, dont les cases en torchis se dissimulent sous les arbres; parfois la voie ferrée emprunte la rue principale de quelque village minable; sur le pas de leur porte, les habitants regardent passer le train, qu'accompagnent en courant et en criant des ribambelles d'enfants nus.

A 11 heures, l'heure du déjeuner, le train s'arrêta, et je m'endormis. Quand je me réveillai, vers 3 heures de l'après-midi, nous étions arrivés à Bragança; un camion m'emmena avec mes bagages jusqu'à l'embarcadère au bord du fleuve, où la nouvelle vedette municipale, équipée d'un moteur Diesel dernier modèle, m'attendait; elle descendait le fleuve depuis Bragança jusqu'à la mer et, après avoir suivi la côte, pénétrait, par un de ses chenaux étroits, le delta du Gurupí, qu'elle remontait jusqu'à Viseu. Partis une heure avant le lever du soleil, à cause de la marée, nous laissâmes Bragança joliment inscrite dans la boucle du fleuve, avec ses manguiers et ses palmiers en avant du grand hôtel de ville bleu. Le lendemain matin, en entrant dans le Gurupí, le voyage commença vraiment à m'intéresser : éclairés par le soleil levant, les bosquets de palétuviers, sur les deux rives, paraissaient aussi verts que l'angélique. Derrière eux, de grands arbres palustres émergeaient de l'eau sur les échasses de leurs racines aériennes; des ibis rouges et de blanches aigrettes perchaient sur leurs branches.

Un peu avant 8 heures, je reconnus Viseu sur la rive droite; Darcy Ribeiro et moi l'avions traversée l'année précédente, à la fin de notre voyage; après être sortis de la forêt par le poste indien de Canindé, nous avions descendu le fleuve en bateau jusqu'à Viseu, juste à temps pour sauter dans la vedette qui mène à Bragança, d'où nous avions continué sur Belém.

Cette année, Viseu semblait plus verdoyante, car les pluies commençaient à tomber. Je descendis de l'embarcadère en bois et je fis remiser mes bagages dans un petit entrepôt, puis je me frayai un chemin, dans la boue, jusqu'à une pension de famille au bord du fleuve. Elle était modeste mais respectable : toit de tuiles et sol en terre battue, vraiment très propre; dans le jardin, à côté du petit endroit, il y avait la cabine de bain avec un puits; on tirait l'eau avec un seau et on se la versait sur le corps au moyen d'une calebasse; de l'intérieur de la cabine on entendait les cochons qui fourrageaient tout autour.

La propriétaire m'offrit une tasse de café, ce qui,

au Brésil, est la manière traditionnelle de souhaiter la bienvenue à un hôte quel qu'il soit. Elle fut enchantée d'apprendre que j'étais anglais – depuis les beaux jours de l'amiral Cochrane, on pense le plus grand bien des Anglais en Amérique du Sud – et la nouvelle que j'étais sur le point de vivre avec les Indiens, en amont, lui procurait un délicieux frisson d'inquiétude. Il y a vingt-cinq ans environ que les Urubu ont été pacifiés, mais le souvenir de leur sauvagerie passée reste présent dans tous les esprits; il faut ajouter que, dans l'intérieur, la grande forêt s'étend jusqu'en bordure de chaque commune, créant chez les gens une certaine anxiété. Il reste tant à connaître du Brésil, et l'inconnu engendre la peur!

« Et comment allez-vous remonter le fleuve? » me demanda-t-elle. C'était toute la question. Le fonctionnaire qui commandait le poste de Canindé, jeune homme vif et intelligent nommé João Carvalho, venait de partir pour l'amont par le bateau du poste; comme je l'avais manqué, je pensais fréter une pirogue et des pagayeurs pour me conduire de village en village, à la manière d'un singe qui saute de branche en branche, comme dit une expression locale. Heureusement, ce mode de locomotion à la fois coûteux et incertain me fut épargné car une embarcation à moteur était sur le point de remonter le fleuve jusqu'à un camp de bûcherons, bien au-delà de Canindé. Il s'agissait en réalité d'une pirogue, creusée dans un tronc d'arbre et équipée d'un moteur hors-bord, que pilotait un Indien fort robuste, du nom d'Emiliano, que j'avais connu lors de mon précédent voyage, car il nous avait accompagnés, Ribeiro et moi, à travers la forêt.

Je le rencontrai par hasard en me promenant. Il était fauché, affamé et, surtout, il avait le cafard; avec l'argent que je lui donnai il se saoula, car c'était son occupation favorite. Heureusement, je pus m'entendre avec son compagnon, Feliciano, le mécanicien, jeune homme mince aux cheveux crépus et à la peau sombre. C'était le type même du paysan brésilien, dans les veines duquel coule un mélange indéfinissable de sang portugais, noir et indien, et dont la gaieté et la serviabilité sont à toute épreuve. Il promit de me faire remonter le fleuve d'ici quelques jours; mais d'abord, dit-il, il devait régler une affaire, loin, en aval.

Je rentrai à la pension pour le déjeuner : du poisson, pêché la nuit précédente dans l'estuaire, et du riz. Pendant que je mangeais, l'homme à tout faire, qui avait coupé le bois et nettoyé autour de la maison, était assis sur le seuil de la porte et se plaignait de la vie qu'on mène à Viseu. A part un sentier peu praticable qui traverse la forêt jusqu'à Bragança, le seul contact avec le monde extérieur se faisait, dit-il, par bateau, de sorte qu'il existait peu de « movimento » dans la ville, et presque pas de distractions.

Les derniers sujets d'intérêt avaient tous été d'ordre surnaturel. Une nuit, un pêcheur sur le fleuve avait soudain aperçu Nosso Senhor qui marchait sur l'eau à sa rencontre. Notre Seigneur dit au pêcheur qu'il se rendrait en personne à Viseu le lendemain. Quand la ville apprit cette nouvelle, tout le monde – à l'exception de la petite communauté protestante qu'on appelle les *crentes* (les croyants) – disposa des cierges dans l'embrasure des fenêtres et attendit avec dévotion pendant toute la nuit et la majeure partie du lendemain. Les crentes se moquèrent de leurs voisins catholiques, les traitèrent de niais superstitieux et refusèrent de croire à une autre prophétie, qui provenait pourtant de Dieu en personne. Un paysan irascible rencontra un vieil homme qui descendait le sentier et tira sur lui; le vieil homme, qui n'était autre que Dieu, métamorphosa le paysan en un énorme épervier et déposa un livre en bordure du sentier. Ce livre était plein de prophéties concernant la fin prochaine du monde; d'abord, l'homme-épervier allait tuer tous ceux qu'il trouverait sur son chemin; ensuite, la terre entière serait submergée par un déluge.

Les crentes prêtèrent toutefois plus d'attention à une boule de feu, car elle se mouvait dans l'air, le long des rues, en terrorisant la ville. Un monument, financé par une souscription publique, fut érigé en toute hâte; il se composait d'un grand cylindre en ciment dans lequel on avait incrusté des pièces de monnaie pour apaiser la boule de feu, et l'empêcher de revenir. Sur cet emplacement, plus tard, on dressa une énorme croix, orgueil et beauté de Viseu, comme dit la chanson locale.

Les nouvelles de la boule de feu, de l'homme-épervier et de la venue tant espérée de Nosso Senhor furent toutes annoncées publiquement par le haut-parleur municipal. Au Brésil, chaque ville digne de ce nom possède un ou plusieurs haut-parleurs, disposés autour de la place municipale, où ils diffusent les nouvelles locales et de la musique enregistrée. Le haut-parleur de Bragança ne s'arrêtait pour ainsi dire pas de la journée; celui de Viseu ne fonctionnait que pendant deux heures après la tombée de la nuit, car la génératrice était faible et consommait trop de mazout. Quoi qu'il en soit, entre les concerts de la soirée et les invitations dans la journée chez les uns et les autres, pour cancaner et écouter d'étranges histoires, mon temps était fort occupé en attendant le retour de Feliciano.

Il revint un matin sous une pluie battante. C'était l'« hiver », la saison des pluies, et la place principale de Viseu se transformait en bourbier à vue d'œil. Peu après midi, la pluie cessa; j'en profitai pour charger mes effets sur le bateau – la plupart de mes provisions devaient rester sur place, jusqu'à un prochain voyage de Feliciano, car le bateau n'était pas assez grand pour les contenir – et j'attendis le changement de marée. A 6 heures nous étions partis.

Deux heures plus tard, nous nous arrêtions à Nazaré, près de la maison d'un senhor Alfonso. Il était le beau-frère de Mundik (diminutif de Raymundo) Tavares, propriétaire du bateau; associés dans un commerce bois, Mundik se chargeait de ramener le bois de la forêt et de le couper dans une petite scierie en amont, et Alfonso, qui procurait l'argent, s'occupait de la gestion commerciale de l'affaire. Le senhor Alfonso menait une vie aisée dans une maison de bois, équipée d'une génératrice pour la lumière électrique; il possédait également un petit bazar où les hommes qui travaillaient pour lui pouvaient s'approvisionner; tout autour, derrière la forêt-galerie sur la rive du fleuve, se trouvait le *campo* dégagé où il élevait du bétail.

Le soir, nous installâmes nos hamacs entre les poteaux d'une petite hutte sans parois. En attendant que le dîner soit prêt, nous nous laissions bercer par la brise qui souffle du fleuve. On servit le repas : encore du poisson! Nous mangeâmes donc notre poisson en l'accompagnant de poignées de farine de manioc, et brusquement je pris conscience que mon voyage venait de commencer. De prime abord, la farine de manioc, qui a un léger goût de noisette, offre peu d'intérêt : grossière et graveleuse, elle exige un gros effort de mastication. Mais, dans l'intérieur du Brésil, c'est la nourriture de base, celle qui tient lieu de pain; on s'aperçoit très vite qu'un repas sans farine de manioc n'est pas complet. Il y a une manière spéciale de la manger, comme André Thevet, le cosmographe qui visita le Brésil au XVIe siècle, l'a si bien observé chez les Indiens Tupinamba de la côte :

Ils gardent une estrange façon de faire en mangeant tant ceste farine que autre viande, dautant qu'ils n'approchent jamais la main de la bouche en mangeant, mais la jettent de plus d'un pied loing de la bouche, sans toutefois faillir d'en prendre la bouché. Fait surprenant, cette façon de lancer la farine dans sa bouche est bien plus efficace que celle qui consiste à la manger à même la main, et on a tôt fait d'acquérir la technique.

Le lendemain matin, après avoir remonté le fleuve pendant un demi-mille, nous nous arrêtons pour attendre l'arrivée de quelques passagers supplémentaires. Mário, un jeune paysan que Feliciano a invité à faire le voyage, se déshabille et part nager dans le fleuve boueux. « Fais attention au serpent! lui crie de la rive un vieux paysan. Il viendra te chercher s'il t'entend! » Ici on l'appelle *Shiha*; plus en amont, les Indiens le nomment *Mai-yu* (serpent jaune) – jaune parce qu'on le croit particulièrement actif pendant les pluies, quand la boue rend les cours d'eau brunâtres. Mário feint de ne pas y prêter attention, mais il sort de l'eau peu après et le paysan, se tournant vers Emiliano, commence, à ma grande surprise, à lui parler de thé. Emiliano me montre son thé : une grande plante de maconha (haschisch) qu'il est formellement interdit de cultiver au Brésil; c'est pour cela qu'on l'appelle « thé » devant les étrangers. « Au début, quand vous le fumez, dit le paysan, vous pensez : " Bah! ce n'est rien que de la fumée! " mais après un petit moment vous commencez à avoir le vertige, vous descendez le sentier en titubant, et les arbres tournent, et tournent, et tournent... »

– C'est donc agréable?

– Oh! non, monsieur! Mais, ici, il y a des vieillards qui ne font que fumer cette plante, comme si c'était du tabac, et ne ressentent rien du tout.

Emiliano est de ceux-là : il en achète une petite provision.

Quelques heures plus tard, les passagers arrivent. Ils sont six : une famille conduite par une femme loquace, entre deux âges, et qui s'appelle dona Benedita. Elle est la belle-sœur de Mundik Tavares et elle s'embarque avec nous pour lui rendre visite. Comme lui, elle est de souche purement portugaise, robuste, avec un visage carré et des façons légèrement agressives. Son fils Dorico l'accompagne; il souffre, explique-t-elle, de plaies syphilitiques aux jambes. (Curieuse idée, me dis-je, d'aller dans une scierie, mais, par la suite, je devais découvrir qu'il s'y rendait dans l'espoir d'engraisser en se gavant de tapir rôti et de tortue bouillie.) Dona Benedita se pourlèche les babines en songeant à la bonne chère qu'on trouve dans la forêt. Outre le gibier, il y aura des fruits, puisque c'est la saison des pluies; elle en a assez de manger du poisson.

Teresinha, la sœur de Dorico, est aussi pâle que lui. Son mari travaille à la scierie, et elle est descendue en aval pour accoucher; à présent, elle rentre chez elle, le poupon dans les bras. Basilia, une jeune paysanne boulotte et brune, lui sert de nurse; elle est tellement intimidée par dona Benedita qu'elle ose à peine ouvrir la bouche. Enfin, il y a Creusa, la petite-fille de dona Benedita, âgée de huit ans, que toute cette aventure ennuie au plus haut point.

Comme nous sommes encore dans l'estuaire, il faut attendre que la marée change pour reprendre le voyage. Les femmes rangent leurs effets dans le bateau, sous le *toldo* (toit arrondi), fait de feuilles de palmiers tenues par des ligatures d'osier, qui protège de la pluie et du soleil les bagages et quelques-uns des passagers. Au moment de partir, Teresinha s'installe à l'intérieur, étreignant son bébé; dona Benedita et Basilia s'asseyent sur le banc, sous l'auvent de toldo, Dorico et moi, plus à l'avant. Mário prend place au-dessus du toldo; Feliciano à l'intérieur, tout en arrière, car il est chargé de manœuvrer le moteur hors-bord, tandis qu'Emiliano reste debout, dirigeant le gouvernail avec ses doigts de pied. A peine sommes-nous partis que l'eau commence à s'infiltrer dans le bateau, qui se remplit à toute allure bien que nous écopions à qui mieux mieux. Dirigée vers la berge, l'embarcation s'échoue dans la vase. La dame exprime son émotion dans un discours grandiloquent : « Que Notre-Dame de Nazaré nous protège! Voir tant d'eau s'infiltrer dans un bateau! Impossible de continuer le voyage tant que l'eau pénètre ainsi! Et pourquoi le senhor Mundik permet-il qu'on envoie une telle embarcation la chercher? Veut-il qu'elle se noie? »

Nous descendons en bougonnant, déchargeant le bateau et portant les bagages jusqu'à l'abri le plus proche, en l'occurrence une petite maison à un demi-mille de là. Son propriétaire, un senhor Jemjim (prononcez jeng jing), nous souhaite la bienvenue et offre de nous héberger dans son hangar; dès que les hamacs sont accrochés, il nous invite chez lui à prendre le café derrière la maison, près de la cuisine, où quelques chaises entourent une table, sur un sol en terre battue.

Comparé à ses voisins, le senhor Jemjim mène une vie aisée. Il possède un petit bazar où il vend du tabac et de l'eau-de-vie de canne, des chapeaux de paille et des galoches à semelle de bois; l'élevage du bétail et la culture du maïs et du coton, dont son hangar est plein, prennent beaucoup de son temps. A ces occupations s'ajoute une fonction officielle : il est le délégué de police pour le secteur, et assure le service d'ordre pendant les cérémonies publiques.

La dernière *festa* (fête) a eu lieu le 25 décembre, comme il le précise à mon intention; il est allé au village, où l'on a dressé plusieurs buvettes, et a dit à chacun de remiser sa machette afin qu'il n'y ait pas de bagarres. « Senhor, me dit-il, c'était comme en Corée! Ils étaient là, tous assis avec leur machette planquée dans le dos, la pointe près des fesses et le manche dépassant du col. Mais, Dieu merci! il ne s'est rien passé ce soir-là!... »

Au-delà du jardin du senhor Jemjim, nous apercevons une procession qui, à la lueur de torches, descend vers le fleuve, où nous avons laissé notre embarcation. Il s'agit des gens du village allant à la rencontre des pêcheurs qui reviennent de chercher des crabes dans les marécages, en aval de Viseu. A chaque nouvelle lune, les crabes sortent de leurs trous et errent sur la boue à marée basse : ainsi font-ils durant quatre marées successives, et puis on ne les voit plus pendant un mois.

Emiliano va tout droit en acheter un grand panier et commence à les préparer. Ils ont environ douze centimètres de diamètre; nous en mangeons chacun une demi-douzaine, tandis que Jemjim, frappé par la pensée que la lune a un tel empire sur les êtres vivants, commence à me raconter l'histoire d'un homme doué d'un semblable pouvoir d'attraction. Cet homme, qui navigue sur le fleuve, achète aux paysans des peaux et des poissons séchés au soleil, et leur vend de l'eau-de-vie de canne, du tabac et des provisions. En marchand habile il n'y perd jamais dans ses transactions, et ses clients, qui estiment la plupart du temps avoir été roulés, jurent de ne plus s'y laisser prendre. Pourtant, chaque fois qu'il revient, incapables de lui résister, les paysans sont dupés une fois de plus. « Il a un aimant dans l'œil, je crois, dit Jemjim, c'est ce qui attire les gens. Ils jurent qu'ils ne veulent plus avoir affaire à lui, mais à quoi bon? Ils continuent comme avant. Un aimant dans l'œil! L'été dernier, il descendit le fleuve pour qu'un de mes amis lui fasse une piqûre. Mais mon ami lui a dit : " Je ne peux rien pour toi, tu as trop d'électricité dans le corps; une piqûre ne te ferait que du mal! " »

En revanche, senhor Jemjim est un honnête homme et je n'ai aucun scrupule à lui confier une partie de mes effets, car, depuis les infiltrations, la pirogue enfonce dangereusement. Le lendemain matin, donc, j'empile mes affaires dans un coin de son hangar, tandis que Feliciano va dans les maisons voisines pour acheter de la résine et de l'huile de l'arbre andiroba afin de calfater le bateau. On lui fait payer l'huile six cruzeiros la bouteille, ce qui scandalise le senhor Jemjim. « Enfin, remarqua-t-il, c'est toujours pareil, quand les gens ont besoin de quelque chose, les autres en profitent! »

Après avoir traîné la pirogue au sec, nous la retournons pour calfater, avec de la toile à sac, les fissures et la couture entre la coque de bois évidé et les bordages en planches; puis nous enduisons le tout d'un mélange bouillant et goudronneux de résine et d'huile. Une fois remis à l'eau, le bateau se révèle parfaitement étanche, et, ce soir-là, à marée montante, nous embarquons pour continuer le voyage. La nouvelle lune se couche derrière les arbres de la rive septentrionale du fleuve; Emiliano, en bon Tembé, devrait la saluer respectueusement d'un « Hé! Grand-Père! » et lui demander sa bénédiction. Mais il se concentre sur le gouvernail, et c'est à dona Benedita, accroupie sous le toldo, qu'échoit le rôle de solliciter pour notre voyage la bénédiction d'un des saints innombrables que je l'entends invoquer dans ses prières.

CHAPITRE II

LE FLEUVE ET LES INDIENS

Les hautes terres du Brésil, qui s'élèvent au sud-est du Bassin amazonien, sont de formation très ancienne; l'érosion a transformé de vieilles montagnes en un plateau onduleux. Sur son rebord, le fleuve Gurupí se fraye un passage à travers les couches de grès amincies, exposant çà et là la roche cristalline sous-jacente, affouillant de petites collines dont la hauteur dépasse rarement vingt mètres et qui, dans cette région, sont les seuls vestiges des montagnes imposantes de jadis. Ailleurs, le pays est plat, traversé par le fleuve, qui décrit de grands méandres. De chaque côté du cours d'eau, la forêt offre au voyageur un visage anonyme : aux arbres, qui occupent continûment les berges, s'accrochent en longs filaments les lichens, les guirlandes de lianes et les petites plantes grimpantes qui fleurissent aux premières pluies – fleurs blanches, mauves ou jaunes exhalant un parfum capiteux et entêtant. Au-dessus de l'eau bourbeuse, qui tourne étrangement à un bleu mélancolique quand elle réfléchit le ciel, les martins-pêcheurs, dérangés par le bruit de notre hors-bord, prennent leur essor, et les cormorans d'eau douce déroulent leurs cous serpentins pour nous observer du haut des branches.

Ce fut un voyage monotone. Seule la pluie interrompait la chaleur, tantôt averse douce et bienfaisante, tantôt tornade dont les lanières bruissantes fouettaient l'eau du fleuve : chaudes au début, les gouttes, grosses et lentes, vous glacent rapidement le sang. Une fois la rafale passée, le soleil se montre à nouveau et, en quelques minutes, on a aussi chaud qu'avant. Bien sûr, il y a des répits : à midi, on amarre le long de la rive, et, après avoir dégagé à la machette un emplacement sous les arbres, on prépare le déjeuner; le soir, quand on n'est pas loin d'un petit village ou d'une bourgade, on va y passer la nuit. Sinon, on campe : et après avoir accroché les hamacs entre les arbres, on observe les lucioles jusqu'au moment de s'endormir. A l'aube, lorsqu'on se réveille, la campagne est toute noyée de brouillard.

Ainsi, nous remontions le fleuve, bien accueillis par les riverains : il s'agissait parfois d'un ancien employé du Service de Protection, ou bien des deux frères de Mundik Tavares, le propriétaire de la pirogue, ou encore du père de João Carvalho, le fonctionnaire commandant le poste de Canindé. Le père de João Carvalho était un homme remarquable, qui avait été jadis chercheur de caoutchouc dans le territoire d'Acre, région la plus occidentale du Brésil; aux abords de la soixantaine, il décida de se fixer sur le Gurupí et d'y défricher une parcelle de forêt. Il avait deux mille plants de café, des vergers d'orangers, de manguiers et de bananiers; une plantation de maïs servait à nourrir ses cent poulets et ses quelques cochons. Dans les eaux du fleuve, il pêchait le poisson-chat et le piranha, connu pour sa férocité. Il allait en forêt chasser le chevreuil, le porc sauvage et le tapir. C'était la bonne vie, comme il disait, et, à part le sucre, rien ne lui manquait.

C'était la bonne vie, mais elle avait été meilleure. On m'a raconté qu'il y a cinquante ans un homme pouvait remonter le fleuve avec vingt ouvriers sans avoir à se munir de provisions. Le matin, vers les 11 heures, il envoyait deux hommes à la pêche, qui ramenaient en moins de trente minutes de quoi déjeuner et dîner; un chasseur passait deux à trois heures dans la forêt et il fallait lui envoyer de l'aide pour rassembler et rapporter le gibier abattu. A cette époque, qui marque la fin du grand « boom » sur le caoutchouc, même le latex de qualité inférieure, récolté dans la région du Gurupí, se vendait un bon prix; on trouvait alors aussi de l'or dans le fleuve, et le pays grouillait d'orpailleurs et de prospecteurs.

En ce temps-là, les Indiens étaient beaucoup plus nombreux, quelques milliers : Timbira (une tribu de langue gê) et Tembé, sur le fleuve; Urubu et bien d'autres, dans la forêt. Les Timbira furent les premiers à disparaître, certains en luttant contre les Brésiliens, d'autres décimés par les maladies – je ne crois pas qu'aujourd'hui il en reste plus de dix sur tout le Gurupí. Puis, ce fut au tour des Tembé, dont le nombre déclina; peut-être sont-ils encore une centaine : robustes et pacifiques, ils ont réussi à s'adapter à la « civilisation », tout en sauvegardant leurs croyances et leurs coutumes.

Les Tembé constituent la branche septentrionale d'une tribu qu'on appelle Tenetehara, laquelle vit en paix avec les Brésiliens depuis le XVIIe siècle. Mais des incidents malheureux, voire de véritables drames, se produisent, même avec les tribus les plus pacifiques; il arriva ainsi que les Guajajara, qui forment la branche méridionale de cette tribu, attaquèrent Alto Alegre, ville située entre les rivières Grajaú et Mearím. L'histoire m'a été contée par un paysan décharné, grisonnant et quelque peu acariâtre, du nom de Merkid.

« Cela se passait du temps où les Pères capucins vivaient à Alto Alegre, me dit-il. Si vous y allez, vous verrez les maisons qu'ils construisaient, elles étaient solides, ces maisons-là, et elles n'ont pas bougé. Les Indiens décidèrent d'attaquer; pendant plusieurs mois, ils se préparèrent; chaque fois qu'ils entraient ou sortaient de la ville, ils regardaient autour d'eux et observaient. Une vieille Indienne avait prévenu les Pères. “ Prenez garde! avait-elle dit, les Indiens s'apprêtent à vous tuer! ” Mais ils n'en tinrent pas compte. Un mois plus tard, elle réitéra son avertissement, et puis encore une fois, mais ils n'y prêtaient pas attention – des contes de bonnes femmes, comme ils disaient. Alors, un jour que les Pères étaient à l'église en train de célébrer la messe, les Indiens leur tombèrent dessus et tuèrent tout le monde, Pères et fidèles.

– Tout le monde? Personne n'en réchappa?

– Une ou deux personnes, tout au plus. Mais les Pères étaient tous morts. Les Indiens emmenèrent avec eux une fille qui s'appelait Prepetinha (diminutif de Perpetua) – belle petite qui appartenait à la meilleure famille du Maranhão. C'est arrivé il y a longtemps, avant ma naissance; mon père me l'a raconté. Vingt ans plus tard, Prepetinha était encore vivante, la pauvre; comme elle passait près d'une ville avec une bande d'Indiens, elle arracha l'écorce d'un arbre et écrivit au charbon sur le tronc “ *Infeliz Prepetinha ainda viva* ” – malheureuse Prepetinha encore vivante. »

Le 13 mars 1901 est la date de ce massacre; il était dirigé par un Guajajara nommé João Caboré, que les capucins avaient fouetté jusqu'au sang parce qu'il refusait de renoncer à l'une de ses deux femmes. Il faisait le tour des villages guajajara en exhibant ses cicatrices, et se trouva bientôt à la tête d'une expédition guerrière : les Indiens avaient aussi d'autres raisons pour en vouloir aux capucins. Ceux-ci prenaient leurs enfants, à peine sevrés, pour les mettre dans des couvents, où leurs parents ne pouvaient plus les voir; quant aux capucins, ainsi que le démontre toute l'histoire, ils étaient animés d'un si noble zèle qu'ils ne pouvaient pas imaginer avoir fait quelque chose de mal. Dans les villes du Maranhão, ils ont conservé la sympathie des habitants, et, aujourd'hui encore, au nom de Prepetinha les filles se récrient contre les Indiens.

Mais les Urubu étaient plus sauvages que les Guajajara ou les Tembé, et aussi d'un abord plus difficile, puisque leurs villages étaicnt dissimulés dans la forêt. Les prospecteurs qui remontaient le fleuve en pirogue recevaient des flèches décochées depuis la berge; et la nuit, quand ils campaient à terre, ils étaient souvent attaqués. Pour se défendre, les prospecteurs tiraient à vue sur les Indiens. D'attaque en contre-attaque, le fleuve Gurupí devint rapidement un des cours d'eau les plus dangereux du Brésil. Le Service de Protection constatait que ses efforts pour pacifier les Urubu ne menaient à rien car les Indiens se méfiaient, à juste titre, de tous les étrangers; ils ne voulurent jamais accepter les machettes et le tissu que leur offrait le Service de Protection.

Finalement, le Service de Protection construisit deux huttes : une à Canindé, sur une petite île au milieu du fleuve, et une autre près de Jararaca, où vivaient les Tembé, à présent pacifiés. Ces huttes à parois doubles en troncs de palmier refendus étaient solidement bâties; leur double plafond, également en troncs de palmier, servait de protection contre les flèches tirées en hauteur, lesquelles pouvaient perforer le toit en retombant et tuer éventuellement quelqu'un.

Un Indien Tembé nommé César m'avait raconté tout cela; un gros homme énergique, qui parlait d'une manière explosive et bégayait légèrement, un peu comme s'il avait eu le hoquet. La hutte près de Jararaca avait été construite par un certain Dr Guillerme, qui l'avait habitée avec un petit groupe de paysans pendant plusieurs semaines, jusqu'au jour où le danger était devenu trop menaçant pour lui. « Ils disaient, me raconta César, qu'il y avait des flèches, des flèches, encore des flèches. " C'est inutile de rester, avait dit le Dr Guillerme, ils ne veulent pas être pacifiés! " Et il s'en était allé.

– Est-ce que les Urubu se battaient aussi contre les Tembé, à cette époque-là? demandai-je.

– S'ils se battaient? Ils ne faisaient que ça... Tenez, il y avait alors un grand village tembé, quelque part en amont de Jararaca. Un grand village, vraiment! Les *caboclos* (1) des bois vinrent en bande, par centaines, et tuèrent beaucoup de femmes et d'enfants pendant que les hommes étaient à la chasse ou à la pêche; ils volèrent les machettes, les haches, les vêtements, tout ce qui leur tombait sous la main, puis ils s'éloignèrent dans la forêt pour rassembler leur butin. Entre-temps, les hommes du village étaient revenus. *Kwa!* étaient-ils furieux de voir leurs biens volés, leurs femmes tuées! Ils poursuivirent les caboclos, et les balles sifflèrent. Seuls deux caboclos en réchappèrent. »

César rit : « Il y en avait un qui gisait à terre, une jambe cassée. " Non, implorait-il, ne me tuez pas! " L'homme s'avança jusqu'à lui, appliqua la gueule de son fusil sur son trou du cul et tira dans ses tripes, droit dedans.

– Aïe! dis-je.

– Kwa! répondit César, c'est parce que les Urubu pratiquaient toutes sortes d'abominations. Là, pendant qu'ils tuaient les femmes et les enfants, ils avaient taillé un bâton pointu et fiché l'autre bout en terre; puis, ils empalèrent les enfants par l'entrejambe et les abandonnèrent comme ça... » César, les bras en croix, laissait pendre sa tête.

« Vraiment?

– Oui, monsieur. Ils les ont embrochés par le cul. Les femmes pareil; ils les perçaient avec des flèches

(1) A proprement parler, un *caboclo* est un métis de Noir et d'Indien, un sang-mêlé; mais ce terme est souvent employé de manière péjorative par les gens des villes quand ils se réfèrent aux paysans, tandis que les paysans – et les Indiens « civilisés » comme César – l'emploient en parlant des Indiens des tribus.

par leur trou de femme alors qu'elles étaient déjà mourantes; ils les perçaient... Kwa! un caboclo est plein de perversité! Tenez, de même avec les chrétiens (1). Ils étaient capables de tuer un chrétien, de lui couper la barbe, de l'arracher de son visage, de lui couper la queue et le reste, d'embrocher tout ça sur un bâton et de l'abandonner tel quel en bordure du chemin. Même de lui couper la tête et de la laisser ainsi, à regarder le chemin. »

Mais tout cela se passait avant la pacification. Il y avait alors tant d'Indiens, dit-il, que c'était à peine croyable. Depuis l'introduction de la rougeole, ils sont morts par centaines. La pacification fut l'œuvre d'un homme âgé. « C'était un vieil Indien, expliqua César, qui n'avait plus de cheveux sur la tête, seulement quelques-uns derrière les oreilles... un vieil homme... Il se promenait la nuit, dit-on, et, une fois qu'il s'était accroupi par terre comme ceci, une fourmi tocandira le mordit aux boules. Vieux caboclo, va! Ses boules enflèrent, dit-on; il passa la nuit à gémir, puis il déclara : " J'en ai assez de ces promenades la nuit! " Autrefois, Canindé n'était pas sur la berge, comme à présent, elle était dans l'île. Même là, les caboclos tuaient les gens avec des flèches : et ils se promenaient la nuit parce qu'ils avaient peur de se montrer. N'étaient-ils pas en guerre? " Je vais leur parler, dit le vieil homme. "

– Leur parler! Il ne faut pas leur parler, ils te tueront!

– Kwa! penses-tu qu'ils me tueront, dit-il. Tu verras! »

Et c'est lui le premier qui amorça la conversation au poste, qui était commandé par Raymundo Caetano, un Indien Tembé célèbre. « Holà! cria le vieil homme à travers le fleuve, holà! » Ces caboclos! Et Caetano de s'embarquer dans sa pirogue pleine de

(1) Chez les paysans du Brésil, un « chrétien » est quiconque vit dans une ville; le terme a perdu son sens religieux.

machettes; quand il aborda l'autre rive, le vieil homme entama le dialogue. " Je veux des machettes ", dit-il. Caetano étala les machettes sur la berge, ici, là, partout, pendant que le vieil homme s'écartait pour le regarder faire. Puis surgirent des quantités de caboclos qui s'emparèrent des machettes. Ils revinrent le jour suivant; et ce fut le tour des hamacs, des couteaux, des haches. Tout y passa. Si ce vieil homme n'avait pas été mordu par une fourmi tocandira, il aurait fallu longtemps pour les apprivoiser. Son nom était Marajawir, je crois. »

Marajawir ignorait la portée de son geste quand il accepta des relations pacifiques avec le Service de Protection. De son temps, les femmes – et quelques hommes aussi, quand ils survivaient aux guerres – atteignaient un âge si avancé que leurs cheveux blanchissaient; elles devenaient si décrépites et si séniles qu'elles restaient assises toute la journée dans les cendres du foyer, n'attendant plus que la mort. A présent, on ne voit plus d'Indiens aux cheveux blancs. Dans les tribus, les épidémies de rougeole font des ravages, mais la grippe et le rhume commun sont aussi redoutables. Un Indien attrape un rhume qui lui donne la fièvre, il va se baigner pour se rafraîchir, contracte une pneumonie et meurt.

Les paysans des bords du Gurupí sont, bien entendu, assez contents que les Indiens disparaissent, non pas qu'ils soient gênants à présent, mais ils occupent une grande partie du territoire où – sait-on jamais – pourrait se trouver une mine d'or, et qui, de toute manière, est riche en essences oléagineuses. Si les Indiens ne sont plus gênants, ils inspirent encore une certaine inquiétude aux Brésiliens, qui pénètrent rarement dans leurs villages, même quand ils sont peu éloignés; la vue d'un Indien armé d'un arc, avec un faisceau de flèches sous le bras, suffit à leur rappeler un malheureux passé. Mundik Tavares, lui-même, n'avait jamais mis les pieds dans un village indien, bien qu'il eût vécu au bord du Gurupí toute sa vie et que sa famille travaillât pour le Service de Protection. Il racontait que son arrière-grand-père avait contribué à pacifier les Indiens Timbira, et que son grand-père avait été à Canindé, avant la pacification des Urubu, le témoin d'une de leurs attaques. Une fois, il s'était battu avec eux pendant deux heures, et, quand enfin ils étaient partis, il s'aperçut qu'on lui avait arraché sa chemise et que son pantalon était tombé; sa femme, morte, gisait d'un côté, et son frère, jeune marié, de l'autre. « Ces Indiens étaient des sauvages, dit Mundik d'une voix lugubre; de véritables sauvages! »

Mais à présent Mundik n'a rien à craindre aux bords du fleuve, sinon le fleuve lui-même. Un après-midi, nous étions allés le chercher dans une petite agglomération où il venait d'acheter à la scierie de la farine de manioc pour ses hommes, et nous avions remonté le fleuve. D'autres hommes l'accompagnaient, ainsi nous étions quatorze dans la pirogue, qui, à l'intérieur, était chargée de bagages, de corbeilles pleines de provisions et d'ustensiles de cuisine, tandis qu'au-dehors étaient accrochés d'énormes calebasses et des paniers remplis de noix de coco et de poules vivantes. Sur le toldo du linge séchait entre sept et huit perches longues de quatre mètres qui servaient pour le passage des rapides. Les rapides présentent un certain danger et constituent donc la véritable attraction d'un voyage en amont; quand nous prenions un tournant et qu'au-devant de nous s'annonçait quelque rapide, il se produisait un remue-ménage, et dona Benedita soupirait : « O mon Dieu! O Jésus-Christ! protégez-nous! Sainte Mère, faites que nous ayons un bon voyage! O saint Sébastien! » Puis, se tournant brusquement vers Basilia : « Basilia, écope donc! Ne vois-tu pas l'eau qui pénètre, mon Dieu! » Et Basilia d'écoper. Cependant qu'Emiliano, abandonnant la barre, se postait à l'avant, muni d'une perche comme les autres hommes; Feliciano emballait le moteur et pointait la pirogue vers le milieu de la *pancada* (littéralement, le choc : là où l'eau bouillonne entre les rochers). On entendait alors des cris, des grognements, des ordres, des soupirs émanant de dona Benedita. Quand le courant était trop rapide, ou que le moteur flanchait, nous devions tous nous mettre à l'eau pour pousser l'embarcation à travers le rapide, et l'eau, sans relâche, nous tirait par les pieds, tandis que nous essayions d'avancer sur les roches glissantes et acérées. Quand elle était trop profonde, il fallait se servir d'une corde. Celle-ci était alors fixée à l'avant de la pirogue, que nous nous mettions à haler vigoureusement après qu'elle eut été délestée de tous ses passagers, sauf Emiliano avec sa perche. Pendant ce temps-là, dona Benedita se faisait déposer sur une berge, où elle cherchait un passage. « Embora! criait Emiliano. En route! » puis, d'une voix élevée, il lançait son exclamation favorite : « Pai-té! »

Le courant, souvent rapide, entraînait à quelques mètres en aval les hommes qui avaient perdu pied. Une fois, l'embarcation, à bord de laquelle était restée dona Benedita, se présenta de flanc au courant, qui la jeta contre les rochers; Emiliano put redresser avec sa perche. « O mon Dieu! s'exclama dona Benedita, ce que je peux avoir peur quand nous remontons les rapides avec tous ces hommes qui ne comprennent rien et ne respectent rien! » Je la trouvais injuste, et Mundik, son beau-frère, était bien de mon avis. « Quand on pense au nombre de pirogues que j'ai laissées dans les rapides! dit-il. Ce fleuve est difficile, je sens que je me fais trop vieux pour l'affronter. »

CHAPITRE III

LE POSTE DES INDIENS

Dix jours après avoir quitté Viseu, nous arrivions au poste de Canindé. Juste en dessous du poste, un méandre du fleuve dérobe à la vue une île et quelques petits rapides. Puis le fleuve, qui coule de gauche à droite, s'incurve. Le poste est érigé sur la rive droite, qui forme une sorte de petite falaise; sur l'autre rive, on aperçoit un lambeau de forêt abattue deux ans auparavant, mais qu'on n'a jamais pris la peine de brûler pour y préparer une plantation : les arbres recommencent à grandir. En amont, d'autres rapides, qu'on remarque à peine en saison humide, et plus haut, sur la gauche, l'amorce d'un chemin qui mène aux villages indiens.

Canindé a belle allure. Des palmiers, des goyaviers et un jaquier solitaire poussent sur la berge défrichée, dont un coin sert de débarcadère, peu praticable en hiver quand elle devient abrupte et boueuse. Là, entre les pirogues creusées dans des troncs d'arbres, les paysans et les paysannes du poste se baignent, font leur lessive et viennent puiser l'eau potable – à quelques pas des cochons, du bétail et des chiens, vautrés dans la boue. Un grand abri en tôle ondulée surplombe la berge d'une vingtaine de mètres; c'est là qu'on prépare la farine de manioc en broyant les racines dans de larges mortiers, après les avoir laissées macérer et se décomposer; on exprime le suc vénéneux dans un pressoir, puis on fait griller et sécher la farine de manioc sur un grand plateau de cuivre dont le diamètre atteint presque deux mètres, et qui repose sur une murette circulaire en terre au centre de laquelle un feu est allumé. Ces ustensiles voisinent avec de grands appareils récupérés dans l'ancien poste tembé à Jararaca : un moulin à canne à sucre, une batteuse mécanique à riz avec sa machine à vapeur, etc.

A une centaine de mètres plus loin s'élève le bâtiment principal du poste : une grande maison en bois au toit de tuiles, planchéiée et pourvue d'une spacieuse véranda. Cet édifice comporte une chambre à coucher, un bureau, une pièce à usage de réfectoire, une pièce pour les réserves et une annexe de la cuisine, dont le sol est en terre battue. C'est là qu'habite João Carvalho avec sa famille, quand ils résident au poste.

Derrière la maison s'alignent des huttes dont la toiture et les parois sont en palmes, et où vivent les ouvriers du poste – un ou deux Indiens Urubu, quelques Tembé et Timbira, et pour le reste des paysans brésiliens. Au milieu, les latrines, gracieuse construction généralement occupée par les chèvres.

João venait de descendre à Viseu – nous l'avions croisé en remontant le fleuve – et, pendant son absence, le poste était commandé par un paysan à peau sombre, trapu et plutôt silencieux, du nom de José Pinto. Lui et Filoca (diminutif de Filomena), son aguichante épouse timbira, avaient emménagé dans le bâtiment du poste; ils firent à mon égard les gestes hospitaliers d'usage puisqu'ils me cédèrent une de leurs chambres et qu'ils servirent du café (dont j'avais fourni la matière première) à Mundik et à tous les autres passagers. Les gens du voisinage accouraient pour voir les arrivants et apprendre les dernières nouvelles. Il y avait Chic'Ourive, un Noir grand et sec, particulièrement doué pour se moquer lugubrement de lui-même et du monde entier; j'ai oublié son vrai nom. *Ourive*, qui signifie orpailleur, se rapportait à sa carrière antérieure sur le Gurupí, et *Chico* est le diminutif de Francisco. Il tenait de sa mère, guérisseuse célèbre en son temps, une solide connaissance des plantes médicinales et venait de guérir deux Indiens de la morsure d'un surucucu, un des serpents les plus venimeux du Brésil. Leurs jambes avaient triplé de volume (c'est du moins ce qu'affirmait Chic'Ourive) mais, dès qu'ils eurent bu un mélange fait d'urine humaine et d'une décoction de geniparana, ils se mirent à désenfler. A cette époque, Chic'Ourive soignait également un jeune Indien qui devait mourir quelques mois plus tard, probablement de tuberculose.

Il y avait aussi André, un Indien Timbira, dernier survivant de son groupe; il vivait avec une charmante femme à peau noire et aux cheveux crépus qui s'appelait Orminda. Raimunda, la fille de celle-ci, née d'un précédent mariage, était en quête d'un second mari – son premier, s'étant lassé d'elle, l'avait quittée depuis quelque temps. Un jeune homme appelé Shinsh la courtisait, mais elle ne voulait pas en entendre parler car il avait la réputation d'être volage. D'abord, il avait vécu avec l'amie d'Emiliano pendant que ce dernier était en voyage : un jour qu'elle était allongée dans un hamac et qu'il la balançait, la corde se rompit, la malheureuse tomba sur une grande marmite en fer, se brisa la hanche et mourut. Emiliano fut à la fois furieux et désespéré : depuis, il faisait des cérémonies pour s'acheter un fusil avec lequel il tuerait Shinsh. Mais, pour y parvenir, il aurait d'abord fallu qu'il s'enivre et que Shinsh fût assez fou pour se trouver dans les parages. Plus tard, je découvris comment Shinsh, au cours d'un incident typiquement brésilien, avait acquis ce nom – son vrai nom était Benedito. Depuis qu'il avait été mêlé à une querelle, il n'osait plus se montrer en public sans sa machette. Mais, comme il n'avait pas de gaine, il abattit un jeune palmier, dont il coupa la spathe de la dernière palme, appelée *shinsh*, pour s'en faire un étui.

Ces gens, et d'autres encore, vinrent boire notre café et fumer notre tabac – dans l'intérieur, il y a pénurie chronique de ces deux denrées – et aussi saluer Mundik avant la dernière étape de son voyage vers le camp de bûcherons. Aussi bien les hommes que les corbeilles de farine de manioc, que Mundik venait d'acheter, remplissaient complètement le bateau; on disposa des perches fraîchement taillées sur le toit de l'abri. Comme d'habitude, Feliciano mit cinq minutes à faire démarrer le moteur; ils partirent enfin; dona Benedita, faisant des signes d'adieu, était pleine d'appréhension à l'idée de franchir les rapides de Tapirussu, qui sont les plus grands et les plus violents du fleuve.

Feliciano devait revenir au bout d'une semaine et ramener un autre Chico, jeune Tembé de Jararaca qui, me dit-on, serait un bon interprète. Mais, entre-temps, j'avais fort à faire. D'abord il s'agissait de distribuer les cadeaux. C'est un usage presque obligatoire quand on arrive dans un poste indien; les petits dons, utilisés pour amadouer les Indiens, provoquent parfois la jalousie des paysans, dont la situation est souvent plus critique que celle des sauvages : comme ils sont presque toujours endettés, ils ont du mal à obtenir des articles de première nécessité – vêtements, couteaux et assiettes en fer-blanc. C'est pourquoi j'avais apporté beaucoup de marchandises – aiguilles et fil, petits miroirs et couteaux, papier à cigarettes, tabac, hameçons et fil de pêche, savon –, que je donnais indistinctement aux Indiens et aux paysans, réservant toutefois les articles les plus coûteux, comme les machettes, le tissu, les hamacs, etc., pour mes amis personnels, ou parce qu'ils pouvaient me servir de monnaie d'échange. En outre, je m'étais muni d'une provision de cadeaux très prisés dans l'intérieur : autant de menues perles de porcelaine, faites en Tchécoslovaquie, que mes moyens m'avaient permis d'acheter. Ces perles sont relativement chères, puisqu'elles coûtent plus de cinquante francs le kilo, mais elles les valent bien.

Heureusement, je n'étais pas seul à donner. Orminda se proposa pour faire ma lessive; une autre femme m'offrit des œufs, Chic'Ourive un régime de bananes et Engaí des fruits sauvages.

Comme le disait José, Engaí était un cas grave. Urubu et frère de chef, il était un peu sourd et parlait en murmurant indistinctement, comme s'il avait honte de ce qu'il disait, ce qui ne l'empêchait pas d'être presque toujours de bonne humeur et de travailler avec énergie. Il se laissait taquiner, c'est pourquoi Filoca l'aimait bien. Engaí était tombé amoureux d'une fille appelée Cipoputir (Fleur de liane); quand je sortis les photos que j'avais prises lors de mon précédent voyage, il fut triste de ne pas en trouver une d'elle. Filoca se moquait de lui, mais Engaí lui rendait la pareille. Elle tenait la photo d'un Indien complètement nu, sauf pour un bout de cordelette qui retenait son prépuce de la manière habituelle, et la contemplait en rêvant, ce que voyant, Engaí lui prit la photo des mains et se mit à la railler d'une façon vraiment très civilisée. Il fit la moue en penchant la tête, fixa la photo et mit enfin négligemment son doigt au bon endroit. Puis il éclata de rire en désignant Filoca d'un geste accusateur. Elle en rougit presque.

Engaí était porté à la gloutonnerie. Un soir, il prit quatre fois du poisson bouilli et du riz, arrosés d'un litre de *shibé* – farine de manioc macérée dans de l'eau – et puis, pour activer la digestion, il se mit à répéter des pas de danse. Les mains nouées et tendues en avant, les coudes bien dégagés du corps, il traînait bruyamment ses pieds dans tous les coins de la pièce; les pans de sa chemise sortaient du pantalon. Dès que José joua de la guitare, il s'échauffa et saisit Filoca, qu'il entraîna en dansant sur la véranda.

C'était la première nuit du carnaval, qu'on célèbre dans tout le Brésil. A Canindé, il ne se passe pas grand-chose : les boissons sont interdites parce que c'est un poste indien; quant à la musique, les habitants la font eux-mêmes. José, avec sa guitare, chantait des sambas d'une voix étrangement étudiée et affectée, très différente de sa voix habituelle; Shinsh, nanti aussi d'une guitare, essayait désespérément de se mettre au diapason; Chic'Ourive jouait du tambourin. De temps à autre des quadrilles se formaient, rompant la succession des sambas. Les hommes piétinaient en face des femmes, qui tournaient autour d'eux en dansant, tout cela faisant un superbe vacarme, qui s'apaisa peu à peu vers les 2 heures du matin. Au petit déjeuner, le carnaval montrait un autre visage, et tout un chacun se promenait avec des calebasses pleines d'eau, jouant à l'« invado ». C'est un jeu facile : les femmes se liguent contre les hommes et essayent de les asperger, puis les hommes ripostent. Les choses se compliquèrent quand José découvrit de la teinture verte et bleue, qu'il distribua. Par la suite, il dut se barricader dans la maison contre les bandes de femmes qui le cherchaient. Il essaya de faire décamper ces femmes en les laissant enfoncer la porte après qu'il se fut dévêtu; mais elles criaient de contentement, les yeux fermés, et l'aspergeaient quand même. Engaí, au-dehors, les approvisionnait en puisant dans un tonneau, jusqu'au moment où survint Raimunda, qui se mit à le pourchasser, une gourde remplie d'eau très bleue dans les mains; tout se serait bien passé si Shinsh n'avait pas commencé à la poursuivre à son tour et ne lui avait jeté de l'eau en pleine figure après l'avoir rattrapée. Elle posa alors son bébé, s'empara d'un balai et courut en hurlant après Shinsh, qu'elle frappa dans le dos; furieux, il la plaqua sur le sol et passa aux représailles. La pauvre fille se faisait toujours malmener. André, son beau-père, venait de la battre sous prétexte qu'elle avait mauvais caractère : il l'avait frappée aux épaules à coups de bâton, et elle avait crié comme un âne; après quoi, elle s'était cachée deux heures dans les cabinets.

Outre le carnaval, une autre occasion pour faire beaucoup de bruit était fournie par les éclipses de lune. L'ombre de la terre avait commencé à mordre sur la lune à 7 heures et demie environ; depuis ce moment jusqu'après 9 heures, la lune demeura cachée et tout le monde célébra l'événement avec les saluts traditionnels; tintement de cloches, coups de sifflets et de trompes, tambourinades sur la toiture en tôle de la maison du manioc; on trépignait sur les planchers, on criait, on tirait des coups de feu. C'était certainement pour faire décamper le monstre qui mangeait la lune. Trois Urubu arrivés ce matin-là en visite ne semblaient pas s'inquiéter du spectacle; sans doute voyaient-ils combien chacun y prenait du plaisir. Le lendemain matin, comme ils me demandaient si la lune allait de nouveau s'égarer ce soir-là, je les assurai qu'elle ne se perdrait plus, et ils furent soulagés.

Une éclipse de la lune n'est évidemment pas aussi effrayante qu'une éclipse du soleil. Celle qui avait eu lieu dix ans auparavant me fut racontée plusieurs fois. Un des récits se rapportait à une fête d'imposition du nom, célébrée dans un village : les Indiens, revêtus de leurs plus belles plumes, étaient entièrement peints et passablement ivres de bière de manioc quand le soleil commença à se voiler. Hurlant et trépignant de colère et de peur, les hommes ramassaient leurs arcs et leurs flèches; l'éclipse totale provoqua une véritable panique. Dans leur hâte à fuir vers la forêt, les hommes renversèrent l'énorme pot de terre qui contenait la bière; ils trébuchaient sur les hamacs et se cognaient contre les troncs d'arbres. « Si cela arrive encore, me dit un Indien, je crois que j'en mourrai. »

Deux jours après l'éclipse, Feliciano revint de l'amont, ramenant le jeune Chico Mané. Chico avait peut-être seize ou dix-sept ans, et cet air timide propre à beaucoup de Tembé quand ils se trouvent parmi des étrangers et qu'ils prennent soin de ne pas trop se livrer. Il était petit, trapu – même un peu grassouillet –, les cheveux noirs et raides coupés court à la mode brésilienne, les yeux noirs et légèrement bridés; il portait des shorts en cotonnade bleue et une chemise d'un tissu grossier.

Le jour même, je l'équipai d'une chemise de sport extrêmement gaie (qu'un Urubu lui emprunta séance tenante), d'un pantalon, d'un bon couteau, et je lui fournis une demi-livre de tabac et plusieurs paquets de papier à cigarettes. Il accepta ces cadeaux d'un air grave et sans trop manifester de plaisir, me demandant simplement si je pouvais lui donner un couteau supplémentaire pour son père. Chico me plut dès la première rencontre. Il obtint le couteau qu'il demandait.

Le lendemain matin, Feliciano partit, non sans m'avoir fait don d'une pastèque et de deux mangues bien mûres, pour descendre le fleuve en direction de Viseu, où il allait chercher tout ce que j'avais été obligé de laisser. Ce départ fut l'occasion d'un autre assaut d'« invado ». A coups de seaux pleins d'une nauséeuse eau de cale, il réussit à s'échapper jusqu'au milieu du fleuve, mais les femmes le rejoignirent à la nage, pour lui lancer une dernière injure. José mit une heure, ou plus, à les calmer – il avait passé une grande partie de la matinée caché dans les poutres de la charpente de la maison du manioc et s'y était ennuyé. C'était justement son anniversaire. « J'ai trente-trois ans, l'âge du Christ », déclarait-il avec fierté. Pour célébrer l'événement, j'ouvris une boîte de confiture de goyaves et lui fis cadeau d'un peu de café.

Trois jours plus tard, je partis en direction des villages indiens. Chico m'avait dit :

« Eh bien, je pense que nous allons bientôt nous mettre en route?

– Oui, sans doute », avais-je répondu.

Mais rien ne pressait. Aidé par José, il me fallut plusieurs jours pour fabriquer une grande ligne de pêche, pourvue de quarante hameçons, que l'on tend la nuit en travers du fleuve – mais le résultat ne fut guère satisfaisant : les piranhas brisèrent cinq hameçons et sectionnèrent la ligne en trois endroits. Dona Orminda grilla du café pour moi; elle attrapa une migraine et un rhume en sortant tout de suite après sous la pluie; Chico et Engaí pilèrent beaucoup de riz, et José scia des planches qui, plus tard, devaient me servir de table.

CHAPITRE IV

ARRIVÉE AU VILLAGE

Au départ, ma troupe se composait de onze personnes, mais j'avais décidé d'emmener en plus un jeune Tembé qui ferait la cuisine et les menues besognes; il était surnommé Picher (odeur) je ne sais trop pourquoi. Bien que très maigre, et extrêmement paresseux, il se rendait néanmoins utile dans la mesure où il évitait à Chico d'avoir le mal du pays. Engaí aussi faisait partie du groupe, il portait des bagages; Pompeio, un autre Tembé, était chargé de ma cantine métallique; et j'invitai Filoca et Orminda à se joindre à nous, car elles n'avaient jamais vu le village indien. Elles emmenèrent leurs enfants et encore un autre Chico : Chico Gôgô, qui porterait leurs hamacs et leurs nippes de rechange. Enfin, il y avait Maria, la femme de Pompeio, une traîne-savate, celle-là; chaque fois qu'elle en avait l'occasion, elle s'asseyait par terre, une jambe repliée sous l'autre; un sein eczémateux, pendant lamentablement par-dessus sa robe en grosse toile gris cendré, s'offrait au bébé, qui pleurait en gigotant dans ses bras.

Après avoir traversé le fleuve dans une grande pirogue, nous répartîmes le chargement. Engaí prétendit ne rien vouloir porter. « Oh! Engaí, lui demanda Orminda, as-tu mordu le Christ? » Il jouait la comédie pour faire rire Filoca. Sous la conduite d'Engaí notre troupe s'ébranla.

Pendant les premiers cent mètres le chemin était large et aisé avant d'arriver à la *roça* du poste, plantation de manioc, de maïs et de canne à sucre. Les branches noueuses des plants de manioc, avec leurs tiges rouges et leurs feuilles vert sombre à cinq folioles, formaient des arceaux au-dessus du sol et rendaient le passage difficile; en plus, il y avait toutes les plantes épineuses qui ne poussent apparemment que dans une roça. Au-delà de la roça, le chemin se transformait en une simple piste en terre à peine battue, couverte de feuilles, et débarrassée à coups de machette des jeunes arbres qui essayent parfois d'y pousser. Nous nous arrêtions approximativement toutes les heures, à cause des femmes, et allumions une cigarette. Il se mit à pleuvoir : nous nous abritâmes sous un bosquet de palmiers assaí, où les garçons coupèrent des palmes qui servirent de parapluies. Les feuilles tombées recouvraient une multitude de gros scarabées rhinocéros qui vivent dans la terre, d'où ils sortent en hiver pour procréer et mourir ensuite à l'air libre. On sertit parfois leurs cornes dans de l'or, à la place des petites mains sculptées dans le corail, le bois ou l'or – pouce glissé entre index et médius – que les Brésiliennes portent accrochées dans le dos comme talisman contre le mauvais œil et autres menaces du même genre.

Nous n'avions pas marché longtemps quand un serpent jararaca mordit l'orteil de Chico Gôgô. L'animal se tenait lové sur un tronc d'arbre tombé au bord du chemin; Engaí ne l'avait pas vu, moi non plus. Quand Chico Gôgô passa, le serpent, qui ne mesurait fort heureusement que quinze centimètres, avait glissé du tronc pour l'attaquer. Chico Gôgô était indigné et il souffrait; de temps en temps, d'une voix chagrine presque étonnée, il répétait : « Un jararaca m'a mordu. » Armé d'une grosse branche pourrie, il s'avança timidement vers le serpent et le tua d'un coup sur la tête. Après quoi il se remit en marche comme si rien de bien grave ne s'était produit, refusant la piqûre de sérum antivenimeux que je lui proposais.

Nous vîmes encore deux autres petits serpents et un lézard à ventre bleu dont la morsure passe pour dangereuse; après avoir essayé de descendre au fusil quelques singes hurleurs perchés dans les cimes des arbres, nous sommes arrivés dans le *sarapousinho* au milieu de l'après-midi et avons installé un campement pour la nuit. (Cet endroit doit son nom aux poissons *sarapo,* qui abondent dans la petite rivière que traverse le chemin, et au fait que l'on s'y repose : *pouso,* lieu de repos.) Chico Gôgô se plaignait de plus en plus de sa morsure, tout en refusant mes soins; il alla chercher de l'écorce de geniparana, dont il se prépara un breuvage, par-dessus quoi il avala une demi-tasse de pétrole et déclara qu'il se sentait mieux, bien qu'il rendît un peu de sang. Le lendemain matin, il était rétabli.

C'était la seconde fois qu'un serpent mordait Chico Gôgô; si le jararaca ne présente pas un très grand danger, le surucucu, lui, est redoutable. Enroulé sur lui-même, il forme une espèce de tour qui peut atteindre soixante centimètres de haut – le diamètre de son corps dépasse dix centimètres – et attend en chantant, coucoucoucou, qu'une proie s'offre à lui. « Quand, enroulé ainsi sur lui-même, tu l'aperçois en passant, dit Chico Gôgô, et que tu n'as qu'un arc et une flèche, ça t'enlève le goût de chasser pour le restant de tes jours! » Me fixant avec ses yeux ronds, il remuait son menton poilu d'un côté et de l'autre; je comprenais parfaitement sa terreur.

Le lendemain matin, à 7 heures, nous étions prêts à repartir; depuis 5 heures les femmes papotaient, et c'est Picher qui avait préparé le café pour 6 h 30

– un café noir et sucré, qu'on buvait lentement, accompagné d'une bouchée de farine de manioc, après quoi on grillait une cigarette. Pendant la marche, je fus étonné de si mal reconnaître la forêt, car j'avais fait ce trajet plusieurs fois l'année précédente. Je me souvenais bien du sarapousinho avec son cours d'eau limpide et les palmiers assaí qui poussaient sous les grands arbres : il y avait ensuite la pente pierreuse d'une colline que gravissait le sentier; un *igarapé* (un ruisseau) à présent plein d'eau – la dernière fois, je l'avais vu en saison sèche – que nous passâmes à gué; un endroit marécageux rempli de plantains couverts de fleurs avec leurs larges feuilles vertes repliées dont émergent d'innombrables dards écarlates. Engaí les appelait des *mboi iji* (des plantes-serpents) et refusait d'y toucher de peur d'être mordu. Je me rappelais un petit cours d'eau avec son lit de sable que longeait le sentier pendant une vingtaine de mètres avant de s'enfoncer à nouveau dans la forêt, et un endroit où le sentier était couvert de petits cailloux. A part cela, j'avais tout oublié.

Des coins de forêt s'étaient fixés dans ma mémoire à cause des événements qui s'y rattachaient. Je n'eus aucun mal à reconnaître le tronc d'arbre sur lequel nous avions vu le serpent enroulé de Chico Gôgô quand, plus tard, je repassai par ce sentier; un peu plus loin, je repérai l'endroit où Engaí avait dérangé un nid de frelons (Engaí avait disparu en hurlant, et nous nous étions immédiatement dispersés dans la forêt); l'arbre avec une ruche, que nous avions marqué pour y revenir ensuite; l'endroit d'où j'avais tiré et manqué des singes hurleurs; celui où j'avais tué un tatou *rabo de couro* (à queue de cuir) – acte bien inutile, car cet animal est censé déterrer les cadavres pour les manger, de sorte que personne ne veut y toucher – (« Credo! », s'exclama Filoca en contemplant ses énormes ongles); le lieu où Picher avait trébuché et renversé toute la farine de manioc; enfin, l'emplacement où gisait le squelette splendide, bien que décapité, d'un jaguar tué quelque trois mois auparavant par un Indien. Il avait emporté la tête, dont les dents effilées feraient un collier.

A 1 heure, Engaí fit halte à un autre petit cours d'eau où nous attendîmes les femmes, qui nous rattrapèrent vingt minutes plus tard; Filoca s'était fait mal en heurtant une souche, et Orminda s'était cogné un orteil. Il fallut attendre encore une demi-heure avant l'arrivée de Pompeio : il avait fait une chute, et ma cantine lui avait écrasé les côtes. En glissant, Maria était tombée sur son bébé; Filoca raconta que tous les trois pleuraient en trébuchant le long du chemin. Moi-même, j'étais assez meurtri d'avoir buté contre des racines. Il me fallut des mois avant de savoir bien marcher dans la forêt.

A partir de ce cours d'eau, je commençai à me souvenir de la configuration du pays. Bientôt, nous atteignîmes ce qu'on appelle une *capoeira*, parcelle jadis défrichée et utilisée comme plantation, puis abandonnée. Nous quittâmes la forêt pour entrer dans la roça proprement dite – une roça étrangement négligée, me disais-je en moi-même : sur le chemin, l'herbe atteignait presque un mètre de haut. Elle appartenait au village d'Anakãpuku: j'avais jadis passé une semaine chez lui, et je me rappelais sa hutte, surtout à cause des cancrelats.

Quand vous approchez d'un village, vous devez faire du bruit. Vous devez crier, taper avec un bâton sur des troncs d'arbre abattus; si vous avez une corne de vache, vous soufflez dedans; si vous possédez un fusil, vous tirez en l'air. C'est la moindre des politesses dans un pays dont le seul endroit où la vue s'étende à plus de vingt mètres est la clairière d'un village et où toute silhouette aperçue au loin peut être celle d'un Indien ennemi. D'autre part, le bruit donne aux villageois le temps de calmer leurs chiens ou de les attacher afin qu'ils ne mordent pas les arrivants.

Au bout de quelques minutes, on nous répondit, mais les cris ne provenaient pas du village. Celui-ci était désert; l'herbe avait poussé dans les endroits poussiéreux entre les huttes aux parois en palmes refendues, dont les portes avaient été condamnées. Les ananas et les sisals poussaient des feuilles en rangées sous les troncs d'arbres abattus, et le sentier qui conduisait au cours d'eau était obstrué par une masse de plants velus de cucurbitacées. Nous nous assîmes à l'ombre d'un caju dont nous eûmes vite fait de gauler les fruits avec des perches. Ces fruits sucrés, juteux et un peu âcres sont délicieux.

Un village abandonné respire la mélancolie, mais c'est tout de même un village; tandis qu'un village trop neuf offre quelque chose de nu et de choquant, un peu comme des baraques construites sur un lieu de bombardement. Les gens du village d'Anakãpuku s'étaient tous transportés à cinq minutes de là (à part Anakãpuku lui-même, qui commençait la construction d'un nouveau village plus loin) et avaient bâti de petites huttes au milieu d'une multitude de troncs d'arbres abattus. Le feuillage et les petites branches venaient d'être brûlés – comme en témoignait le sol gris de cendres – et rien n'avait été planté. La plaie ouverte dans la forêt n'était pas encore cicatrisée. Quant aux troncs pâles et osseux des arbres qui entouraient la clairière, leur étrange nudité semblait irréelle.

Attiré par le bruit que nous faisions, Pari, un de mes vieux amis, survint pour nous conduire jusqu'à un nouveau village. C'était un homme d'environ quarante-cinq ans, assez maigre dans l'ensemble, mais qui commençait à prendre du ventre; son nez était bien formé, ses lèvres peu charnues; et ses yeux, quoique petits, brillaient d'intelligence. L'année précédente, il s'était installé chez moi en arrivant au village où je demeurais, car, depuis le récent décès de sa femme, il se sentait libre de responsabilités et désireux de prendre des vacances. Maintenant, c'était mon tour. J'entrais dans sa hutte et je m'assis sur mon sac à dos, que j'avais posé à terre. Après quelques instants, Pari m'indiqua par gestes les poteaux de soutènement, et me dit d'y accrocher mon hamac.

Pour installer tous nos hamacs dans cette hutte, il fallut refouler Pari et sa femme à une extrémité. Chico transporta le foyer du centre de la hutte jusqu'à une encoignure – quatre petites bûches disposées en étoile – tandis que Picher emportait la jarre de terre à la rivière pour y puiser de l'eau. Le mobilier se composait encore de trois vieilles carapaces de tortues, sur lesquelles on s'asseyait accroupi ou qui servaient de mangeoires aux chiens, et de l'extrémité d'un grand tronc d'arbre qui avançait à l'intérieur de la hutte, faisant office de banc et aussi de table pour couper le tabac. On avait fourré un arc et trois flèches sous le toit en feuilles pour éviter l'encombrement. Les autres possessions de Pari étaient dissimulées dans une cage qui abritait une chienne féroce sur le point de mettre bas.

C'était un très petit village; seize Indiens y vivaient dans quatre huttes et quelques misérables abris érigés hâtivement. Ils vinrent bientôt nous voir dans la hutte de Pari. Cela me rappelait mon tout premier séjour dans un village au cœur de la forêt vierge, chez des Indiens dont quelques-uns seulement avaient déjà vu un Blanc de près. Pour assouvir leur curiosité, ils nous avaient entourés en silence durant deux ou trois jours, Ribeiro et moi (car nous étions ensemble). Les hommes paressaient dans des hamacs et les femmes étaient assises par terre avec leurs enfants; tous observaient nos moindres mouvements. Expérience rendue d'autant plus troublante que les femmes mettaient une main devant les yeux de leurs bébés quand je regardais de leur côté, ou bien annonçaient à leurs enfants plus âgés que je viendrais les manger s'ils ne se tenaient pas convenablement. Mais les hommes étaient moins hostiles, plus confiants, et souvent ils quittaient leurs hamacs pour venir s'asseoir dans le mien, où ils s'extasiaient sur la pâleur de ma peau, me caressaient les cheveux en s'émerveillant de leur finesse relative.

Cette fois-ci, heureusement, je reçus un accueil moins embarrassant. A un jour de marche de Canindé, ces Indiens étaient familiarisés avec les Blancs; un ou deux se souvenaient même de mon passage l'année précédente. Ils nous reçurent chaleureusement, et Pari – qui connaissait ses devoirs d'hôte – entassa sur le sol des fruits qu'il nous offrit. C'étaient des fruits de *bacuri*, longs d'une quinzaine de centimètres, dont l'épaisse écorce, brisée à coups de bâton, laisse apparaître plusieurs gros noyaux entourés d'une pulpe blanche et juteuse. Fruit délicieux, d'un goût acide et piquant; sorte de flan au parfum de lychee et d'abricot qui rappelle aussi l'odeur d'une crème de beauté.

Tandis que nous mangions, je regardais autour de moi. Pari, assis dans son hamac, nous observait; il portait une chemise et un pantalon, ses cheveux étaient coupés court à la mode brésilienne. Sa femme, Mbeiju, debout derrière lui, devait avoir dix-sept ou dix-huit ans; elle semblait encore embarrassée de son corps sans hanches et presque sans poitrine, où les seins s'annonçaient à peine par des mamelons saillants. Elle était plutôt laide, mais pas déplaisante; lorsqu'elle se fut habituée à nous, sa langue se délia et – fort heureusement pour moi – elle se montra excellente cancanière.

Il y avait aussi Toí qui nous surveillait, assis sur le tronc, à l'intérieur de la hutte. Il portait des pantalons, comme Pari, mais, d'habitude, en présence de visiteurs seulement : pour les Indiens, les vêtements sont devenus des signes de prestige. Un homme portera un malheureux pantalon troué pour vous faire honneur. En revanche Toí était coiffé à l'indienne : une frange devant et le reste des cheveux retombant presque jusqu'aux épaules. Des lobes percés de ses oreilles pendaient de petites *mambi putir* (fleurs d'oreilles) faites de plumes bleues et noires gracieusement assemblées avec de la colle. Dans sa lèvre inférieure, également percée, il avait piqué le tuyau d'une plume jaune; lors des cérémonies, il remplaçait cette plume solitaire, trouvée fortuitement, par un grand ornement composé de nombreuses plumes bleues, noires et rouges.

Toí était un petit homme vif, au corps nerveux et bien bâti, très poli et très amical, quoiqu'un peu réservé. Il ne mendiait pas d'une voix plaintive, comme le font tant d'Indiens pour obtenir des perles ou des couteaux : il acceptait les cadeaux pour ce qu'ils étaient, et gardait tout sa dignité. Mais les femmes de sa famille attachaient peu de prix à ces mâles vertus et venaient souvent me cajoler pour que je leur offre un petit quelque chose en plus. Terepik, sa femme, qui était encore très jeune, montrait moins d'indiscrétion que sa propre mère, Paijé; elle était même plutôt timide, postée derrière son mari, assis sur le tronc de l'arbre. Une jupe de coton bleue serrée aux hanches, dont le tissu était rassemblé devant en plusieurs plis, soulignait la courbe inférieure de son ventre rebondi. Des pendants, semblables à ceux de son mari, ornaient ses oreilles; ses bras et son buste étaient couverts de bandes de peinture noire légèrement effacée. La mère de Terepik, femme corpulente à la peau basanée, n'était nullement déconcertée par ma présence. Elle entra directement dans la hutte et s'appuya contre un des poteaux; en mon honneur, elle avait revêtu une pauvre robe de cotonnade qu'une Brésilienne avait dû lui donner.

« C'est la première fois que je mange un fruit de bacuri », dis-je à Pari au cours de notre conversation. Pari était sidéré, Toí aussi.

« N'y a-t-il pas de bacuri dans ton pays? » me demanda Toí; quand j'eus répondu non, il se tourna vers sa femme en disant : « Il n'y a pas de bacuri là où vit Francik! »

La manière dont il avait prononcé mon nom me fit sourire : dans tous les mots indiens on accentue la dernière syllabe, qui ne se termine jamais par un *s*; il avait donc substitué un *k* pour rendre mon nom plus facile à prononcer. « Fran*cis!* » dis-je; mais, bien qu'il répétât plusieurs fois, il ne put renoncer au *k* final.

« Y a-t-il des pécaris dans ton pays? » me demanda-t-il encore.

– Non », lui dis-je à nouveau.

Et je persistai à dire non pendant un bon moment – ni pécaris, ni tapirs, ni jaguars, ni pacas, ni agoutis (deux grandes espèces comestibles de rongeurs, semblables à des lapins), ni aras, ni perroquets, ni bananes, ni patates douces, ni poissons surubim, ni piranha.

« *Mai!* dit Toí, dont l'étonnement se peignait sur sa figure. Mais alors, que mangez-vous? »

Force me fut de leur dire. Paijé, qui prenait des poses lascives en se frottant le dos contre le poteau, pensait que de tels aliments ne devaient guère être nourrissants. Elle constatait pourtant que j'étais grand, mais mince – ce qui m'apparut dans toute sa vérité quand je comparai son superbe gros ventre avec le mien.

« Je t'apporterai du shibé tous les jours, me dit-elle; tu engraisseras vite, et, quand tu rentreras chez toi, ta mère dira " tu es gros! " »

Elle envoya une de ses petites-filles, qui se tenait cachée derrière elle, faire un grand shibé, qu'elle nous apporta bientôt dans un large récipient de terre; à la surface du liquide flottait un bol en calebasse. On fait le shibé avec de la pulpe de manioc qu'on lave pour la débarrasser des fibres et de l'amidon. Puis on la laisse macérer afin de l'amollir. On plonge le bol dans le liquide et, après avoir remué le mélange, on porte le bol rempli à sa bouche en s'aidant d'un doigt pour empêcher la farine de se déposer au fond. J'ai vu certains Indiens engloutir un litre de cette mixture en une dizaine de secondes; moi, je prenais mon temps.

On me passa le bol plein de shibé, que je bus avec lenteur. « Saé puku est en train de boire du shibé! » s'écria Tero avec satisfaction. Tero était le gendre de Toí, un adolescent de presque vingt ans, l'air un peu évaporé, par ailleurs bon chasseur; garçon joyeux, toujours à l'affût d'un tour à jouer. « Saé puku! » répéta-t-il. Ce surnom de *Saé puku*, qui signifie « homme long », m'était toujours dévolu. M'ayant tiré de mon hamac pour comparer nos tailles, Tero constata qu'il arrivait à peine à la hauteur de mon épaule, ce qui suscita chez lui une admiration humiliée.

« Tu es mon père, déclara-t-il soudain.

– Bien, mon enfant.

– Père, donne-moi un peu de tabac! »

Je sortis ma blague à tabac et me mis à rouler des cigarettes pour tous ceux qui en voulaient. Pendant mon séjour dans le village, nous restâmes, Tero et moi, en termes assez familiers, bien qu'il m'élevât parfois au rang de grand-père pour me témoigner un respect accru, ou simplement pour me taquiner. De temps en temps, les autres aussi m'appelaient grand-père, surtout quand ils parlaient de moi à leurs enfants.

Je repris mon shibé pour le finir. C'est une boisson des plus réconfortantes. Rien de tel quand vous avez chaud, faim ou soif : un shibé bien mélangé, avec son goût de noisette, un peu acide, même parfois légèrement fétide, vous remonte autant qu'un porridge peut ragaillardir un Ecossais par une froide matinée. Les Indiens boivent du shibé dès qu'ils ont un peu faim – ils en prennent un de bonne heure, au lever du soleil; un autre vers 9 ou 10 heures; un autre avant le déjeuner; un dans l'après-midi, un autre le soir, et un dernier, s'ils en ont envie, avant de dormir. C'est en grande partie au shibé que les Indiens doivent leurs remarquables ventres ronds – au shibé et à la farine sèche de manioc, qui, une fois avalée, se dilate un peu dans les intestins.

C'était Paijé qui m'avait tendu mon bol de shibé; quand je l'eus vidé, je le lui rendis donc. La politesse n'était pas seule en cause : si j'avais omis de le faire, nous aurions tous les deux souffert de maux d'estomac. Les jours suivants, quand Paijé apportait le shibé pour tout le monde dans un énorme bol, j'en buvais à volonté, puis je le passais à Pari; Pari le passait à Chico, qui le passait à Picher, qui le passait à Tero; puis on se repassait le bol en sens inverse afin que je puisse le rendre à Paijé. Une fois, je quittai le groupe pour aller chasser avant que ce circuit n'ait été complètement accompli, et le bol resta toute la journée dans notre hutte, bien que Paijé en eût besoin : c'était à moi qu'elle l'avait donné, et donc de moi seul qu'elle pouvait l'accepter à nouveau.

Le shibé circulait et les deux autres hommes qui avaient leur hutte dans le village vinrent nous regarder. L'un, Tapéré, était le frère de Paijé; il habitait dans une petite hutte, à côté de celle de Pari, avec sa femme et sa petite fille; tous les trois étaient assez malades, et je ne les vis pas souvent. L'autre, un jeune imprudent du nom de Tahi, dont je me défiais sans motif particulier depuis notre première rencontre, vivait avec ses deux petites filles et sa mère sans s'occuper convenablement d'elles. En outre, sa mère était *kaú* (folle); morose, méchante et atteinte de blennorragie, elle marmonnait constamment : « Mon *carapua* brûle, brûle! »

en pressant sa main entre ses cuisses. Je fis mon possible pour la soulager, mais elle se méfiait de moi et me tournait le dos dès que je l'approchais.

Tapéré ne m'avait jamais rencontré auparavant; je lui dis comment je m'appelais. Puis je dus lui apprendre les noms de chacun des membres de ma famille – les noms de ma mère, de mon père, qu'il essaya vainement de répéter, puisqu'ils comportaient l'*s*, imprononçable pour les Indiens; et aussi les noms de mon frère, de sa femme et de leurs enfants.

« Et combien d'enfants as-tu? me demanda Pari.

– Je n'ai pas d'enfants », lui répondis-je, sentant le besoin de m'excuser; je n'avais pas même une femme. Cela le choqua un peu, car les Indiens ne se considèrent pas des hommes tant qu'ils ne sont pas mariés. « Panem! » s'écria-t-il, pour me railler de manière amicale. Etre *panem*, c'est échouer, manquer de chance. Puis il passa de nouveau à l'interrogatoire : avais-je combattu dans une guerre? Combien de personnes avais-je tué? Etais-je un chef? Combien de machettes gardais-je chez moi, dans mon pays? Combien de perles, de vêtements, de fusils? Pour venir, avais-je voyagé en avion? *Papai-hu*, Grand-Père m'avait-il envoyé pour leur rendre visite? Combien de temps comptais-je rester?

J'arrangeai un peu la vérité; c'était inévitable. Il fallait rendre compte clairement de ma situation, et ce n'était possible qu'en me faisant passer pour une espèce d'Indien. Certes, répondis-je, je suis un chef, et Papai-hu m'a envoyé pour obtenir des renseignements sur vous; il veut savoir comment vivent les Indiens, quelles sont leurs légendes, et voir de quoi ils ont l'air, dis-je en brandissant mon appareil photographique. Cette explication de ma visite les convainquit pleinement, et, par la suite, on me donna fréquemment des informations spontanées avec la recommandation expresse de les transmettre à Papai-hu. Ils furent un peu déconcertés d'apprendre, comme je devais à la vérité de le leur dire, que nous n'avions plus de *Papai-hu* (roi) mais une *Mamai-hu* (reine) : chez les Urubu, il est impensable qu'une femme devienne chef. Ils eurent cependant vite oublié ce point embarrassant, que je pris soin de ne pas leur rappeler. Ils aimaient à penser que Papai-hu était notre équivalent de Maír, leur héros culturel; ils lui attribuaient divers pouvoirs miraculeux, comme la faculté de fabriquer un fusil ou une machette par la simple opération de la pensée. Je fis de mon mieux pour dissiper cette croyance, qui risquait de diminuer à leurs yeux la valeur des cadeaux que j'apportais. Parfois, on m'appelait *Papaí-rair* (fils du Père) et quelques Indiens furent assez déçus d'apprendre que ni moi ni Papai-hu n'étions immortels comme Maír. Mon Papai-hu jouissait néanmoins d'un grand respect, et on me demanda souvent de faire le récit (anticipé) du couronnement. L'étincelante procession à travers la ville, les guerriers bordant les rues, les couronnes et les diadèmes, les robes et les insignes, même le rituel compliqué de la cérémonie : ils concevaient tout cela sans difficulté. Tandis qu'une conversation portant sur le chemin de fer, les gratte-ciel, les usines ou les cinémas, les déroutait.

Je fus content quand l'interrogatoire prit fin et qu'ils commencèrent à parler avec Orminda, et tous ceux qui étaient venus avec moi de Canindé. J'avais oublié presque tout mon tupi, et Chico n'était pas encore un interprète très compétent. Non que la langue présentât des difficultés pour lui : l'urubu est une sorte de tembé archaïque et simplifié, qu'il connaissait déjà bien, car un village urubu se trouvait à Jararaca, non loin de chez lui, et il s'y rendait souvent. Mais il tenait l'urubu pour une langue barbare, aux sonorités empâtées, aux syllabes confuses, et quand je lui faisais traduire mot à mot en portugais, souvent sa langue et sa mémoire le trahissaient et il boudait. Je ne le blâmais pas; la traduction orale a toujours quelque chose de boiteux, j'en étais aussi peu satisfait que lui, bien que pour des raisons différentes. Mes informateurs indiens n'en pensaient pas grand bien non plus : passionnés par les péripéties de l'histoire qu'ils racontaient, ils se trouvaient subitement interrompus pour donner à Chico le temps de me transmettre les misérables bribes du récit que sa mémoire avait retenues.

Avec l'expérience, la mémoire de Chico s'accrut, tout comme sa patience. Pendant le premier mois, nous écoutâmes les histoires de Pari, dont la plupart m'étaient déjà connues; pour moi aussi ce fut un exercice salutaire, car, sachant à l'avance ce qui allait suivre, j'enrichis mon vocabulaire, ce qui me permettait de compléter le récit de Chico chaque fois qu'il omettait quelque chose. Après avoir passé six mois dans la forêt avec moi, Chico interprétait d'une manière experte, si même un peu condescendante, et ce que j'avais appris me permettait de soutenir des conversations prolongées, à condition que Chico restât dans les parages pour m'aider d'un mot en cas de besoin. Un Indien à qui je rendis visite fut ravi de mes progrès, comme si enfin j'étais devenu adulte. « L'année dernière, me dit-il, quand tu es venu la première fois, tu ne comprenais rien. Maintenant tu parles convenablement. Maintenant, tu sais. »

Si Anakãpuku (qui avait été le chef du village de Pari avant de s'en aller ailleurs) avait entendu ces mots, il aurait dit que c'était grâce à lui. Une fois, alors que ni Chico ni moi n'avions pu comprendre ce qu'il disait – car il parlait avec négligence –, il s'était levé de son siège et, saisissant ma braguette, il en avait défait les boutons en souriant, puis, après m'avoir craché dessus, il avait dit, tout en me reboutonnant : « Maintenant, tu vas comprendre ce que je dis. Quand Darcy était ici l'an dernier, il ne comprenait pas non plus, alors j'ai craché sur son *rankuaî* pour qu'il comprenne. » C'était une magie efficace, puisque à présent Ribeiro parlait relativement bien l'urubu.

Après une bonne nuit de sommeil, je m'installai dans le village de Pari; avec les planches et les clous que j'avais apportés, je fabriquai une table convenable, tandis que, sous la toiture, Chico construisait, avec de jeunes arbres abattus, une grande étagère qui devait nous servir à ranger nos affaires. Filoca et les autres restèrent quelques jours; ils mangeaient, parlaient, papotaient, faisaient des visites, chantaient toute la nuit et posaient des devinettes. « O que é? O que é? » demandaient-ils. « Qu'est-ce que c'est? Qu'est-ce que c'est qui passe à travers l'eau sans se mouiller? » Une ombre. « Qu'est-ce que c'est? Qu'est-ce que c'est qui a une tête de feu et un corps d'eau? » Une lampe à pétrole. Les Indiens s'amusaient beaucoup et commençaient à inventer leurs propres devinettes, telles que : « Qu'est-ce qui marche et qui n'a pas de jambes? » Un serpent. « Qu'est-ce qui n'a pas d'os mais qui se tient debout? » Un plant de manioc. Mais bientôt Filoca jugea qu'il était temps de rentrer à Canindé, et, un jour, avant l'aube, elle et ceux qui l'accompagnaient partirent, après avoir été amicalement avertis que des jaguars les attendaient dans la forêt. « Des jaguars? Bah! » dirent Filoca et Orminda à l'unisson, et elles descendirent le chemin. J'étais content qu'on me laisse seul, car il est difficile de travailler dans le vacarme. De plus, ils mangeaient toutes mes provisions.

CHAPITRE V

DU BON USAGE CHEZ LES URUBU

Les Indiens Urubu se désignent du nom de *caá-por* (habitants des bois), et ils appliquent le même terme aux autres Indiens, qu'ils classent en deux catégories – les *caápor-té*, habitants des bois véritables ou sauvages (mot qui signifie également « habitant des bois »), et les *caápor-ran*, faux Indiens. Comme les Urubu, les vrais sauvages portent des coiffures de plumes, des pendants d'oreilles, un labret, et leur pénis est retenu par un cordon. Les « faux sauvages », tels les Indiens Guajaja, sont nomades et n'ont donc pas de villages permanents.

Quand ils se réfèrent à eux-mêmes, ils emploient deux termes imités des Brésiliens : *cambo*, du portugais *caboclo* (dont le sens propre est métis d'Indien et de Brésilien), et *camara*, de *camarada*, camarade. Ils n'aiment pas qu'on les appelle *Urubu*, qui signifie « vautour »; ce nom leur vient des Tembé qui les nomment *Urubu tapií*, ce qui veut dire « vautours barbares ». L'expression semble dérivée du cri de guerre urubu *Urubu ne u!* (Que les vautours vous mangent!)

Les Urubu occupent leur territoire actuel depuis plus de cent ans. Jadis, ils se déplaçaient beaucoup; un grand nombre de leurs légendes se situent dans le Nord, dans la forêt bordant le fleuve Capím; ils racontent l'histoire d'un homme qui vivait sur le fleuve Tocantins, vers l'ouest. Au cours de ces déplacements, ils se sont mariés dans d'autres tribus et ont adopté des coutumes étrangères au patrimoine commun de la famille tupi, dont ils forment une branche : par exemple, ils ont deux héros culturels qui proviennent, l'un et l'autre, de cycles mythiques totalement différents et portent une coiffure de plumes qui pourrait bien être originaire de la Guyane.

Le Service de Protection les a pacifiés aux alentours de 1920. Depuis, d'assez nombreux contacts avec les Brésiliens leur ont appris les avantages d'une vie pacifique; ils ont renoncé à l'anthropophagie rituelle, mais, pour le reste, leur culture traditionnelle est restée intacte, et les coutumes qu'ils ont cessé de pratiquer sont encore présentes à leur mémoire.

Par hasard je découvris l'une de ces coutumes; Tero, un vieil Indien qui me rendait visite, accepta la nourriture que je lui offrais en murmurant « hm hm! » Distraitement, je ripostai « hm, hm! » Il sourit alors et approuva de la tête.

« Jadis, m'expliqua-t-il, quand on tendait quelque chose à quelqu'un, on devait dire " ti! " La personne répondait alors cérémonieusement " hm, hm! " Un homme qui donnait quelque chose à son frère disait " ko te shi! "; une femme offrant un bol de shibé à son oncle maternel disait " peow! " et il répondait " muhin! "; tandis qu'un jeune homme se servait du vocable " yoi! " pour s'adresser à son père. »

A la plupart des jeunes Indiens (qui ne les avaient jamais entendues), comme à moi-même, ces exclamations semblaient étranges. Par la suite, Tero prit l'habitude de m'offrir avec cérémonie un fruit de bacuri ou un bâton ramassé par terre, simplement pour le plaisir d'entendre l'échange des formules traditionnelles. " Ti! " disait-il; et quand je ne répondais pas, il me soufflait avec insistance " hm, hm! "

Comme je devais l'apprendre plus tard (*cf.* chapitre XIII), ces exclamations prescrites, qui maintiennent les distances entre amis et parents, ont un objet défini; elles vont de pair avec de nombreux autres usages que les Indiens observent avec ferveur. Par exemple, il ne faut jamais se servir du vrai nom d'une personne en sa présence, cela l'embarrasserait : au lieu du nom, on dit " saé " (compagnon), ou on emploie son surnom. Et si on parle à quelqu'un d'un autre Indien qui pourrait se trouver à portée de voix, on le nomme « frère d'un tel » ou « père d'un tel »; ou on se contente d'indiquer la direction où il se trouve en avançant la lèvre inférieure et en disant : « Celui-là. Celui-là, là-bas. »

Un Indien possède habituellement trois noms : son vrai nom, qu'il a reçu au cours d'une fête lors de ses six mois; son surnom, que lui aura peut-être valu un trait particulier – ainsi, Pinuarã, femme d'un habitant du village voisin, avait été surnommée Saracaca, ou tortue bourbeuse, parce que enfant elle aimait manger de la terre. (Pour l'en guérir, il avait fallu que le chef urine dans sa bouche.) Puis, quand hommes et femmes se marient et procréent, on les appelle du nom de leur plus jeune enfant : Antonio-hu, l'actuel chef du village de Saracaca, avec qui je me liai d'amitié, était généralement appelé Ari-ru, père d'Ari; de même que sa femme, si elle avait vécu, se serait appelée Ari-mae. Antonio-hu, surnom que lui avait donné un Brésilien, signifie le grand Antonio; son vrai nom était Wira (arbre).

Les Indiens évitent de s'appeler les uns les autres par leur vrai nom, surtout quand ils sont parents. Ils préfèrent alors se servir du terme de parenté : " hê ru », dira une fille à son père, qui répondra " hê rair " (mon enfant), ou " hê-ta-me-ê " (mon nourrisson). Quand un homme s'adresse à son petit-fils, il allonge emphatiquement la dernière syllabe du terme de parenté, sur un ton légèrement menaçant : " hê rainyoooooong! " Il fera de même en parlant à son neveu, à sa nièce ou à son gendre, c'est-à-dire chaque fois qu'il aura affaire à quelqu'un de plus jeune que lui, ou d'un rang inférieur. Ce mode d'appellation, dont l'usage tend actuellement à se perdre, était une manière d'apprendre aux enfants à se tenir à leur place : jadis, un grand-père regardait de travers un enfant trop bruyant.

A présent, les enfants circulent dans le village en courant et en braillant; personne ne les arrête. Ils s'enfuient avec les cigares de leurs aînés et les fument presque jusqu'au bout avant de les rendre. Dans le village d'Antonio-hu, il y avait des enfants particulièrement mal élevés; un jour, ils dévorèrent un singe que quelqu'un avait abattu au lieu de le partager avec tous les gens du village, comme ils auraient dû. Pari savait bien ce qui lui serait arrivé dans son enfance s'il en avait fait autant : il aurait reçu une bonne raclée.

Mais, en général, les parents n'ont pas besoin de battre leurs enfants. Ils s'en occupent avec une patience exemplaire : Antonio-hu interrompait toujours son travail quand un enfant de son village lui demandait quelque chose; les Indiens portent les enfants partout avec eux, les nourrissent à toute heure, les chatouillent et les bercent tendrement quand ils pleurnichent. Une fois pourtant, au milieu de la nuit, un homme me demanda de tirer un coup de fusil pour effrayer sa fillette afin qu'elle cesse de crier; j'ai même vu des enfants qu'on battait assez fort, ou qu'on giflait. Une fillette ne l'avait pas volé. « Je voudrais que tu sois morte! » criait-elle à sa sœur; aussitôt sa grand-mère la frappa pour la punir de ces vilaines paroles.

Les Indiens étaient certainement beaucoup plus féroces jadis, quand ils faisaient la guerre aux

Brésiliens. Antonio-hu m'assura un jour en plaisantant que je serais mort de peur si j'avais vu son grand-père et entendu ses grondements rauques, sa voix acariâtre; les Indiens parlent fort quand ils veulent en imposer.

« Ils étaient hantan, dans ce temps-là », dit Antonio-hu avec fierté. *Hantan* est un mot qui signifie dur, fort, capable d'endurer n'importe quoi.

Une des applications les plus intéressantes de ce terme sert à désigner le discours officiel : *ne'eng hantan* (langage dur), qu'on emploie chaque fois qu'un visiteur arrive au village. Dans la forêt, les visiteurs sont d'abord toujours suspects, puisqu'ils peuvent être des ennemis, et beaucoup de tribus indiennes les saluent en tirant des flèches par-dessus leurs têtes et en lançant des cris de guerre avant de les conduire au village pour leur offrir l'hospitalité.

Les Urubu se servent donc du ne'eng hantan. Le premier principe en est que les intentions doivent toujours être annoncées sèchement. Ainsi, quand le visiteur arrive, il dit :

« Je suis venu.

– Es-tu venu pour voir? demande poliment le chef.

– Je suis venu pour voir. »

Le chef invite le visiteur à s'asseoir dans un hamac et appelle sa femme pour qu'elle prépare le shibé; c'est alors que commence le ne'eng hantan proprement dit. D'une voix sonore, monotone et agressive, le visiteur se met à parler – à parler de tout ce qui lui passe par l'esprit, d'où il vient, ce qu'il a vu chemin faisant : quelques traces de tapir, peut-être, ou des singes dans un arbre; comment un tel a battu sa femme – tandis que le chef ponctue chacune des phrases de son interlocuteur par une affirmation retentissante : " ya té! " ou " ya té gui! " (une parole en vérité), signifiant que l'orateur n'a pas menti. Parfois, au lieu de l'interjection " ya té! " il répète les derniers mots de l'orateur en allongeant et en amplifiant la voix.

Quand le visiteur se trouve à court de commérages, le chef prend en main la conversation et le premier doit alors la nourrir d'exclamations qui semblent dénoter l'ennui et la férocité. Quand la conversation est particulièrement intéressante, elle se poursuit jusqu'au petit jour, et reprend plus tard dans la matinée.

J'ai assisté à de telles conversations entre hommes qui se connaissaient bien puisqu'ils venaient de villages voisins. L'un était étendu sur son hamac, fumant parfois un cigare, tandis que l'autre, accroupi sur le sol, taillait un bout de bois pour en faire une pointe de flèche. N'évoquant que des banalités en phrases courtes, énoncées d'une voix affectée, l'interminable dialogue se perpétuait, pour cette seule raison que les hommes aiment l'atmosphère cérémonieuse que ce style oratoire contribue à créer.

Mais ces conversations guindées omettent ce qui est le propre du ne'eng hantan – à savoir les mots durs ou difficiles. Un étranger qui parle le ne'eng hantan maltraite les mots en sautant une syllabe ou en en rajoutant une, qui sera redondante, et se sert souvent d'un vocabulaire bizarre qu'on n'a jamais entendu auparavant; ce qui le rend inintelligible à quelqu'un comme Chico, qui cependant parlait couramment le langage quotidien. Ce vocabulaire n'a toutefois rien de secret; c'est simplement le langage officiel dont se servent les hommes qui essayent mutuellement de se convaincre de leur dureté. Les femmes le comprennent, mais ne s'en servent jamais.

Le ne'eng hantan est un genre qu'on adopte, comme un masque : pour se donner du courage et intimider les autres. L'intimidation la plus violente est le *patuc*, quand un homme saisit son arc et ses flèches, les agite férocement, frappe plusieurs fois le sol de son pied en criant : " Hu-hu! Hu-hu! " C'est un spectacle angoissant auquel on n'assiste heureusement pas trop souvent, car la joie enivrante que lui procure un bon patuc peut pousser un homme à commettre un acte violent qui, au départ, n'était pas dans ses intentions.

Il y a d'autres conduites prescrites dont l'usage ressemble à celui des masques. Les femmes, par exemple, parlent d'une voix spéciale, monotone, pleurarde et suraiguë pour se faire obéir de leurs enfants ou pour les gronder; d'une voix qui s'élève un peu plus à chaque mot pour retomber à la fin de la phrase. Lugubre, sinistre, c'est une vraie voix de sorcière. Les enfants répondent sur le même ton.

Les véritables masques sont toutefois la peinture et les vêtements. De nos jours, les hommes portent des vêtements pour se donner l'air de Brésiliens et avoir belle allure, surtout quand ils vont en visite ou se rendent à des cérémonies; mais ils se promènent nus, sauf la cordelette retenant le prépuce, quand ils chassent ou travaillent dans leur plantation de manioc. Les femmes portaient jadis des *kwé yu*, petits tabliers en coton tissé ou en fibre de palmier tucum, qui pendaient par-devant et par-derrière; actuellement, elles ont honte des kwé yu et ne se trouvent décentes qu'avec des jupes.

Cela dit, le vêtement en soi n'a pas une vraie importance : un homme ne le porte que pour montrer qu'il le possède. Il n'en va pas de même pour les ornements de plumes, qui confèrent des qualités symboliques et en sont même le signe. La coiffure de plumes est la parure la plus spectaculaire : cette demi-auréole de plumes jaunes, rouges et noires, portée horizontalement, est l'emblème de l'astre du jour et transforme un homme en une sorte de soleil. Dans la mythologie indigène, où le héros culturel confectionne une coiffure avec des pierres et du charbon de bois, il lui donne l'apparence de plumes et l'offre à un personnage maléfi-

Fig. 1. — *Diadème de plumes caudales de yapu.*

que sur la tête duquel elle s'enflamme aussitôt. Seuls les hommes portent la coiffure : si une femme la revêtait, ou aidait seulement son mari à l'attacher autour de sa tête, les oiseaux yapu – qui sont l'emblème du héros culturel et de la queue desquels proviennent les plumes jaunes qui sont aussi les

Fig. 2. — *Collier à sifflet utilisé par les hommes dans les cérémonies.*

plus importantes de la coiffure – lui crèveraient les yeux à coups de bec.

Les hommes sont également seuls à porter les colliers de plumes. Un long sifflet d'un fémur d'aigle est suspendu à ce collier. On en joue aux fêtes d'imposition du nom et pour célébrer les victoires. Les colliers des femmes, les plus magnifiques, sans doute, de tous les ornements, ne comportent pas de sifflet, mais seulement des plumes d'oiseaux réputés inoffensifs dans la mythologie – le toucan, le *howi mê'ê* (chose bleue) et les gobe-mouches. Des plumes du howi mê'ê figurent dans presque tous leurs ornements : le bleu est en effet leur couleur préférée, parce qu'il les met mythiquement en relation avec le ciel et les esprits héroïques qui l'habitent.

La coiffure et les colliers sont des parures cérémonielles. Dans la vie quotidienne, les Indiens portent leurs petits pendants d'oreilles bleus, leurs bracelets en plumes rouges, du camail de l'ara – qu'accompagnent des bracelets de graines noires – et, très souvent, des liens de fils de coton qu'ils serrent autour de leurs jambes en dessous du genou afin que celles-ci « marchent bien ».

Le masque le plus beau de tous est la peinture : peinture noire qui protège, peinture rouge qui vivifie. La peinture noire provient du gros fruit du genipa. On pose le fruit pendant quelques minutes dans les braises pour libérer le jus à l'intérieur, puis on coupe le dessus; en pressant le fruit on en exprime le suc, dans lequel on trempe un bâtonnet entouré de coton. Avec ce pinceau de fortune, on peut alors se peindre le corps; quelques fines raies le long des joues, et quelques cercles, quand on est un chef; partant des épaules, deux larges bandes barrent verticalement la poitrine et s'arrêtent de chaque côté de l'ombilic; d'autres bandes le long des bras, autour des poignets, de la taille, et sous les genoux. D'abord le suc est pâle et transparent; puis,

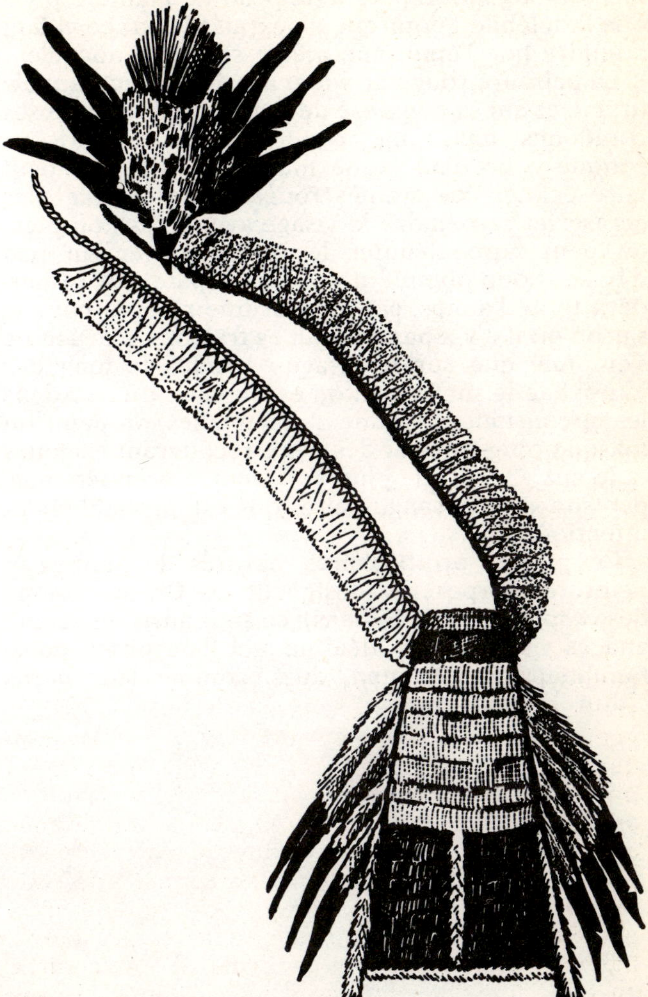

Fig. 3. — *Collier porté par les femmes.*

en séchant, il devient d'un bleu-noir profond et merveilleux qui imprègne la peau de manière presque indélébile : pour que disparaisse la trace, il faut attendre que l'épiderme même se soit renouvelé.

La peinture rouge provient aussi d'un fruit appelé urucu, et qui se compose de petites graines juteuses contenues dans une coque molle et hérissée, comme celle d'un jeune marron d'Inde. On peut faire éclater ces graines rouges avec le doigt, les écraser et se peindre le visage avec le jus; ou bien, on peut faire chauffer les graines avec un peu d'huile, pour obtenir une épaisse pâte qui se gardera toute l'année, constituant une réserve pour la saison où il n'y a pas de graines fraîches. L'urucu ne s'emploie que sur le visage : bandes le long des joues; bande sur le menton et à la base du nez; dans les circonstances vraiment solennelles, on peint un masque rouge autour des yeux, recouvrant les joues et le nez – spectacle plutôt effarant, à première vue, par son aspect sanguinaire, qui est probablement intentionnel.

Ces usages protocolaires, parures de plumes et peintures corporelles désignent les Urubu comme des *caápor-té* (vrais Indiens); ce sont aussi les témoignages visibles d'un idéal auquel ils aspirent constamment : être hantan, durs, comme leur héros culturel, Maír.

CHAPITRE VI

LES CHEFS

Les Indiens pratiquent une agriculture dont le rendement est médiocre. Ce sont des écobueurs, c'est-à-dire qu'ils ne connaissent d'autre moyen, pour ouvrir une plantation de manioc, que d'abattre les arbres et les buissons et d'y mettre le feu quand ils sont secs. Le sol de la forêt est toujours pauvre, et cette méthode ne l'améliore pas. Deux récoltes suffisent à l'épuiser : il faut alors défricher un autre coin, y ouvrir une nouvelle plantation, ou roça, comme disent les Brésiliens. Sur l'emplacement de l'ancienne roça on peut planter des roseaux d'une espèce particulière dont les Indiens fabriquent les hampes de leurs flèches; mais, au bout de quelques années, ces roseaux ont disparu sous la forêt envahissante.

Quand les zones les plus fertiles de la forêt proche ont été épuisées, les Indiens se transportent plus loin, construisent un nouveau village, ouvrent une nouvelle roça, et repartent de zéro. Avant de quitter l'ancien village, ils détruisent les huttes en les incendiant; quant à la grande platine en terre sur laquelle ils sèchent la farine de manioc et aux vastes récipients qui servent à préparer le *cahouin* (1), les Indiens les brisent, quitte à en

(1) « Bière » de manioc. *Cf.* pages 127-128.

fabriquer d'autres dans le nouveau village. Pari et les siens avaient construit leurs huttes à huit cents mètres seulement du village précédent.

Quand un village est sur le point de migrer, certains habitants décident parfois de ne pas suivre leurs compagnons au nouvel emplacement; ils vont rejoindre des amis ou des parents dans quelque autre lieu; ou bien ils créent un village indépendant. Les villages se constituent d'abord sur la base des liens de famille, et en second lieu seulement autour du chef : mieux un chef réussit à rendre son peuple heureux, plus nombreux seront ceux qui voudront vivre à ses côtés. Visiblement, Anakãpuku n'avait pas entièrement réussi en tant que chef quand il entreprit d'édifier un nouveau village à plusieurs heures de l'ancien, car aucun de ses villageois ne voulut le suivre. Ils préférèrent se grouper autour de Toí, l'homme qui était au centre de la vie du village. C'était le cousin et le gendre de Pihun ambir, « feu Pihun » : Pihun avait été le chef du village avant Anakãpuku, et, quand Pihun mourut, Toí assuma ses responsabilités familiales. Tero, petit-neveu de Pihun, devait hériter de cette fonction de Toí, et il élevait une des filles de ce dernier pour en faire sa femme; son autre fiancée était Mahomé, belle-fille de Pari. Pari, étranger au village, avait épousé Mbeiju, belle-sœur de Toí, rétablissant ainsi l'ordre des choses, selon le vieil axiome : « femme pour femme ».

J'étais étonné que personne ne voulût accompagner Anakãpuku, car il était très travailleur, et célèbre pour son courage. Il semblait qu'il se fût disputé avec plusieurs personnes, dont Toí, pour des raisons que je ne pus découvrir; et Toí prenait un plaisir tranquille à le calomnier; Paijé faisait de même, elle le traitait de vieux vicieux et me raconta qu'il avait récemment menacé de lui couper les deux mains et de les faire griller sur un feu. Shiã, le fils d'Anakãpuku, un gars un peu cinglé avec des yeux en boules de loto, avait eu une liaison d'abord avec Paijé, puis avec la mère de Tahi, qui avait la vérole et la lui avait passée; c'est cela qui mettait Anakãpuku hors de lui.

Tout se serait arrangé si Anakãpuku avait eu des liens de parenté avec ses villageois, et si certains devoirs familiaux s'étaient trouvés partagés entre eux et lui. Mais il n'avait pas de parent dans le village, et il n'était, apparemment, pas assez généreux pour réussir à vaincre les sentiments de réserve que créait cette situation. C'est le rôle du chef d'être généreux et de donner tout ce qu'on lui demande; dans certaines tribus indiennes, on peut toujours reconnaître le chef à ce qu'il possède moins que les autres et porte les ornements les plus minables. Le reste est parti en cadeaux. Mais, heureusement pour lui, un chef urubu n'est pas soumis à de telles exigences. Il doit toutefois prendre soin de ses gens, les aider à acquérir des machettes et des couteaux, veiller à ce que la roça soit assez grande pour fournir du manioc pendant toute l'année : sinon, il mécontentera ses villageois et ceux-ci le quitteront. En dehors de sa propre famille, un chef n'a pas d'autorité; il ne peut pas donner d'ordre – tout se fait par consentement, son influence est fonction de son prestige. Ce prestige ne dépend pas seulement de son adresse à la chasse, de sa bravoure et de son astuce, mais aussi de sa générosité. Un chef avare n'a pas de sujets.

Anakãpuku n'était pas à proprement parler avare, mais il aimait posséder. Il travaillait très dur dans la forêt pour recueillir la résine et préparait des peaux qu'il échangeait à Canindé contre des machettes, des haches, des couteaux et du tissu. Hélas! quand il rentrait chez lui, il se trouvait toujours quelqu'un qui avait justement le plus grand besoin de la machette qu'Anakãpuku venait de rapporter. (« Quand un Indien veut, il veut vraiment », me dit un jour un Brésilien; il est presque impossible de dire non à un Indien avide de cadeaux.) Anakãpuku en voulait particulièrement aux Indiens qui, traversant son village pour se rendre à Canindé, mendiaient toujours ou volaient en son absence. Il me raconta qu'il construisait son village dans un coin très isolé parce qu'il ne pouvait souffrir les mendiants.

Anakãpuku était un des rares capitalistes parmi les Indiens; il me donnait des tortues dans le dessein exprès de recevoir quelque chose en échange. Les Indiens ont coutume d'offrir librement l'hospitalité à tout visiteur, et si celui-ci leur donne un présent, ce n'est pas en paiement, mais par gratitude. Anakãpuku, lui, voulait être payé afin d'accumuler des richesses, et cette thésaurisation constituait, aux yeux des Indiens, une atteinte à la morale traditionnelle. C'est à cela que Paijé faisait allusion quand elle fulminait contre lui et l'abondance de ses biens. « Pense donc, me raconta-t-elle, il possède une torsade de perles grosses comme le bras, sa femme a une jupe toute brodée de perles; il a mis de côté des pièces de tissu qui font facilement deux fois la longueur de sa hutte; il possède des couteaux et des machettes en quantité! » Paijé, naturellement, essayait à sa manière d'être capitaliste, mais l'occasion lui manquait, et elle était outrée parce que Anakãpuku avait toujours refusé de lui donner quoi que ce soit.

Pari aussi était un chef, mais un chef sans village. Il se lamentait parfois en songeant à l'époque où, parmi les siens, il était un chef sous tous les rapports. Dans ce temps-là, disait-il, tout le monde travaillait pour lui, simplement parce qu'il était le chef; il n'avait qu'à rester chez lui, à se laisser vivre. Mais une terrible épidémie de rougeole s'était propagée dans sa tribu et avait exterminé son village. Il alla donc vivre avec Anakãpuku, car ils avaient été promus chefs en même temps par le vieux Pihun au cours d'une grande beuverie. Pihun avait demandé à tous les Indiens présents qui ils voulaient pour chefs, et tous avaient répondu : « Pari et Anakãpuku! » Pihun avait alors demandé aux deux :

« Voulez-vous que je vous pose le bonnet rouge sur la tête?

– Pose le bonnet rouge sur ma tête! » avaient-ils répondu.

La coutume veut que l'ancien et le nouveau s'asseyent à califourchon dans le même hamac, face à face, chacun une main posée sur la tête de l'autre. Le futur chef prend deux de ses flèches et les donne à l'ancien chef, l'une après l'autre, en les faisant passer par-dessus leurs bras étendus; le bonnet rouge est alors placé sur sa tête. C'est ainsi que Pari et Anakãpuku furent faits chefs; comme ils avaient été promus ensemble, ils étaient presque frères, et ils échangèrent leurs arcs et chacune des flèches qu'ils possédaient. Après cela, chaque homme présent à la fête donna deux flèches, en échange desquelles il en reçut deux autres.

Cela, racontait Pari, s'était passé de bonne heure le matin, après qu'on eut fini de boire le cahouin. Dans l'après-midi, il était parti chasser et il avait ramené autant de tortues yashi qu'il avait pu en prendre; après avoir chargé un autre homme de les faire cuire, il avait servi tout le monde, en particulier les enfants.

« A présent, leur disait-il, je suis votre chef!

– Sois notre chef! répliquaient-ils, tu es *porang*! »

Et tour à tour, chacun était venu poser sa main sur la tête de Pari.

Porang est un très bon mot : il se réfère tant à la beauté morale qu'à la beauté physique; quand les villageois touchent la tête de leur chef, ils reconnaissent en lui cette vertu et en prélèvent un peu pour eux-mêmes. Car la tête, couronnée de la coiffure de plumes, est le siège de toute vertu héroïque; le chef ne se borne plus à imiter, il devient le héros culturel Maír, le plus *porang* et le plus immortel des hommes. Jadis, le chef était le seul à porter quotidiennement ses ornements de plumes – sauf pour aller à la chasse – de sorte qu'il était réellement superbe, et, quand il distribuait aux villageois le gibier qu'il avait lui-même abattu, il prouvait aussi sa beauté morale. Le chef veille maternellement sur ses sujets en leur donnant de la nourriture et des cadeaux; et c'est paternellement qu'il les protège de toute son autorité. Chaque chef est un véritable Maír incarné.

Toutefois, Pari jouissait de fort peu d'autorité, car il était paresseux. Quand je vivais dans sa hutte, je fus surpris de le voir toujours venir partager mon repas, tandis que moi je ne touchais jamais au sien. En vérité, il apportait la farine de manioc, mais non sans l'avoir empruntée à Paijé. Mbeiju et lui préparaient une farine également pleine de poussières et de fibres, et souvent roussie par le feu; la farine de Paijé, elle, était merveilleuse, à gros grains, sans poussière, et d'un blond pâle. De temps à autre, Paijé se moquait de lui et, à ma honte, Chico aussi. Même Mbeiju ne pouvait s'empêcher de le taquiner à l'occasion. En fait, Mbeiju le tenait bien en main. Très jeune encore, l'idée lui souriait d'avoir un homme à elle toute seule; souvent, au cours d'une mêlée dans un hamac, encouragée par Teo et Chico, elle lui sautait dessus et, d'un preste mouvement de la main, saisissait son rankuaî.

« Qu'as-tu fait toute la journée dans la forêt? demanda Chico à Pari, un soir que celui-ci rentrait bredouille de la chasse.

– J'ai chassé, dit froidement Pari.

– Il m'a suruquée sous l'arbre bacuri! s'écria Mbeiju, qui mangeait avec voracité un oiseau nhambu qu'elle avait à moitié fait rôtir dans les flammes.

– Elle ment! » dit Pari.

Nous nous écriâmes : « Oh! Pari, sous l'arbre bacuri! Nous aurons tous mal au ventre demain!

– C'est un mensonge! » répéta-t-il, et Mbeiju confessa enfin qu'elle avait voulu qu'il la suruque à cet endroit mais que Pari avait dit non.

« Je ne l'ai pas suruquée, dit Pari. Il y a des hommes qui suruquent pendant la journée, et la nuit ils se tournent vers leurs femmes et suruquent encore et encore, puis, le lendemain matin, ils recommencent. Pas moi, je ne suruque qu'à certains moments. Quand les gens ont faim, ils ont faim, et n'ont pas envie de suruquer. Quand ils sont *hantan*, durs, c'est tout ce qu'ils ont envie de faire, mais, quand ils ont faim, ils sont mous, ils n'ont envie que d'un shibé. »

Les chefs ne peuvent faire l'amour qu'une ou deux fois tous les trois mois – théoriquement, bien entendu. S'ils le font plus souvent, on dit qu'ils mourront. On me raconta l'histoire d'un chef qui était mort pour cette raison, bien qu'on l'eût averti. Mais, chez Pari, l'abstinence était due à une autre forme de panem – il était probablement impuissant. Ou, du moins, c'est ce que prétendait sa belle-mère. Certes, il n'avait pas d'enfant à lui, mais il en donnait une autre explication : étant enfant, il s'était assis sur le sol dans la hutte du chef et, oisivement, il avait commencé à entailler les poteaux avec son couteau. Celui qui commet pareil acte ne peut pas procréer, car la maison du chef est comme l'univers, ses poteaux empêchent le ciel de tomber.

Sans son bonnet rouge, on n'aurait pas pu dire que Pari était un chef. Les Indiens appellent leurs chefs des capitã, et on présume que ce mot est une corruption du terme portugais *capitão*, dont les Brésiliens se sont toujours servis pour désigner les chefs indiens. Mais les Indiens s'indignent quand on prétend que ce mot n'appartient pas à leur langue et ils en donnent une étymologie à eux : *akang* (tête) et *pitang* (rouge), ce qui expliquerait pourquoi les chefs actuels portent des bonnets rouges, faits en cotonnade commerciale. Ce fut seulement pendant la dernière semaine de mon séjour que je découvris l'ancien terme, qui avait, vraisemblablement, le même sens général que le mot capitaine : *Awakang-iw*.

En revanche, Anakãpuku avait indéniablement l'allure d'un chef. De taille plutôt petite – mesurant environ 1,68 m –, son buste était fort et large, ses muscles énormes; sa figure basanée, plissée de rides bien marquées, montrait des yeux vifs, un petit nez et la mâchoire d'un boxeur professionnel. J'admirais toujours ses mains et ses pieds. De grosses mains trapues, capables du travail le plus raffiné, dont les lignes, extrêmement simples, se dessinaient profondément dans les paumes. Elles se singularisaient par la présence de la ligne simienne, c'est-à-dire que la ligne de tête et la ligne de cœur se confondaient en traversant la paume. Anakãpuku possédait ce caractère primitif en commun avec au moins dix autres Indiens, dont je remarquai fortuitement les mains. Ses orteils, toujours frétillants, étaient bien développés, même le petit doigt était aussi gros que mon pouce; les plantes de ses pieds ressemblaient à la face de la lune avec leur peau craquelée, fissurée, ravinée. Il lui arrivait de se plaindre des épines qu'il s'était enfoncées en marchant; il les extirpait en pinçant, par-dessus l'extrémité de l'épine, la peau, qu'il coupait, et il répétait cette opération jusqu'à ce que l'épine soit mise à nu. « Je veux des chaussures! disait-il. J'en ai assez d'avoir les pieds pleins d'épines », et il empruntait mes chaussures, qu'il mettait pour traîner, comme des savates, jusqu'à ce qu'elles deviennent trop inconfortables.

Mais il était toujours un chef. Quand il réclamait un couteau ou une machette, ou un supplément de tabac, c'était avec le même calme qui caractérise un homme d'affaires sûr de ses droits. Il prenait soin de ses gens, c'est-à-dire de ses nouveaux compagnons : Kuata, Koso, et Nusir. « Donne plus de perles à Nusir, me disait-il; il en veut parce que sa femme n'en a pas! Il veut aussi un couteau. » Il confectionna une coiffure de plumes pour Koso – qui me la donna en échange d'un hamac du commerce – car Koso ne s'entendait guère à ce genre de travail.

Koso portait aussi parfois un bonnet rouge, bien qu'il ne fût pas chef. Il était le petit-fils d'un *tushau,* qu'au début je prenais pour un simple chef de guerre, mais dont je devais découvrir plus tard qu'il était également l'homme qui exécutait rituellement les prisonniers, du temps où les Urubu étaient encore anthropophages. Les tushau avaient coutume de porter un bonnet en peau de maracaja, un petit félin tacheté. Juste avant de mourir, le grand-père de Koso demanda à chacun de ses fils s'il désirait avoir le bonnet et devenir tushau à sa place. Mais comme les Indiens n'étaient plus anthropophages, il n'y avait pas de raison de devenir tushau, et tous ses fils lui répondirent qu'ils préféraient de beaucoup être des chefs. Le grand-père de Koso se fit alors enterrer avec son bonnet en peau de maracaja puisqu'il ne devait plus y avoir de tushau après lui. Parfois, Koso songe que ce serait plaisant d'être un tushau, mais personne ne peut plus lui conférer cette dignité – personne ne peut poser le bonnet en peau de maracaja sur sa tête. Alors, il espère qu'un jour il deviendra chef. Mais les gens l'appellent tushau parce que c'est un titre honorable à porter.

CHAPITRE VII

CHASSE ET CUISINE

Quelques jours après mon arrivée chez Pari, j'ouvris ma valise pour en sortir les cadeaux : des rangs de perles, des petits miroirs ronds, des aiguilles et du fil, du tabac, du papier à cigarettes et quelques couteaux. Distribuer des cadeaux aux Indiens m'était rarement agréable, car ils prenaient une attitude de propriétaires à l'égard de mes dons comme s'ils leur revenaient de droit; je compris plus tard que j'aurais dû essayer de réagir à la façon des chefs frais émoulus, qui considèrent la distribution du ragoût de tortue à tout le village comme un privilège de leur rang. De cette manière, au moins, ma vanité en aurait tiré quelque satisfaction; mais, tel que j'étais, je me sentais plutôt comme un bookmaker à la fin d'une mauvaise journée aux courses. Néanmoins, les Indiens – bien qu'ils ne disent jamais merci – partaient assez contents, d'autant que je leur promettais du tissu et des machettes pour plus tard.

Après avoir dissimulé ses cadeaux dans sa hutte, Tero partit vers la forêt en quête de fruits de bacuri. Il allait, chantant à tue-tête. Mais qu'est-ce qui lui prend? nous demandions-nous en criant après lui. Bientôt son chant se transforma en un cri auquel répondirent les cris d'autres hommes; il était question d'un cerf. « Allons-y », dis-je en décrochant mon fusil. Pari siffla son chien tacheté, qui refusait de bouger – tout comme le chien de Taperé, surnommé Pénis d'Agouti, que son propriétaire devait porter dans les bras quand il voulait chasser en forêt.

Nous retrouvâmes Tero sous un arbre bacuri avec deux autres Indiens près de là; munis d'arcs et de flèches, ils criaient tous aussi fort que possible après leurs chiens. Pari suivit leur exemple « Kokokokoko, viens ici! » criait-il, mais son chien ne voulait rien entendre. Pari le tira par la peau du cou sur le chemin qu'avait pris le cerf, mais il refusait toujours de bouger, sans même consentir à baisser son museau vers le sol. Dégoûté, Pari lui décocha un coup de pied; après avoir ramassé quelques fruits de bacuri, nous retournâmes au village.

Tero partit chasser pour de bon. Je couvais un rhume et ne me sentais pas très vaillant. Mbeiju me tarabustait pour que je lui donne plus de perles; elle m'agaçait. « Hé! grand-père, disait-elle, donne encore! »

Je refusai. Elle soupira et commença à raccommoder les vêtements de Pari, mettant une pièce rouge vif à côté d'une pièce d'un bleu sale, sur un pantalon gris, crasseux. Elle le tendit à Pari; tandis qu'il enlevait son pantalon – également troué –, elle se jeta sur lui dans le hamac et se mit à lui donner des bourrades amoureuses, mais le chien tacheté, qui essayait de mordre tout le monde, interrompit ces ébats.

Tero apparut à nouveau dans l'après-midi. Il annonça qu'il venait de tirer une flèche dans un tapir. Ayant aperçu une mère tapir avec son fils déjà grand, il avait mis dans le fils une *takwara,* une flèche de chasse à pointe de fer, et tiré sur la mère une flèche à pointe de bois, qui l'avait effleurée. A court de flèches, il avait dû revenir. Personne ne s'intéressait à son histoire, la pluie menaçait.

« Eh bien, dis-je, partons avec un chien pour

suivre la piste. » Tero alla parler à Taperé dans la hutte à manioc. La pluie, qui tombait maintenant à verse, continua pendant une heure. A 3 heures, le temps s'était suffisamment dégagé pour que nous puissions partir : Tero et moi, Toí derrière, puis Pari, qui avait subitement décidé de venir, et Picher, qui d'ordinaire préférait dormir.

Tero traversa la clairière et pénétra en forêt par l'est du village, où habitait Toí. Là, Toí se servait d'un petit cours d'eau, actuellement encore à sec, pour y faire macérer son manioc au moment des pluies. Tero avait enlevé son pantalon et, pour rester décent, il avait entouré son prépuce d'une grande lanière de feuille : on eût dit un nœud papillon. A trente mètres de là, il montra une petite tortue qu'il avait trouvée et pendue à un arbre avec une liane; il me l'offrit, et je la laissai sur place, projetant de la prendre au retour.

Nous arrivâmes à une petite clairière naturelle où un arbre était récemment tombé et d'où l'on voyait le ciel. D'ordinaire, je n'aime pas la forêt, qui excite peu mon imagination; elle est tellement composée de petits détails insignifiants que je me perds également quand j'y suis seul. Que de troncs! Que d'arbustes! Ces lieux sont sans esprit, me disais-je en moi-même, tout s'y ressemble tellement que rien ne paraît jamais s'y passer; on salue avec plaisir ce qui rompt la monotonie de la verdure – ainsi, cette petite clairière avec un arbre effondré parmi ses branches brisées constituait-elle déjà pour moi un point de repère. Il me fallait toutefois admettre que la forêt à travers laquelle Tero nous fit déambuler ensuite était remplie d'objets excitants : la fleur du bananier sauvage avec ses pointes orange qui jaillissent en zigzag d'une longue tige verte; accrochées à des branches basses, de petites orchidées aux pétales légèrement mouchetés, en forme de papillons; des fleurs blanches, rouges, violettes et jaunes, tombées à travers les broussailles, tapissaient le sol de leurs couleurs maintenant fondues. Les feuilles nouvelles des plantains, d'un brun-rose, et de nombreuses broméliacées qui pointaient des bourgeons vermeils, tandis que les cajus sauvages laissaient déjà choir leur petits fruits pourpres, et les merveilleux fruits, laiteux et sucrés, des massaranduba, dont se gavent les tortues après les pluies, couvraient le sol de coques pourrissantes.

Bientôt nous arrivâmes à un cours d'eau, qu'il fallut traverser à gué trois fois car il formait de multiples boucles. Une rivière en forêt, dont le lit sablonneux à peine recouvert d'eau n'avait encore recueilli que quelques feuilles mortes et peu de troncs d'arbres abattus, offrait un bien joli spectacle sous les lambeaux de ciel vers lesquels les palmiers assaí dressaient leurs têtes. Après avoir suivi le cours d'eau un moment, nous parvînmes à proximité de l'endroit où Tero avait tiré le tapir. Les chiens, qui suivaient sa trace, la perdirent à nouveau; Tero et Pari regardaient tout autour, scrutant le sol – il est surprenant de constater qu'un énorme animal comme le tapir laisse des empreintes si peu apparentes. Enfin, ils retrouvèrent la piste, qui les conduisit à la rivière; là, ils examinèrent les deux rives pour découvrir l'endroit où la piste réapparaissait, et, vingt mètres plus loin, celui où elle entrait à nouveau dans l'eau. Dix mètres en aval, ils la reprirent; elle les mena dans un épais fourré pour longer ensuite une autre boucle de la rivière. Pendant dix minutes, ils reperdirent la trace. Je passai ma blague à tabac à la ronde, et tout le monde fuma. Je pensais que la chasse en resterait là. Mais Pari filait sur sa gauche, Tero droit devant nous et Toí, avec son chien, à droite. Après être demeuré sur place pendant cinq minutes avec Picher, je perçus les cris excités de Toí : nous courûmes dans sa direction, guidés par l'aboiement des chiens, auquel se mêlèrent deux sifflements aigus de tapir, puis de nouveau des aboiements et deux autres sifflements au moment où le jeune tapir débucha. Il aperçut Pari, fit volte-face, vit Toí, entendit Picher et moi derrière lui, volta de nouveau et reçut la petite takwara de Pari en plein poitrail. Il descendit en roulant le long d'une butte, et tomba raide mort dans le lit à sec d'une rivière. La mère tapir n'était pas loin; rendue furieuse par la mort de son petit, nous pouvions l'entendre qui piétinait les broussailles.

Je descendis voir la bête. C'était un jeune tapir déjà de bonne taille. Toí nous demanda, à Picher et à moi, de tirer le tapir du lit de la rivière et de le remonter sur la butte pour l'amener de l'autre côté, au bord de l'eau, où Tero préparait un tapis de feuilles de palmier. Mais la bête était trop lourde pour nous, et je dus faire appel à Pari; empoignant une oreille, la trompe, les pattes avant, les pattes arrière, la queue, toutes les parties qui offraient une prise, nous hissâmes la bête en haut de la butte, d'où nous la fîmes rouler de l'autre côté; traînée jusqu'à sa dernière couche verte, elle gisait les quatre fers en l'air, le ventre perforé le matin même par la flèche de Tero, dont s'échappait une boucle d'intestin longue comme la main.

Toí, armé de sa machette, s'installa derrière le tapir et commença à couper la croupe, près de la queue; mais, comme il n'arrivait pas à fendre la peau, Pari prit sa place et fit une incision profonde à l'aide d'une takwara.

« De la graisse! » s'exclamèrent-ils tous en voyant apparaître un doigt de graisse directement sous la peau.

« Qui va le découper? demanda Pari en me regardant.

– C'est toi », dis-je simplement. En réalité, ce n'était pas à lui de le faire : celui qui tue un animal laisse à un de ses compagnons le soin de le découper, mais j'ignorais encore cette coutume. Pari regarda autour de lui pendant un moment et vit Toí et Tero qui déjà tressaient et nouaient des feuilles de palmier pour fabriquer des *pera* (hottes en feuillage) dans lesquelles on rapporte la viande à la maison. Il demanda alors une machette pour commencer le découpage.

« Ici? questionna-t-il en étirant une patte arrière. Il demanda à Picher d'arracher l'autre, puis il incisa l'aine.

– Là! » dit Toí.

Pari incisa une aine, puis l'autre; il coupa à travers l'abdomen, juste en dessous du sternum et au-dessus du pénis; puis il relia les deux coupures latéralement et enleva la pièce à peu près carrée qui couvrait le ventre, mettant à nu les boyaux, qu'il fut alors facile d'enlever; un délicat travail de boucherie s'ensuivit, et après une demi-heure la carcasse, morcelée, jonchait le sol.

« Tiens! dit-il, jetant une patte arrière à mes pieds, à toi de la porter! » Picher devait porter le cœur, le foie, le cou et le diaphragme; Toí l'autre patte arrière, l'échine, les filets et la moitié du thorax; Tero, les quartiers; et Pari le reste, jusqu'au moment où il refusa de porter la tête et la jeta par terre pour que je m'en charge. Après avoir emballé la viande dans les pera, confectionné des lanières dans l'écorce d'un arbre embira pour faire des bandoulières, nous étions prêts à partir.

« Par où allons-nous rentrer? demanda Tero, indiquant derrière lui plusieurs directions. Là? Là? Là? »

Toí choisit la direction qui lui sembla la plus appropriée mais qui me semblait former un angle de 90° avec le bon chemin, car j'étais complètement désorienté. Nous rentrâmes sans nous fatiguer, faisant halte de temps à autre pour attendre Picher. Pari l'imitait et se moquait de lui : il regardait fixement un point dans le feuillage au-dessus de sa tête et, à chaque pas, il levait les pieds comme pour grimper dans un lit. Je pris la tortue que Tero avait laissée à mon intention, et nous attendîmes Picher au bord de la roça afin de pouvoir faire notre entrée tous ensemble.

« Tero, Tero, dit Picher, tu ne veux pas ton pantalon?

– Apporte-le! » crièrent Tero et Toí ensemble : mais après avoir commencé à le mettre, Tero se ravisa, parce qu'il voulait exhiber sa dernière invention, son ridicule arrangement en nœud papillon.

Arrivés à la clairière, nous appelâmes avant de traverser, en silence, le village jusqu'à la hutte de Pari, où nous déposâmes nos fardeaux. C'était doublement à Pari qu'il incombait de distribuer la viande puisqu'il avait à la fois tué et dépecé le tapir; bien souvent, celui qui tue le gibier laisse au boucher le privilège de répartir les morceaux. Tero, qui le premier avait blessé le tapir, n'eut que la queue et le bout de l'échine. Toí garda la viande qu'il avait portée et la ramena à sa hutte. Pari prit une patte de derrière, la donna à Mbeiju pour qu'elle la fasse cuire, et suspendit les autres morceaux sous le toit, hors d'atteinte des chiens et des maracaja.

Pari alla se baigner. Mbeiju se mit immédiatement à nous raconter les chasses au tapir dont elle avait gardé un souvenir. Elle relata comment Un tel avait tué un tapir dans le fleuve près de Canindé; comment Anakãpuku en avait tué un autre le mois dernier et était retourné au village en se vantant que c'était un tapir gras, bien qu'en réalité il fût maigre comme un clou. Pari rentra et, à son tour, commença à raconter. En dix ans, il avait réussi à tuer un seul gros tapir; cela s'était passé à environ deux kilomètres de Canindé, et il l'avait ramené tout seul en quatre chargements. « Il était gras! gras! » s'écriait-il en exultant.

Pour être désirable, une femme aussi doit être grasse; pas grosse, mais accorte et bien faite, les formes généreuses étant le vrai signe d'une vie heureuse et aisée. Mais ce tapir, qu'il était gras!

Tout le monde à Canindé était venu lui demander de l'huile de tapir, tant et si bien qu'il lui en restait à peine pour lui.

« La graisse de tapir, me dit Picher, on s'en sert quand on a des rhumatismes. As-tu rapporté le pénis cette fois-ci ? » demanda-t-il à Pari. Pari lui dit que non; il ne l'avait pas ramené car il était trop petit.

« Oh! et dire qu'à Viseu les pénis de tapir se vendent trente cruzeiros! Pour les vieux, m'expliqua-t-il, les vieux qui ne peuvent plus.

– C'est Mundik qui aimerait bien en avoir un! » dit Chico avec malice.

Pari me raconta deux étranges mythes concernant les tapirs. L'un se passait à une époque où les tapirs étaient deux fois plus grands qu'ils ne le sont aujourd'hui : un homme s'était approché en rampant derrière un de ces tapirs et avait plongé sa main dans l'anus de l'animal. Le tapir, effrayé, avait bondi en avant, cassant le bras de l'homme. Maír avait réduit immédiatement la taille des tapirs et les avait rendus plus craintifs afin que cela ne puisse plus se reproduire.

A première vue, bien des mythes indiens semblent dépourvus de sens, mais l'étude comparative de plusieurs d'entre eux nous permet souvent de trouver leur signification. Les Indiens des Guyanes donnent une autre version de cette histoire, qui explique la raison pour laquelle l'homme enfonça sa main dans l'anus du tapir : il croyait pouvoir attraper le foie sans devoir tuer l'animal. Car, en Guyane, le tapir est étroitement associé à l'arbre miraculeux du commencement du monde, qui portait toutes les espèces de fruits, de tubercules et de racines aujourd'hui cultivés. Seul le tapir en avait connaissance, et il allait manger les fruits tombés des branches. Quand d'autres découvrirent l'arbre, ils l'abattirent et plantèrent le manioc, les patates douces et toutes les autres plantes, mais ils chassèrent le tapir parce qu'il avait été égoïste. Le foie de tapir est un régal, et l'homme qui croyait pouvoir s'en emparer sans tuer le tapir se montrait semblable au tapir lui-même, qui était satisfait de manger les fruits de l'arbre miraculeux sans devoir l'abattre ni cultiver les plantes qu'il portait.

Ainsi donc, l'histoire de Pari comportait une profonde moralité : elle démontrait que les êtres humains, quand ils sont égoïstes, ne valent pas mieux que les animaux et que, pour devenir véritablement des hommes, ils doivent renoncer à l'état de nature que représente le tapir. Une seconde histoire l'expliquait plus clairement encore : elle relatait la création de la première tortue akang-apar : *akang,* tête; *apar,* plier. La tortue (*Platenyx spyx*) s'appelle ainsi car, quand elle est effrayée, elle replie son cou en mettant sa tête d'un côté de la carapace au lieu de la rentrer à l'intérieur.

A l'origine, Akang-apar était un Indien qui avait des habitudes étranges. Un jour qu'il pleuvait fort, il alla chasser et revint longtemps après avec plusieurs côtes de tapir. En vérité, ce n'étaient pas des côtes de tapir, mais ses côtes à lui. Le lendemain, la pluie tombant encore, il partit chasser et revint avec une queue de tapir – or ce n'était pas une queue de tapir, c'était la sienne. Son frère, qui voulait voir comment il s'y prenait pour tuer un tapir, alors que personne d'autre n'y parvenait, lui dit :

« Allons demain chasser le tapir!

– Non, dit Akang-apar, l'endroit où se trouvent les tapirs est très éloigné. »

Cependant, quelques jours plus tard, il partit à nouveau, et son frère le suivit en cachette : l'homme marcha longtemps. Arrivé à un petit ruisseau il coupa quelques feuilles de palmier assaí, les étala sur le sol et s'étendit dessus. Le frère s'approcha en rampant et l'observa, caché derrière un arbre. C'est alors que l'*ang,* l'âme d'Akang-apar, apparut, empoigna un couteau et coupa les bras d'Akang-apar au niveau de l'épaule, d'abord le droit; ensuite le gauche. Akang-apar poussait des cris aigus : « Aïe! Aïe! » Mais son ang prit un cigare tawari (1), souffla de la fumée de tabac sur les plaies, et deux nouveaux bras lui poussèrent. Le frère d'Akang-apar rentra vite chez lui et raconta ce qu'il avait vu. Quand Akang-apar revint, portant sur son dos une pera qui contenait deux pattes de tapir, il cria à sa femme : « Femme, viens manger du tapir! » Mais la femme répondit : « Ce n'est pas du tapir. C'est ta propre chair, et personne ici ne veut manger de ta chair! Ce n'est pas du tapir!

– Eh bien, oui, c'est ma propre chair », dit-il. Et il emmena sa femme jusqu'à une mare dans laquelle il sauta et se transforma en une tortue akang-apar; sa femme devint une saracaca. Et les deux pattes de tapir, qu'il avait laissées sur le sol, furent mangées par d'autres tortues, des akang-pinim, des mashiré et des pia-pen.

Entre se suffire à soi-même et être égoïste, la marge n'est pas grande. De toute évidence, le tapir est un animal qui se suffit à lui-même puisque sa femelle a la réputation de garder auprès d'elle, au lieu de le chasser, son fils adulte et de commettre l'inceste avec lui; si son enfant est une fille, les deux femelles resteront ensemble et s'accoupleront avec le même mâle. Ainsi, le tapir est un symbole de cette condition où les choses se perpétuent toutes seules et se détruisent elles-mêmes; il se suffit non en s'opposant à la Nature, comme Maír, le héros culturel, mais parce qu'il se confond avec la Nature même. Akang-apar, qui aurait pu être un homme, fut transformé en tortue parce qu'il s'y prenait mal pour se suffire. La tortue incarne, en effet, la forme

(1) Ces cigares sont faits avec du tabac indigène roulé dans un mince ruban d'écorce de l'arbre tawari. Pour leur emploi dans les rites chamanistiques, voir le chapitre XV.

la plus primitive de vie indépendante puisqu'elle réunit les symboles mâle et femelle en un animal : la carapace est femelle, le long cou et les pattes à l'intérieur sont mâles.

La consommation de la viande de tapir n'est pas soumise à d'autres tabous que ceux qui s'appliquent généralement pendant la grossesse et l'accouchement ou quand les Indiens doivent faire une retraite rituelle. Une femme enceinte ne doit pas manger de tapir de peur que l'enfant n'ait une tête énorme qui empêcherait l'accouchement; en outre, cela rendrait *panem* celui qui l'a tué, c'est-à-dire ne lui porterait pas chance. Si la femme, ou son mari, mange du tapir avant que l'enfant ait reçu un nom, l'enfant peut mourir et les parents tomber malades. Ces tabous sont les mêmes pour tout gibier.

La nuit après que Pari eut tué le tapir, nous n'en finissions pas de manger. L'animal était gras à souhait, donc très savoureux. Rien n'est aussi insipide que le tapir maigre; après quelques bouchées, on rêve de graisse juteuse. Le tapir bouilli est également fade, mais c'est la manière la plus rapide de le faire cuire. La viande de tapir a le meilleur goût quand elle est grillée tout doucement sur un *moquem* (boucan) : plate-forme de branchage élevée au-dessus du sol par des pieux fourchus. Pari prépara son moquem le lendemain matin et disposa les pièces de viande dessus sans enlever le cuir. Toute la journée, il entretint un petit feu, si bien que le soir la viande était cuite à point, encore juteuse et légèrement fumée : le cuir avait empêché qu'elle ne se desséchât. Alors il en envoya des morceaux à Tahi et à Taperé. Toí aussi avait fait un moquem pour cuire sa part de viande. Sa hutte étant trop petite pour abriter le moquem, il l'avait construit au-dehors et recouvert d'un auvent pour le protéger de la pluie. Mais le soir la couverture de palmes de naja était si desséchée qu'il suffit d'une étincelle pour y mettre le feu. Au milieu des crépitements, on entendait les cris angoissés de Paijé aspergeant l'incendie. Sans se propager à la hutte, celui-ci s'apaisa; mais, en essayant de l'éteindre, Paijé avait brisé la plus belle calebasse de Terepik, et Terepik était furieuse.

Le gros gibier a toujours meilleur goût quand il a été fumé, surtout le cerf, dont la chair risque de durcir en bouillant. Il existe des tabous particuliers relatifs à la viande des cervidés, qui ne sont pas du *sô'ô-té*, du vrai gibier comme le tapir et le cochon, mais du *sô'ô-ran*, c'est-à-dire du faux ou du pseudo-gibier. Partout au Brésil on considère que les cervidés ont un rapport avec les esprits des morts, car ils viennent manger les feuilles de manioc en pleine croissance dans les roças et passent une grande partie de leur temps dans les capoeiras désertes où sont enterrés les morts. Ils font aussi brusquement un bruit mystérieux quand, effrayés, ils détalent dans le sous-bois; trois secondes après, on n'entend plus rien, ils ont disparu.

L'homme qui abat un cerf ou un chevreuil n'a pas le droit de le ramener lui-même au village. Il doit déposer le pera contenant la viande au bord de la clairière et envoyer son épouse la chercher, ou bien, à défaut d'épouse, une autre femme, ou même un homme qui n'est pas allé chasser ce jour-là. On met de côté certains morceaux pour les faire bouillir, tandis qu'on pose le reste sur un moquem afin de le fumer. On ne doit jamais faire griller la viande de chevreuil à même la flamme, de peur que le cuisinier ne contracte une terrible fièvre et ne devienne kaú; c'est aussi ce qui adviendrait à l'homme qui aurait rapporté son propre gibier au village. Il ne faut pas faire l'amour pendant que cuit la viande, ni mettre des ornements de plumes, ni se farder, ni même chanter – un jour que je chantonnais au-dessus d'une assiette de cette viande, un Indien me réprimanda vertement et me dit que je deviendrais chauve si je continuais.

Si toutes ces choses sont défendues, c'est apparemment pour que le chevreuil ne se souvienne pas qu'il est, lui aussi, un être humain, car, du temps où ils étaient anthropophages, les Indiens ne pouvaient manger la chair humaine qu'au cours de certaines cérémonies, et en prenant des précautions spéciales. Le tabou relatif à la grillade de chevreuil est plus mystérieux, mais il correspond à des tabous analogues concernant la chair de l'ara, de l'oiseau-trompette et de l'oiseau-nhambu (coq de forêt). En outre, on ne doit ni faire cuire ni manger les aras pendant la nuit, non plus que les oiseaux-trompettes quand il fait jour, de crainte que tous les habitants du village ne soient frappés d'une maladie surnaturelle. Car l'ara est l'emblème du soleil à midi, et l'oiseau-trompette celui du soleil nocturne; ils sont inoffensifs si on ne les insulte pas en les mangeant à la face même de leurs attributs. Ce qui équivaudrait à dire que le feu sur lequel on les fait rôtir est réellement le soleil, et que l'homme qui les rôtit est Maír, maître du soleil. De telles identifications mythologiques ne sont possibles que dans les rites; celui qui les provoque dans la vie quotidienne risque d'être brûlé vif par les forces qu'il a déchaînées.

Le cas du nhambu est particulier; de même que le chevreuil, on le considère comme un esprit. Mais tous les oiseaux ont des pouvoirs spirituels qui les rendent dangereux à certains moments puisqu'ils sont les émissaires de Maír. Les enfants n'ont pas le droit de manger des oiseaux avant la dixième année. Les chiens aussi en sont privés. On oblige les chiennes, quand elles mettent bas, à observer les mêmes tabous que les femmes en couches; on ne les emmène pas à la chasse, on leur impose un régime à base de farine de manioc et de viande de tortue; si elles mangeaient du gibier, on croit que leurs petits mourraient et que le chasseur qui aurait abattu le gibier deviendrait panem. Et même quand elles ont mis bas, il leur est toujours interdit de manger des oiseaux, car un chien est une sorte d'enfant qui n'atteindra jamais l'âge adulte. Bien qu'il ne devienne jamais homme, il est tout de même humain puisqu'il mange la nourriture des hommes.

Pour que les Indiens mangent la viande, il faut qu'elle soit tout à fait cuite – à la moindre trace saignante, ils la remettent sur le feu. Ils se méfient également de la viande provenant d'animaux étranges comme les vaches ou les cochons domestiques, car ils ignorent les vertus de ces animaux, qui pourraient se montrer très dangereuses pour ceux qui n'auraient pas avec eux la relation convenable. Les Indiens manifestaient la même attitude envers les boîtes de conserve que j'avais apportées pour varier les menus. Une fois, Chico donna un morceau de pâté en boîte à un Indien, qui, après l'avoir mangé, en mendia aussitôt un autre pour sa femme et la pria de bien vouloir l'avaler, car, disait-il, il allait mourir et ne voulait pas être seul. Elle divisa le morceau et en donna la moitié à son jeune fils, qui en fourra un bout dans la bouche de sa sœur en disant : « Maintenant, nous allons tous mourir ensemble. » Pour les rassurer, nous leur dîmes que ce n'était pas du cochon, mais ils étaient persuadés que la viande provenait d'un animal horrible qui, de toute manière, était mort dans sa boîte depuis des mois. En fait, c'était du pâté parfaitement sain, et, après avoir laissé passer cinq minutes, ils en redemandèrent.

Ce qu'ils aimaient surtout c'étaient les spaghetti; j'étais forcé de les faire cuire par grosses marmites pour que chacun pût en avoir. Très vite, ma provision s'épuisa, car je ne pouvais refuser d'en donner sans paraître extrêmement pingre – la nourriture étant de ces choses qu'on partage. Quel que soit le gibier qu'un homme tue, il ne doit conserver pour sa consommation personnelle que la tête et l'échine, et distribuer tout le reste. Il donne les meilleurs morceaux à ses plus proches parents, ses frères, ses alliés, surtout ses beaux-frères; s'il en reste, ce sera pour les autres habitants du village. En général, il y en a assez pour tout le monde, car les villages actuels sont petits; quel que fût le chasseur, dans ces partages j'étais toujours bien servi.

On fait cuire les oiseaux avant de les partager, car il y a peu dedans. De même qu'en général on ne distribue pas les tortues avant la cuisson. La chair de tortue équivaut à une viande de conserve puisqu'on peut suspendre la bête à une poutre pendant environ une semaine sans qu'elle meure, bien qu'il soit préférable de lui construire une petite cage au sol, par exemple sous un caju, dont les fruits tombés lui serviront de pâture. La tortue représente une des rares formes de richesse que les Indiens peuvent amasser. De temps à autre, Pari en recueillait un grand nombre et les apportait au village brésilien afin de les troquer contre du tissu ou des couteaux; mais, une fois, il avait été durement déçu; après avoir porté sur son dos une douzaine de tortues jusqu'à Chega Tudo, à plusieurs jours de marche, il avait découvert que les gens de l'endroit étaient si repus de tortues qu'ils ne voulaient pas des siennes; il avait dû les remporter. La signification de l'argent lui échappait encore : il me raconta qu'il s'était tout de même arrangé pour obtenir quelques vêtements, et, comme je lui demandais ce qu'il avait donné en échange, il me répondit : « Rien, seulement de l'argent. » (Il l'avait reçu à Canindé.)

Je n'ai jamais aimé voir préparer une tortue pour un repas. Cet animal est impossible à tuer proprement, mais, même s'ils le pouvaient, les Indiens ne s'en donneraient pas la peine. On couche la tortue sur le dos et on entaille la carapace à coups de machette jusqu'au moment où le plastron, ou partie ventrale, se détache de la partie dorsale. On arrache alors le plastron à l'aide d'un couteau, que l'on passe depuis la base du cou, et on voit le pitoyable corps de la tortue qui essaye encore de cacher sa tête et ses pattes. On extirpe les boyaux, on coupe la tête et les pattes, et les deux moitiés de la carapace sont mises à cuire, le côté sanguinolent face aux braises, car beaucoup de viande grasse y adhère encore. Quand on a bien écaillé et nettoyé la tête et les membres, on les met à bouillir dans la marmite. La cuisson est lente, et dure souvent quatre à cinq heures. Cela n'empêche pas la chair de tortue, un peu gélatineuse, d'être fort savoureuse; mais si on en mange trop souvent, sans alterner avec d'autres viandes, on risque une éruption cutanée.

Les meilleures parties de la tortue sont le foie et les œufs. Souvent, on fait bouillir le foie avec les œufs, mais il vaut mieux les faire griller, la graisse suinte alors et s'égoutte dans le feu; on le mange avec de la farine de manioc et quelques œufs. Le goût en est délicat, la texture soyeuse, sans aucun rapport avec le goût vulgaire et prononcé du foie de génisse ou de mouton.

Il y a d'autres manières d'apprêter la tortue. Une fois, je vis Mbeiju en possession d'une petite tortue mesurant à peine dix centimètres, qu'elle avait posée par terre, sur le dos. Avec un bâton, elle troua la carapace; après avoir ainsi extrait les tripes, elle remplit le corps de farine de manioc et mit la tortue, encore vivante, au milieu des flammes. Tero fit une fois la même chose avec une petite tortue aquatique, sans même se soucier de la vider – il la jeta simplement dans le feu; chaque fois qu'elle essayait de fuir, il la repoussait en riant.

CHAPITRE VIII

DURETÉ ET MOLLESSE

Préparant ma première expédition chez les Indiens, j'avais imaginé qu'il serait difficile de s'entendre avec eux. Comment se comporte-t-on dans un village indien? De quoi parle-t-on? Mes craintes, étayées par d'horribles récits de leur sauvagerie, étaient évidemment absurdes; les Indiens m'observèrent pendant une semaine environ, et puis ne manifestèrent plus de méfiance ni de timidité à mon endroit. Moi-même, je me départais de ma raideur naturelle, et je finissais par me sentir aussi à l'aise que dans un village anglais – et peut-être même davantage puisque je n'avais pas le souci d'être respectable. Pour les Indiens, la vie privée, l'intimité, n'existent pas (sauf en ce qui concerne le rituel et la magie); ils adorent cancaner, et, si vous mettez la conversation sur l'un des trois sujets d'intérêt universel : la guerre, l'amour et la religion, ils auront tôt fait de vous montrer à quel point ils sont des hommes.

De temps à autre, j'étais surpris de voir combien la simplicité de leur vie domestique contrastait avec la dureté et la brutalité de leur conduite à la guerre. L'image qu'ils se faisaient d'un chef semblait mal correspondre à celle qu'offrait leur chef dans la vie quotidienne; leur *ne'eng hantan* (langage dur), leurs ornements de plumes cérémoniels et leur manière de se farder s'accordaient peu avec la bonté et la tolérance dont ils faisaient preuve à l'égard d'étrangers tels que moi. Les Indiens expriment parfaitement cette opposition par deux mots : hantan et membek. Etre *hantan*, c'est être dur et fort, c'est être un homme; être *membek*, c'est être faible et mou comme une femme. Il suffit qu'un homme sente qu'on lui résiste un tant soit peu pour passer d'un état d'esprit accommodant à un état d'esprit violemment agressif, et ce changement peut être aussi brusque que désagréable, même en admettant que cette agressivité soit souvent du bluff.

La forêt vierge est un lieu qui souligne ce contraste. Je m'en étais aperçu la première fois en la traversant avec Ribeiro; João Carvalho, le fonctionnaire responsable du poste de Canindé, était venu à notre rencontre avec plusieurs Indiens qui devaient nous conduire à travers la forêt et porter nos bagages. Plein de confiance, je m'enfonçais dans cette forêt comme si j'étais, tout à la fois, l'incarnation de Bates, de Wallace et de Speke; et je me disais : comme c'est amusant d'être explorateur! Je commençai à changer d'avis en trébuchant sur les lianes basses, et pourtant mon premier enthousiasme me revint le soir : nous campions au bord d'un ruisseau, nos hamacs pendus entre les arbres, et nous faisions griller un morceau de pécari au-dessus du feu. C'est seulement plus tard que la forêt vierge m'apparut telle que je l'avais imaginée jadis – me procurant le sentiment d'être entouré par des choses inconnues et dangereuses – au moment où nous aperçûmes des traces d'Indiens nomades, appelés Guajaja, que les Urubu détestent et redoutent. Pour indiquer leur piste à travers la forêt, les Guajaja, qui ne possèdent pas de machettes, plient ou cassent des branches d'arbres tous les dix ou vingt mètres au lieu de les abattre, comme font les Urubu et les Brésiliens. Chaque fois que nous tombions sur de telles marques, parfois toutes récentes, nos Indiens faisaient halte, se délestaient, paraient leurs arcs et se mettaient silencieusement sur le côté de la piste dans l'espoir de tuer un Guajaja ou de capturer une de leurs femmes. Après quoi la forêt me semblait moins déserte, moins uniforme qu'auparavant; j'entrevoyais même la possibilité de recevoir une flèche dans le dos.

Quand un Indien va à la chasse, il est constamment sur ses gardes, même à proximité du village; naturellement, cette prudence ne fait que croître quand il se lance dans une longue randonnée à la poursuite d'un oiseau rare dont il convoite les plumes, ou simplement pour le plaisir de l'aventure. La forêt vous isole, vous coupe du reste du monde, se referme sur vous; chez quelqu'un venu de l'extérieur, comme c'était mon cas, elle engendre une sorte de myopie craintive et une nostalgie des grands espaces dégagés. Mais l'Indien, dont la forêt constitue le milieu naturel, ne ressent rien de semblable, car il sait lire ses lignes, interpréter ses bruits; en outre, il la peuple de fantômes et d'esprits qui personnifient ses conceptions.

On ne peut évidemment pas tuer les fantômes, c'est ce qui les rend si fâcheux. En fait, un fantôme est un sujet qui n'a pas d'ego, il ne peut agir que lorsqu'il dispose de l'attention d'un homme. On raconte l'histoire d'un Indien qui essaya de tuer un fantôme (*cf.* chap. XIV), avec le résultat qu'on devine : l'homme mourut, car ses violences n'atteignaient que lui. Heureusement pour les Indiens, la forêt recèle d'autres habitants hostiles sur lesquels on peut tirer sans invoquer des forces surnaturelles. Ce sont les Indiens appartenant à des tribus ennemies. A écouter les Urubu parler du passé, il me semblait qu'ils étaient en fort mauvais termes avec les autres tribus du district; ils se méfiaient de tous ceux qui n'étaient pas des leurs et tiraient à vue sur les étrangers. Ils se battaient contre les Guajaja parce que eux étaient nomades, donc pareils à des animaux; contre les Tembé et les Timbira parce que ce sont des Indiens du fleuve et qu'il est de bonne guerre de s'en prendre à eux. Ils luttaient avec de nombreuses autres tribus qui vivaient dans la forêt et qui avaient, vis-à-vis des étrangers, la même attitude que les Urubu. Il y avait, par exemple, les Terembé-hu ou Grosses Lèvres, les Wira-hu-man ou Aigles Anciens, et les Juru-pihun, dont le nom évoque l'usage de se peindre une grande bande noire sur la bouche – ils étaient particulièrement chauves et se peignaient sur le crâne des côtes rouges, comme on en voit sur les ballons de plage. Il y avait les Merikern, qui lançaient avec la bouche une fléchette fatale et magique – cette description correspond probablement à une tribu Gê du Sud, qui possède des sarbacanes –, et les Timiruku, qui vivaient aux abords du cours supérieur du Gurupí; on prétend qu'ils sont des pygmées dont la taille ne dépasserait pas un mètre trente et qui marcheraient en tenant de grandes lances (*muruku*, d'où leur nom) et plusieurs massues sous chaque bras.

Les deux tribus les plus intéressantes dont parlent les Urubu sont peut-être les Kuashimbir et les Andirambir. Kuashi est le nom du coati-mundi, un petit animal du genre raton laveur; andira signifie chauve-souris, et *-mbir* est un suffixe utilisé quand il est question d'une personne défunte. Les gens du Coati et de la Chauve-souris sont donc des tribus d'Indiens dont on peut aisément concevoir qu'ils soient aussi des fantômes. On prétend qu'ils rassemblent leurs cheveux en un petit chignon sur le front, qu'ils vivent dans des huttes rondes en forme de ruche, et qu'ils suspendent leurs hamacs, dans lesquels ils dorment le jour, juste sous la toiture. La nuit, ils se réveillent comme des chauves-souris pour aller travailler dans leurs plantations, ou pour chasser. Les Urubu, qui redoutent les gens de ces deux tribus, les dotent probablement de ces caractéristiques démoniaques parce qu'ils ignorent presque tout d'eux; cet exemple montre bien comment la forêt peut agir sur une imagination peureuse (1).

Ainsi, le monde de la forêt, qui s'oppose au monde abrité et amical de chaque village, illustre l'opposition des deux vertus que sont la dureté et la mollesse. A l'intérieur du village, l'Indien peut se détendre, mais, dès qu'il franchit le bord de la clairière, il sort d'un monde où les individus sont protégés par le groupe, pour entrer dans celui de la forêt, qui ne connaît que sa loi propre. Univers sans morale, où le même fourré sert tantôt de cachette, tantôt de guet-apens; la seule qualité positive que ce monde requiert d'un homme est la vigilance. Les valeurs morales n'y ayant pas de place, l'Indien ne peut pas considérer la forêt comme un monde neutre; loin de lui retirer le poids de ses responsabilités morales, elle menace son existence. Les esprits de la forêt, dont parlent les Indiens, ont tous les mêmes attributions : semer la panique et mettre, moralement parlant, un homme en pièces détachées. Le moyen le plus simple pour cela est de lui faire perdre son chemin, l'obligeant à errer à la recherche d'un repère. Cette expérience, déjà déroutante, peut facilement comporter de plus grands dangers lorsque l'Indien se perd métaphoriquement. L'histoire de l'homme qui eut affaire à une foule de fantômes Anyang et se changea finalement en l'un d'eux (*cf.* chap. XIV) illustre cet horrible destin.

(1) En fait, ces deux tribus existent. Les Kuashimbir ont la réputation de posséder des arcs énormes qu'ils tirent couchés sur le sol, le bois de l'arc calé sur la plante du pied, la corde saisie des deux mains; l'arc est tendu en allongeant la jambe et en repliant les bras vers le corps. Je me suis rendu compte de ce que pouvait être un tel arc devant un spécimen du musée de Rio qui mesurait dix centimètres de large; malheureusement j'ai oublié de noter sa provenance. Il est curieux de constater que les Andirambir semblent bien être les Urubu eux-mêmes; ou du moins leur *tushau* en était un, qui, après avoir tué rituellement un homme, se retirait pour cinq à six mois, restant couché toute la journée dans son hamac, suspendu très haut sous la toiture.

La vigilance est donc la qualité la plus nécessaire à un homme qui veut garder sa raison et ne pas se perdre dans la forêt. « Je suis dur, je n'ai pas besoin de sommeil », se vantera un Indien, de même que les anciens Tupinamba appelaient un guerrier *kerimbae* « un qui ne dort pas ». Dormir, c'est mourir, à la fois au sens moral et au sens littéral du terme, comme le raconte le mythe urubu de la création du premier homme. Dans la forêt, le wirapirok, arbre qui pèle, est censé être immortel comme Maír, parce que, à l'instar d'un serpent, il perd continuellement sa vieille écorce et se régénère. Le mythe raconte comment cet arbre se mit une fois à gémir très fort au milieu de la nuit – « wou-ou-ou-ou ! » d'une voix qui s'élevait et tombait alternativement; en l'entendant, chaque créature se précipitait vers lui et devenait immortelle. Ces créatures comprenaient l'araignée, la cigale, le serpent et le scorpion : tous des animaux qui muent, et possèdent donc le pouvoir de rajeunir. Mais le premier homme était paresseux et ne prêtait pas attention à l'arbre gémissant; il continuait de dormir; c'est lui qui introduisit la mort dans le monde des humains.

Dans l'ensemble, le grand cas que les Indiens font de leur dureté semble un peu exagéré; s'ils insistent à ce point, c'est probablement qu'ils craignent d'être *membek* (mous), et que, d'une certaine manière, ils le sont réellement. Ils ne sont pas pour autant des faibles ou des lâches, bien qu'un lâche puisse, à juste titre, être accusé de mollesse; le vrai sens du terme semble indiquer une sorte de paresse morale. Etre mou, c'est être irresponsable, manquer d'initiative, ne pas faire de projets; en ce sens, tous les Indiens sont effectivement mous une grande partie de leur vie. Ils flânent dans le village jour après jour, s'asseyent, quand ils en ont envie, dans le hamac les uns des autres, et passent le temps à potiner, même quand le village est privé de toute nourriture autre que le manioc – excellent sous forme de shibé pour tromper la faim entre les repas, mais insuffisant comme plat de résistance. Puis, un beau jour, poussés par leurs femmes, qui excitent leur amour-propre, ils empoignent arcs et flèches et vont à la chasse; quand ils rentrent dans l'après-midi portant sur les épaules un gros chevreuil ou une hotte de feuillage pleine de viande de tapir, le village retrouve son activité et les hommes songent à se construire une nouvelle hutte, ou à se fabriquer un nouveau bois d'arc. L'activité et la paresse ont leur attrait, mais il est difficile d'être actif quand rien de précis ne vient stimuler votre énergie, quand rien de nouveau ne se produit pendant des semaines.

L'importance que les Indiens accordent à leur idéal de dureté s'explique dans une certaine mesure par cette débauche de paresse à laquelle ils s'abandonnent de temps à autre. En quelque sorte, la dureté représente l'autre pôle de l'action impulsive, bien que les impulsions n'aient de valeur qu'une fois disciplinées. Aussi, la dureté est-elle la vraie vertu parce qu'elle suppose la responsabilité et l'application à un but. Le chef est un petit Maír, et les ornements de plumes qu'il porte toujours dans le village sont là pour lui rappeler ses responsabilités. Par exemple, il ne couche avec sa femme qu'une fois par mois, et non quand il en a envie. La dureté a aussi une signification sexuelle. Toutefois, il existe un acte où l'intérêt et la discipline de soi coïncident : c'est l'acte de vengeance; ici, les impulsions et la passion sont mobilisées au service de l'idéal.

Tout en observant des principes, les Indiens prennent des libertés avec eux; rien d'étonnant qu'on leur applique le nom terrible de sauvages : les motifs qui les font agir nous sont cachés. Bien entendu, ils trouvent les mobiles des civilisés tout aussi incompréhensibles. A voir le monde compliqué qui les entoure, les Indiens considèrent le leur mesquin, et, parce qu'ils sont tentés de mépriser leur propre mode de vie, ils essayent d'imiter celui des Brésiliens, sans comprendre, pour autant, les valeurs qui le fondent. Déchirées entre leur propre morale, qu'elles ont rejetée, et celle des Brésiliens, qu'elles ne comprennent pas, les tribus indiennes finissent par vivre dans une sorte de pénombre spirituelle où, après quelques générations, les hommes meurent du désespoir de n'appartenir à rien. Les diverses tribus timbira du rio Gurupí ont toutes disparu en tant que tribus, et les quelques Timbira isolés qui existent encore doivent leur survie au fait qu'ils ont adopté le mode de vie des payans brésiliens et rejeté leurs propres traditions indiennes. En revanche, certains villages indiens tembé continuent à prospérer parce qu'ils n'ont pas cessé de pratiquer le chamanisme traditionnel, ce commerce avec les esprits qui est au cœur de leur morale. Mais même eux trouvent la vie difficile, et ils se retirent progressivement sur le cours supérieur du Gurupí, où la civilisation ne les atteint pas. On ne peut s'empêcher de penser que les Urubu, dont la vie spirituelle ne se développe pas, comme celle des Tembé, à l'ombre d'un chamanisme indigène, sont condamnés; d'ici quelques générations, la tribu sera désintégrée, et ses descendants mèneront une vie de paysans plutôt misérables.

Les Tupinamba connurent le même sort quand les colons européens devinrent trop nombreux sur la côte brésilienne. Ils succombèrent non sans protester, et leurs dernières années furent marquées par de grands mouvements messianiques dans lesquels des milliers d'Indiens suivaient des chamans en quête du Pays sans Mal où régnait encore l'âge d'or. (Des mouvements semblables, inspirés par le désespoir, se produisirent chez les Indiens des plaines de l'Amérique du Nord, qui se révoltaient contre le monde civilisé des Blancs; ils organisèrent une croisade inspirée par leur vieille mythologie.)

Les récits des anciens voyageurs permettent de situer le moment où la vie tribale des Tupinamba a commencé à se désintégrer : quand les Portugais les empêchèrent de faire la guerre à leurs voisins. Les jeunes guerriers furent outrés, car ils n'étaient considérés comme des hommes et capables de se marier qu'après avoir tué un ennemi; mais, au début, ils tournèrent cette prohibition en profanant les cimetières ennemis pour y déterrer des crânes de morts récents et les fracasser avec leurs massues. Cette profanation de cimetières ennemis remplaçait une exécution rituelle au cours de laquelle on assommait un prisonnier; mais cette substitution n'était guère satisfaisante, car, si le rituel permettait à un adolescent d'accéder à l'âge d'homme, il lui fallait encore prouver ses vertus, ce qui ne pouvait se faire ailleurs qu'à la guerre, où la morale indienne trouve sa pleine expression. Sans la guerre, les Tupinamba n'avaient pas de moyen de se justifier à eux-mêmes selon les normes traditionnelles.

Cela est malheureusement vrai pour beaucoup d'autres tribus indiennes : la guerre semble une de leurs conditions d'existence. Les Urubu n'exécutent plus rituellement leurs prisonniers, et, depuis qu'ils ont pratiquement cessé de faire la guerre, les jeunes gens n'ont plus d'occasion d'exercer leur vertu belliqueuse; ils en viennent à négliger quelque peu le vieil idéal et s'inventent des aventures pour acquérir du prestige.

Ainsi, pendant ma première visite chez les Urubu, un jeune homme du nom de Yapo essaya de se couvrir de gloire. Un soir, il donna l'alerte dans son village parce qu'il avait aperçu ce qu'il croyait être la silhouette d'un Indien Guajaja se profiler près d'une hutte, derrière un bananier; il tira aussitôt deux flèches de guerre à pointe de fer, appelées *takwara*; ces flèches frappèrent le tronc en plein milieu. Peu après, une femme crut qu'elle avait vu un Guajaja dans les fourrés de l'autre côté du village; les gens s'alarmèrent tellement qu'on réquisitionna toute la résine disponible pour en faire des torches, et on partit en direction de Canindé, qui se trouve à quelque quarante minutes de marche, criant sur le chemin afin de chasser les Guajaja. Le lendemain, Yapo retourna, fouilla la forêt avoisinante, et, sur son chemin, il fut assailli (du moins il le prétendit) par un Guajaja embusqué dont la flèche le manqua bien qu'il ne fût qu'à une distance de quatre mètres. Yapo s'enfuit, mais, alors qu'il tentait de décocher une flèche de Parthe, le bord tranchant de la pointe coupa la corde de son arc. Il m'a semblé que cette histoire manquait de vraisemblance.

Des visiteurs successifs colportèrent cette histoire au village où je demeurais. A chaque version nouvelle, l'atmosphère du village s'électrisait et les gens devenaient de plus en plus nerveux, exagérant grossièrement les faits qu'on leur avait rapportés. Le nombre des agresseurs guajaja augmenta jusqu'à constituer une troupe de vingt hommes supposés avoir assiégé le village de Yapo; et ces hommes, qu'on décrivait d'abord comme normalement grands et vigoureux, apparaissaient à la fin comme des ogres mesurant plus de deux mètres de haut, d'une force et d'une agilité sans pareilles, accompagnés de chiens noirs féroces et armés de grands arcs et de flèches *taboca,* à pointes lancéolées longues d'un mètre, taillées dans des éclats de bambou. Un soir, tandis que deux visiteurs racontaient le dernier épisode de cette histoire, un sifflement, parti du chemin qui menait à notre village, fut immédiatement attribué à une expédition guerrière guajaja; les hommes, s'étant emparés de leurs arcs et flèches, sortirent pour voir ce qui se passait dans les sentiers; les femmes se mirent à exhorter leurs jeunes fils d'y aller aussi, tandis que tous les chiens du village commençaient à hurler et à aboyer; les non-combattants s'assemblèrent près de ma hutte et me pressèrent de décrocher ma carabine calibre 22. Peu après, les hommes revinrent, visiblement un peu gênés; des Guajaja, il n'y en avait nulle part, quant au sifflement il avait dû être émis par un hibou; plus tard, j'entendis effectivement le hululement ironique d'un hibou.

Quand je décidai d'aller à Canindé pour voir ce qui s'était réellement passé, je me trouvai au milieu d'un groupe d'hommes excités qui tous brûlaient de tuer des Guajaja; chemin faisant, nous rencontrâmes Anakãpuku, qui avait eu la même idée. Il portait un paquet de flèches et s'était peint, avec le suc noir du genipapo, la face et le corps de bandes et de cercles; il portait aussi un *jamashi* miniature, sorte de hotte en lianes refendues et tressées dans laquelle se trouvaient son hamac et de la nourriture. Subitement, en approchant de Canindé, Anakãpuku m'avertit afin de ne pas m'effrayer, qu'ils allaient tous crier. « Ça fait un bruit horrible, me dit-il, tu auras peur! » Quelques instants plus tard, ils crièrent en effet : un long cri aigu et soutenu qui montait et descendait, comme ferait le meuglement d'une vache ténor. C'était pour avertir tous les amis qu'ils étaient sur le sentier de la guerre. Le son était vraiment très inquiétant.

A Canindé, l'inspecteur régional du Service de Protection se trouvait justement là, en visite; il tenta de calmer le groupe : les Indiens qu'avait vus Yapo n'étaient pas des Guajaja, affirma-t-il, c'étaient des Indiens amis du Rio Capím. Anakãpuku se mit aussitôt en colère : « Non! hurlait-il avec une insistance terrible. Ce sont des Maku! » (les Maku, une autre tribu, passent pour être encore plus féroces que les Guajaja), puis, laissant tomber son arc et ses flèches avec fracas, de sa main droite il s'empara de son poignet gauche et le mordit voracement, ou plutôt lui montra les dents, pour indiquer que les Maku sont anthropophages, qu'ils dévorent les gens tout crus. J'étais prêt à le croire en voyant ses dents humides et jaunes, ses yeux convulsés de rage.

Mais force lui fut bientôt d'abandonner ses projets de vengeance contre les Maku – Guajaja – car la forêt n'en recelait aucun. Anakãpuku et les autres Indiens passèrent deux jours en battues sans relever ne fût-ce qu'une trace de pas.

Cet incident piquait ma curiosité; je me demandais si Yapo avait eu une raison spéciale pour inventer l'histoire de ce combat personnel et sans issue. Plus tard, je devais découvrir quelques faits réellement intéressants. Le chef du village, un nommé Ingarassu, était connu pour avoir semé le désordre à Canindé; assoiffé de sang, il s'était complu à certains actes de sauvagerie dans la période qui avait précédé la pacification. Il affichait en tout cas un air de bravade et de défi, et croyait encore à la vertu d'être hantan. Ses vantardises et les récits de ses exploits avaient dû exaspérer Yapo en provoquant chez lui le désir de renflouer son amour-propre d'une manière ou de l'autre : c'est ce qu'il avait cherché en tirant sur ses Guajaja imaginaires. De plus, Yapo avait une autre raison. Dans les temps anciens, quand un Indien mourait, les survivants se mettaient en colère et allaient attaquer les Guajaja afin d'apaiser l'esprit du mort et soulager la douleur des vivants. Quelques mois auparavant, la mère de Yapo était décédée; bien que sa mort fût due à des causes naturelles, elle avait pu peser sur la conscience de Yapo, de sorte que sa mise en scène ne devait pas servir seulement à lui procurer du prestige mais aussi à honorer l'esprit de sa mère. En fin de compte, cette histoire ne lui avait guère profité, car la plupart des autres Indiens conclurent, comme moi, qu'il mentait.

Toutefois, la forêt avoisinante abrite encore un certain nombre d'Indiens ennemis; lorsqu'un Urubu en rencontre, on peut être sûr que les flèches volent. C'est ce qui était arrivé quand Anakãpuku, blessé à l'épaule par un Guajaja, s'était vengé en détruisant tout un village guajaja. Cette histoire, racontée par Antonio-hu, me mit dans la joie. Antonio-hu était un fort gaillard, plein d'ardeur juvénile, bien qu'il allât sur ses quarante ans et fût déjà un peu sourd, ce qui, parfois, le faisait crier plus fort qu'il ne voulait. Mais ses cris étaient toujours empreints de bonne humeur. Il aimait la vie, même quand il était triste, si bien que sa tristesse n'était jamais déprimante. Sa bonne grâce se complétait d'un gros rire charmant qui s'harmonisait en quelque sorte avec sa taille.

Antonio-hu m'avait raconté cette histoire d'Anakãpuku pour me montrer tout ce qu'un homme est capable d'endurer. En dépit de l'amitié qui nous liait, il aimait, de temps à autre, se moquer de mon courage, d'une manière bienveillante, naturellement; il prétendait que je serais mort de peur à la seule vue d'un ancien guerrier, d'un tushau avec son bonnet en peau de maracaja, peint pour la guerre. J'étais bien content de n'être pas soumis à cette épreuve – quant à ses moqueries, elles n'étaient qu'une façon innocente de me témoigner de l'agressivité parce que j'étais un Blanc; je ne m'en offusquais pas.

Il me raconta donc qu'Anakãpuku avait fait un voyage jusqu'au Rio Pindaré pour chasser des oiseaux cigana (*Opisthocomus* sp.) et se procurer des plumes. Il se construisit un petit abri. Un jour qu'il était parti chasser, quelques Guajaja s'introduisirent dans l'abri et raflèrent tout ce qu'il avait laissé à l'intérieur – le hamac, la seconde machette, les vêtements et la farine de manioc. A son retour, il découvrit le vol et se mit en colère, très en colère même; le lendemain matin il sortit à la poursuite des Guajaja.

« Il écumait de rage, racontait Antonio-hu, ses deux bras repliés contre sa poitrine, sa bouche de travers, les lèvres avançant, tandis que de furieux grognements entrecoupaient sa respiration oppressée. Les Guajaja avaient laissé des traces partout, Anakãpuku n'eut aucun mal à les suivre; mais, soudain, un Guajaja isolé sortit de derrière un arbre et tira dans sa direction une *taboca*, une flèche à pointe de bambou. Anakãpuku la vit juste à temps pour se baisser; la flèche l'atteignit quand même – non pas au niveau de la poitrine, que visait le Guajaja, mais dans le bras. Elle ressortit derrière l'épaule.

» " Ah! cria le Guajaja, maintenant je t'ai tué! " Mais il se trompait. Anakãpuku, furieux, poursuivit le Guajaja, malgré la taboca plantée dans son épaule. Antonio-hu imita la démarche titubante du malheureux Anakãpuku essayant de rattraper son Guajaja qui fuyait devant lui. « Le sang! expliquait Antonio, le sang qu'il perdait! Comme quand on ouvre une tortue en la brisant près d'une rivière et que le sang envahit l'eau. »

» Anakãpuku, qui était parvenu à rentrer chez lui, jura de se venger. L'année suivante, sa blessure guérie, il réunit un important groupe d'hommes de plusieurs villages et les conduisit là où il avait été attaqué. A cet endroit, les pistes présentaient de nombreuses traces de pas; des pas d'hommes, de femmes et d'une multitude d'enfants. " Je vais suivre cette piste-ci! " dit Anakãpuku, et il emmena quatre hommes avec lui, tandis que les autres hommes suivaient d'autres pistes; cinq hommes par piste, qui écumaient de rage, jusqu'à ce qu'ils atteignent le village. Il y avait là un vieux Guajaja à barbe – et quelle barbe! dit Antonio-hu, elle entourait complètement sa figure! – qui faisait sauter un bébé dans ses bras, le lançant en l'air, le rattrapant, le lançant et le rattrapant à nouveau, sous les regards attendris de sa femme. Elle se retourna, par hasard et aperçut Anakãpuku, qu'elle prit pour un Guajaja venu leur rendre visite; elle se mit à rire : " ha ha hi! " Mais Anakãpuku ne plaisantait pas, il avait passé tout un mois à faire des taboca et à les tailler. " Ne pas laisser aux hommes le temps de saisir leurs flèches! avait-il recommandé, sans cela nous ne pourrons pas les tuer tous. " La femme riait toujours devant lui, alors il banda son arc et tira... Ouah! le vieux Guajaja était mort, la poitrine transpercée par une flèche; la femme, en dégringolant de son hamac, en reçut une dans les fesses; et les autres Guajaja, qui allaient prendre leurs flèches à côté de leurs hamacs (c'est là qu'ils les gardaient), furent tous tués. Anakãpuku en tua sept, hommes et femmes; tous les habitants du village y passèrent, enfants compris. Mais Anakãpuku était encore furieux car sa blessure continuait à lui faire mal. »

A chaque combat qu'il évoquait, Antonio-hu sautait de son hamac et chargeait à travers la hutte en lâchant des flèches imaginaires; ses pantomimes m'enchantaient, et je fus quelque temps avant de m'apercevoir combien son récit manquait de vraisemblance. Les traîtres de l'histoire ne pouvaient guère être les Guajaja puisqu'ils n'ont pas de villages permanents et qu'un Urubu ne peut comprendre leur langue. Mais déjà Antonio-hu enchaînait avec une anecdote. Dans le village, une femme guajaja aurait appelé Anakãpuku en le suppliant de l'épargner et de la prendre avec lui. « Ne tire pas! aurait-elle dit. Cararan putar! » (Je veux ton *pénis*!) *Cararan* est un mot bien urubu (de même que *putar*, qui signifie vouloir) apparenté au terme *carapua* qui désigne le vagin : *cara* étant le nom de la patate douce rouge, *cararan* est ce qui ressemble à une patate, et *cara-pua* la patate de forme ronde. Il est probable qu'Antonio-hu avait agrémenté l'histoire de détails fantaisistes, comme il avait coutume de le faire; mais ces fantaisies avaient toutefois le mérite de montrer comment il pensait que les Indiens devaient se conduire.

Ainsi, les propos qu'il prêtait à la femme guajaja

étaient en effet les seuls qu'elle aurait pu tenir pour garder la vie sauve; car si certains Indiens comme Anakãpuku partent en expédition assoiffés de sang, d'autres y vont dans l'espoir de se trouver une femme. Et cela non seulement parce que le nombre de femmes dans la tribu est insuffisant – en fait, un homme n'est vraiment satisfait que lorsqu'il possède deux épouses – mais surtout parce que les femmes des autres tribus, et particulièrement les femmes guajaja, sont censées être particulièrement jolies. Leur peau est plus blanche, leurs cheveux sont plus fins, leur nez est plus droit – du moins c'est ce que prétendent les Urubu – et elles portent des colliers en racine de piripiriwa hachée qui leur donnent un parfum délicieux. Comme un Londonien décrivant les plaisirs qu'on peut s'offrir à Boulogne, Antonio-hu ne cessait de vanter les charmes des femmes guajaja, caressant l'espoir d'en rencontrer une dans la forêt, et de la capturer.

Un jour qu'Antonio-hu divaguait depuis un bon quart d'heure sur ce sujet, je lui demandai : « Une femme guajaja ne s'enfuit-elle donc pas quand on essaie de la capturer?

– Oh non! me répondit-il avec assurance. Elle n'a qu'un désir : elle veut ton rankuaî – ce disant, il se pencha vers moi en glissant sa main entre mes jambes. C'est ça qu'elles veulent, nourrir leur carapua! Tu prépares un lit de feuilles de palmier dans la forêt, la femme s'allonge, et ça y est! » Il se renversa dans son hamac et me regarda avec suffisance. Ce cher Antonio-hu, me dis-je, qui voudrait toujours faire croire que la vie est simple.

En fait, un rapt n'est pas une chose aisée : l'homme qui veut capturer, ramener et apprivoiser une femme doit faire appel à toute sa dureté. On me raconta une expédition qui eut lieu il y a quelques années, où deux ou trois Urubu, partis chasser, tombèrent sur un campement guajaja. D'abord ils se cachèrent dans les fourrés et observèrent les Guajaja, qui vaquaient à leurs occupations – la vue d'un Guajaja qui pissait les fascina, car son pénis n'était pas attaché avec une cordelette, comme c'est le cas chez les Urubu; dès qu'ils ont terminé, les Guajaja collent un bout de cire d'abeille sur leur pénis. Quand enfin les hommes guajaja eurent quitté le campement pour aller chasser, les Urubu bondirent : à leur vue, les femmes guajaja hurlèrent, enlevèrent leurs jupes (qui, selon les renseignements, sont tissées en fibres de palmiers tucum et portées comme des saris) et coururent toutes nues dans la forêt. Les Urubu, qui les poursuivaient, réussirent à capturer une robuste jeune femme, qui cria furieusement et les mordit; ils lui disaient, en riant : « Non, non, ne nous mords pas! Nous sommes gentils, nous te ramènerons chez nous, et Un tel t'épousera! » Un tel, qui était sur les lieux, devint alors hantan d'une autre manière, et la caressa en tâtant entre ses jambes tellement il se sentait d'ardeur. Ils la traînèrent jusque chez eux et, après lui avoir donné un hamac, s'assirent à son chevet pour la surveiller toute la nuit. « N'essaie pas de t'échapper, car nous allons rester éveillés toute la nuit à te regarder. Nous n'avons pas besoin de sommeil, nous sommes des durs! » La femme, après avoir été tour à tour furieuse et déroutée pendant quelque temps, accepta de rester : elle se mit à aimer la farine de manioc et le cahouin, qui sont inconnus des Guajaja; on lui donna quelques perles et une jupe de coton; enfin, on lui perça les oreilles pour qu'elle puisse porter des pendants.

A ces expéditions, dont le but est de ravir des femmes, les Indiens attachent une plus grande importance qu'il n'y paraît à première vue. En fait, la tribu Urubu doit son existence même à deux femmes guajaja razziées il y a quelque cinq générations; c'est d'ailleurs une raison qui explique peut-être le prestige dont jouissent ces femmes. En ce temps-là, les colons brésiliens commençaient à ouvrir la forêt, et cela se répercutait d'une manière tout à fait déplorable sur la vie des Indiens : ceux qui vivaient à proximité étaient forcés de déménager et de s'installer dans le territoire d'autres tribus, lesquelles, naturellement, faisaient respecter leurs droits. Il semble que les Urubu aient été pris entre divers mouvements de population; la terreur des attaques, tantôt indiennes, tantôt brésiliennes, les chassa au fond des bois, comme les Guajaja, de sorte que ni les uns ni les autres ne pouvaient construire de villages permanents ou planter du manioc. Ils erraient, vivant de gibier, de miel et d'une farine faite avec des noix arapari et anawira, cherchant dans la forêt un endroit où ils pourraient une dernière fois s'installer et vivre en paix. C'est du moins ainsi que j'ai reconstitué l'histoire, car les Urubu ne sont pas fiers de cette période de leur passé; ils préfèrent ne pas en parler. S'il est convenable de ravir une femme guajaja et de l'épouser, vivre comme un Guajaja, en revanche, équivaut à se placer au niveau des animaux et des mauvais esprits, à perdre toute dignité.

Pendant cette période, deux frères sont séparés du reste de leur famille et prennent le chemin du Sud; après avoir traversé le Gurupí, ils commencent une vie nouvelle. Ils attaquent un campement guajaja et enlèvent trois femmes. Après avoir construit un petit village et aménagé une plantation, ils peuvent se consacrer à l'avenir de leurs familles. Au début, ils tuent toutes les filles auxquelles leurs épouses donnent naissance, parce que les filles ne sont bonnes qu'aux travaux domestiques et à servir d'épouses aux amis; ils veulent des fils dont ils feront des guerriers, qui les aideront à combattre leurs adversaires. Chacun a cinq fils, qui tous, une fois adultes, ravissent des femmes guajaja et les épousent; c'est de cette souche que descend l'actuelle tribu Urubu.

L'abominable longueur de l'histoire m'a contraint

à la résumer : Antonio-hu mit presque deux après-midi à me la raconter. Mais ce bref compte rendu vaut en lui-même d'être cité, car il montre bien comment la peur de la forêt engendre la dureté, et comment la dureté forme les hommes. D'abord, la peur des autres Indiens transforma les Urubu en nomades, sans villages, sans plantations de manioc, et même sans femmes; celles-ci étaient devenues des personnes de second plan, en tout cas inférieures aux hommes. Seul un effort résolu et constant devait leur permettre de fonder un village et une famille; ils endurcirent leurs cœurs, même à l'égard de leurs propres enfants, afin de rétablir les anciennes traditions, qui tolèrent une certaine mollesse dans la mesure qui convient quand il s'agit de créer – et non de détruire – les vertus domestiques.

CHAPITRE IX

QUERELLES

En débarquant au Brésil, les premiers Portugais remarquèrent que les sons *f* et *l* faisaient défaut dans la langue des Tupinamba, et ils décidèrent que le son *r* manquait aussi, en quoi ils se trompaient. Les Portugais conclurent que les Indiens ignoraient les trois piliers de la civilisation qui commencent par ces trois lettres. On proclama donc que les Tupinamba n'avaient *nem fei, nem lei, nem rei* (ni foi, ni loi, ni roi). C'étaient des sauvages.

En effet, dans le sens où nous l'entendons, les Tupinamba n'étaient pas troublés par la foi; pour eux, le monde surnaturel allait de soi, il ne leur venait pas à l'idée d'en douter; leurs cérémonies n'avaient pas pour objet l'adoration d'un dieu, mais célébraient des actions héroïques. Ils n'avaient pas de roi; leurs grands chefs étaient des chamans dont le pouvoir reposait sur une magie menaçante et non sur la reconnaissance de leur souveraineté politique. Quant aux chefs de village, ils jouissaient de prestige plutôt que d'autorité réelle. Il n'existait pas de loi, ou du moins pas de système pénal qui sanctionnât les délits.

Tout cela est aussi vrai pour les Urubu. Les notions de « roi » et de « loi » sont évidemment liées : pour que des sanctions aient un sens, il faut que quelqu'un soit en mesure de les imposer. Ce qui ne veut pas dire que les Indiens soient des êtres immoraux. Au contraire, ils tendent à attacher beaucoup d'importance à la morale, au nom de laquelle ils commettent les actes les plus déplaisants. Pour eux, un homme est vertueux, non quand il est « bon », dans notre acception du terme, mais quand il possède le pouvoir d'être vraiment un homme, c'est-à-dire quand il est dur. Si donc tout homme se justifie par sa dureté, alors qu'il n'y a pas de chef suprême pour veiller à ce que justice soit faite, qu'advient-il de la loi et de l'ordre? Après s'être posé cette question inquiétante, les Portugais déclarèrent que les Tupinamba n'étaient que des sauvages.

Dans une société de ce genre, la seule manière de traiter un délinquant est de l'humilier jusqu'à ce qu'il rentre dans l'ordre, comme on fait avec un enfant qui se conduit mal. A vrai dire, le maintien de l'ordre ne pose pas de problème dans un village dont presque tous les membres sont parents entre eux : un homme qui se met à voler ou à battre sa femme est soumis à l'accablante désapprobation qu'une famille outragée peut seule faire peser sur l'un de ses membres. Le sens de l'appartenance familiale s'étend à toute la tribu : le frère d'un homme vit dans un village, un cousin dans un autre, un oncle dans un troisième; par leur intermédiaire et celui des parents par alliance, il serait probablement capable de se découvrir un parent dans n'importe quel village où il irait. En outre, les diverses tribus sont liées entre elles par une parenté spirituelle qui s'établit entre leurs chefs respectifs, lesquels se considèrent mutuellement comme des frères, même quand ils ne sont cousins qu'au quatrième degré. Cette fraternité spirituelle crée aussi des liens entre les habitants de leurs villages.

Dans l'ensemble, le système de contrainte morale fonctionne bien. S'il est vrai qu'Anakāpuku se plaignait amèrement des gens qui s'étaient introduits dans sa hutte pour lui prendre les machettes acquises à Canindé, c'est justement parce que cette situation était sans précédent : ce genre de richesses était resté inconnu des Urubu, et la morale traditionnelle ne prévoyait aucun moyen pour résoudre les problèmes qui se posaient en une telle circonstance. Pour ma part, je trouvais les Indiens fort honnêtes. Je ne prenais jamais la peine de fermer à clé ma cantine, qui, tout le monde le savait, était remplie de perles et de couteaux. Je n'étais pas seulement leur hôte et donc leur protégé, mais ils voyaient que je ne gardais pas mes richesses pour moi; je les leur donnais petit à petit, comme la morale l'exige. Cependant, quelques kilos de sucre vinrent à manquer dans mes provisions; ce fut la seule disparition dont j'eus à me plaindre. Elle se produisit au moment où les arbres cupu étaient en fruits; les Indiens en font une sorte de limonade acide pour laquelle je leur donnais du sucre. Au milieu de la saison du cupu, j'étais allé passer quelques jours dans un autre village, laissant là toutes mes provisions. La tentation fut trop forte : un Indien qui aimait le cupu avec du sucre y succomba. Quand je découvris le larcin, je n'y accordai pas une grande importance, mais les Indiens hochèrent la tête en signe de désapprobation. Le voleur se sentit tellement gêné que pendant trois ou quatre jours il m'évita.

Vers cette époque, on vola à Toí les perles que je lui avais données. Le jour précédent, Antonio-hu était venu de son village pour me voir, habillé comme doit l'être un chef; il portait son plus beau pantalon bleu, une chemise un peu crasseuse et un bonnet rouge vif enfoncé jusqu'aux yeux. La plupart des habitants de son village l'accompagnaient et s'attendaient à recevoir de moi de splendides cadeaux. Mais je n'étais guère de bonne humeur ce jour-là : je couvais un rhume et mes jambes étaient couvertes de plaies où j'avais gratté des morsures de tiques; il faisait chaud et lourd, et j'avais plutôt envie de dormir. Antonio-hu m'en empêcha, il s'assit à côté de moi dans mon hamac et commença à parler. Après un court préambule, dit de la manière la plus courtoise, il en vint au fait : « Ma fille, dit-il tout en la désignant d'un mouvement de la lèvre inférieure, ma fille veut quelques perles. Elle en a besoin car elle n'en a pas du tout. » Je ris, ce qui était une manière de refuser, et lui répondis que j'irais bientôt lui rendre sa visite et que j'apporterais des cadeaux pour tout le monde. Antonio-hu n'insista pas, mais il était visiblement attristé, et les femmes qui l'accompagnaient très déçues. Pour l'une d'elles, grande fille efflanquée du nom de Curumiú, la déception semblait trop forte. Elle ne rêvait que de perles, il lui en fallait à tout prix. Elle descendit à la rivière, comme pour se baigner, pataugea le long de la rive jusqu'à un endroit d'où partait un chemin qui conduisait à la hutte de Toí, et arriva aux abords de la clairière. (C'est du moins ainsi que Toí reconstitua la scène; plus tard, il examina le sol et y releva la trace de ses pas). Puis elle se mit à quatre pattes et rampa derrière des troncs d'arbres abattus jusqu'à la hutte de Toí; là, elle trouva le stock de perles qu'il gardait dans une boîte suspendue à la charpente du toit. Elle ouvrit la boîte, en sortit les perles, mais en laissa tomber quelques-unes, puis s'en retourna par le même chemin sans que personne ait rien remarqué.

« Que vas-tu faire à présent? » demandai-je à Toí. Il avait l'air lugubre. « Qu'y puis-je? rétorqua-t-il, les perles sont parties. » Comme j'insistais, il finit par me dire que, s'il en avait l'occasion, il prendrait quelque chose à Curumiú quand elle ne se méfierait pas. Cependant, il ne semblait pas être très convaincu lui-même de ce qu'il ferait.

Toí jouait de malchance; environ un mois plus tard, on lui vola encore des perles. Cette fois, la voleuse était sa propre sœur, la mère de Tahi, du moins c'est elle qu'on soupçonna. Un jour que tout le monde avait quitté le village pour chasser ou travailler dans la plantation de manioc, elle fouilla chaque hutte et vola toutes les perles qui lui tombèrent sous la main. Ni Toí ni les autres n'essayèrent de récupérer leurs perles, il leur suffisait de se plaindre. En parlant, ils évoquaient d'autres vols qu'elle avait commis et qu'ils rendaient responsables de sa maladie prolongée, de son trouble mental et de sa blennorragie. Ils conclurent que ses péchés étaient venus à bout d'elle et prédirent que ce dernier larcin serait puni par une sanction surnaturelle encore plus grave.

Une affaire de ce genre laisse un souvenir désagréable, car elle engendre des rancunes qui, presque jamais, ne s'expriment ouvertement. Si le vol n'est pas considéré comme un délit grave, il existe des offenses plus sérieuses, tels les affronts personnels, que les Indiens ruminent jusqu'à ce qu'explose une haine qui dresse des familles entières les unes contre les autres. Deux moyens sûrs permettent de vérifier si certaines personnes sont en bons termes. Le premier est de savoir si elles consentent à vivre dans le même village; l'autre, si elles ne craignent pas de se saouler ensemble.

Le cahouin (la bière de manioc) joue un rôle singulièrement important dans la vie des Indiens. Sa fabrication est soumise à différents tabous, ce qui, en soi, suffit pour attester qu'il s'agit d'une transformation magique, au résultat incertain. C'était bien là, d'ailleurs, la forme primitive de l'œuvre des alchimistes qui visaient à changer la matière brute en esprit. En Europe, les « spiritueux » représentent l'étape finale de cette transformation, qui est la distillation quintessentielle d'herbes – la parenté des mots le montre clairement. Les Indiens aussi croient que l'alcool est un esprit qui les possède quand ils sont ivres. La possession les rend *kaú* (1), état dans lequel ils ne sont plus responsables de leurs actes. De là à considérer le cahouin comme une sorte de purificateur spirituel, lavant l'âme de ses soucis terrestres, il n'y a qu'un pas. C'est pourquoi, dans les cérémonies, on sert toujours d'énormes pots de bière, avec laquelle les Indiens se grisent avant de commencer leurs rites. Dès que le soleil se couche, ils se mettent à boire et continuent toute la nuit, chantant à la gloire du cahouin; ces chants décrivent la manière de piler les racines de manioc dans un mortier, de tamiser la pulpe, d'en confectionner des sortes de grosses crêpes qui cuisent sur le fourneau et qui, plus tard, fermenteront dans des pots et se transformeront en cahouin. A l'aube, les Indiens retombent dans le silence; les femmes passent alors pour annoncer la levée du soleil et demander à chacun s'il s'est convenablement saoulé la nuit précédente. Ainsi purifiés, les hommes commencent leurs cérémonies.

Ces fêtes sont les grands événements de la vie indigène; certains visiteurs viennent de très loin pour y assister. La boisson joue un double rôle : d'une part, elle purifie; de l'autre, elle engendre la gaieté. Est-il même possible de distinguer ces deux effets de la boisson? A des ennemis, une beuverie offre donc la meilleure occasion de se réunir pour mettre fin à leur querelle. Il semble que jadis les Urubu faisaient ainsi la paix avec d'autres tribus. S'il est toujours difficile de clore les guerres tribales, c'est en partie parce qu'il n'existe pas de moyen simple de s'entendre : les chefs sont sans pouvoir pour traiter directement les uns avec les autres, et la paix demande que tous les membres de chaque tribu s'accordent entre eux. Ils doivent donc se

(1) D'où le nom de la bière : *kaù-i*, ce qui signifie littéralement « eau folle ». Pour désigner cette bière j'emploie le terme *cahouin* parce qu'il est le plus usité dans la littérature anthropologique.

rencontrer face à face et trouver une façon de tourner leur hostilité en amitié. Voilà pourquoi ils boivent et dansent ensemble en s'enseignant des chansons; bien souvent, ils finissent même par échanger leurs arcs et leurs flèches, ou leurs coiffures de plumes. La paix entre les peuples exige un commerce aussi actif que la guerre.

Les fêtes sont l'occasion de clore une querelle, et aussi d'en commencer une : souvent, un homme qui boit parvient à oublier sa haine, mais parfois aussi il perd le contrôle de soi. On ne m'a parlé que d'un seul Urubu qui en avait tué un autre. Il avait terriblement bu au cours d'une fête. Ramassant une machette dans un soudain accès de sauvagerie, il la fit tournoyer au-dessus de sa tête; puis, ivre de puissance autant que de cahouin, il se précipita dans une hutte, tailladant les poteaux au passage. Malheureusement, le second poteau qu'il frappa était un homme, qui mourut sous le coup. La fête s'acheva dans le désordre, et les femmes, qui s'étaient sauvées dans la forêt en poussant des cris perçants, rentrèrent seulement quand l'ivrogne eut repris ses esprits. L'incident n'eut pas de suites puisqu'il est admis qu'un homme saoul n'est pas responsable de ses actes; et même si l'homme avait su ce qu'il faisait, me dit-on, nul n'aurait songé à la vengeance : un Indien serait-il capable de tuer son frère?

Comme ils savent que l'ivresse les prive de tout contrôle, les Indiens ne vont pas aux fêtes où ils risquent de rencontrer quelqu'un avec qui ils sont brouillés : non qu'ils aient peur de se battre, mais ils craignent une issue qui pourrait être tragique. Anakãpuku et Caro étaient ennemis, ils évitaient donc soigneusement de boire en compagnie l'un de l'autre. Le risque était particulièrement grand pour eux, car ils étaient chefs et donc frères – c'eût été un beau scandale de voir deux chefs se battre! – leur rôle était d'apaiser les querelles et non de les faire naître. En outre, la personne d'un chef est sacrée, et l'homme qui frapperait un chef serait rapidement puni par un châtiment surnaturel. Il me fut impossible de découvrir l'origine de leur querelle.

Caro s'était aussi disputé avec Toí au sujet de la sœur de celui-ci, cette même femme peu attrayante qui volait et qui était kaú, dans le sens qu'elle était morose et déséquilibrée. Elle avait été mariée à un homme du village de Caro. Devenue veuve, elle décida d'aller vivre dans le village de son propre frère, où vivait aussi Tahi, son fils d'un précédent mariage. Cela ne faisait pas l'affaire de Caro, qui aurait voulu qu'elle épousât son fils cadet – il n'y a jamais assez de femmes dans le monde; s'il ne trouve rien de mieux, un jeune homme épousera une femme de l'âge de sa mère. Mais ni Toí ni sa sœur n'aimaient cette perspective, et ils laissèrent Caro bouder dans son coin.

Quelques mois plus tard, juste avant que j'arrive chez Pari, Caro s'était mis à faire de la bière avec des fruits de caju. Les cajus sauvages étaient en fruits, tout comme les cajus cultivés de son propre petit verger, dont les fruits avaient trois ou quatre fois la taille des autres. Quelques grands pots étaient déjà pleins de jus; Caro attendait la fermentation. La nouvelle se répandit. Aussitôt que la bière fut à point, des gens arrivèrent de nombreux villages sous prétexte d'assister à la fête chez Caro, mais en vérité dans le seul but de s'enivrer car aucune cérémonie n'était prévue. Toí se tâtait, ne sachant pas s'il devait y aller, mais, comme d'habitude, Paijé, sa belle-mère, résolue à ne rien manquer, eut gain de cause. Toí fut donc obligé de l'y conduire ainsi que sa femme, Terepik, et ses deux filles. Ils s'amusèrent beaucoup, « J'étais Kaú », me dit Terepik, tout heureuse; quand je la questionnai sur cette affaire, elle déposa dans son hamac le coton qu'elle était en train de filer et se laissa tomber à genoux dans la poussière, s'accoudant sur une souche d'arbre, sa tête couchée sur ses bras. « Tu vois si j'étais saoule! » me dit-elle en riant, ses gros seins mollement secoués par un mouvement de roulis.

Tout le monde était ivre, même Caro. Vers le matin, tandis que les autres chantaient joyeusement dans leurs hamacs, il se leva, subitement pris de rage, et piétina le sol en criant : « Hou! Hou! Houou! » Parmi les hôtes, il y avait le chef d'un autre village, qui essaya de le calmer. « Retourne dans ton hamac, tu es ivre; nous sommes heureux, nous chantons : Retourne te coucher dans ton hamac et dors! » Mais Caro ne l'écoutait pas, il continuait à taper du pied et à crier, puis, soudain, il se précipita sur Toí et lui arracha le bonnet rouge qu'il portait sur la tête et le frappa avec une machette. Toí me montra du doigt l'endroit où le premier coup l'avait atteint derrière l'oreille droite. Un autre l'avait blessé à la nuque, un autre sous l'oreille gauche, un dernier au-dessus du cœur. Heureusement pour lui, Caro se servait du plat de sa machette, et les blessures furent sans gravité; heureusement aussi, tous les autres Indiens s'étaient jetés sur Caro pour le maintenir, tandis que femmes et enfants s'enfuyaient dans la forêt. Une demi-heure plus tard, Caro était calmé. Paijé s'affairait autour de lui, essayant de le remonter : « Eh bien! je reste pour finir ton cahouin, disait-elle; quand tu en feras un autre, je reviendrai. » Mais Caro ne s'y laissait pas prendre. « Non, non, répliquait-il en grognant. Je suis fâché avec vous tous, ne reste pas ici. » Alors Toí s'en alla, emmenant sa belle-mère déçue.

« Tu es donc brouillé avec Caro? » demandai-je à Toí quand il eut fini de me raconter son histoire.

« Non, dit-il, je ne suis pas brouillé avec lui. Je ne veux pas me disputer avec lui. Il m'a cherché querelle parce qu'il était ivre. Mais je ne retournerai plus dans son village, je n'irai jamais plus y boire du cahouin. Nous ferons notre cahouin avec des fruits de caju ou des bananes, nous nous saoulerons tous ici. »

C'était aussi bien que Toí ne soit pas fâché. Intelligent, bon chasseur, mais petit, il n'aurait pas été de taille à se mesurer avec Caro, qui était grand, nerveux, et portait beau dans un genre mélancolique; Caro, lui, resta longtemps fâché. Peu après mon arrivée, il passa près du village de Pari; Tero, qui préparait de la farine dans la hutte à manioc, l'aperçut. « Où vas-tu? » lui cria Tero, plutôt poliment. Sans lui répondre, Caro prit un tison dans le foyer du fourneau et partit en direction de la forêt. « Il n'a même pas voulu te voir, me dit Tero plus tard; je lui avais pourtant dit : " Francis est ici, il a apporté des tas de perles, viens le voir ", mais il a tourné les talons. »

L'affaire n'était pas terminée. Deux mois après, Caro se mit de nouveau en colère, d'abord contre João Carvalho, le jeune Brésilien responsable du poste indien de Canindé, et puis encore une fois contre Toí. Voici comment les choses se passèrent. Depuis plusieurs mois, le fils aîné de Caro était atteint d'un mal qui empirait en dépit des soins prodigués. Caro décida enfin de l'amener à Canindé pour qu'on le traite avec des cachets et des piqûres, cette dernière méthode étant très prisée des Indiens. Le fils de Caro fut donc transporté à dos d'homme, car il était trop faible pour se tenir debout. En l'absence de João Carvalho, alors à Bélem, on laissa l'invalide entre les mains de Chic'Ourive, dont la réputation de guérisseur s'était répandue parmi les Indiens. Chic'Ourive fit son possible : il installa le malade dans le coin le plus sec de sa hutte car, depuis des années, le toit n'était plus entretenu et l'eau coulait abondamment pendant les pluies; il le nourrit et essaya de le soigner avec différentes plantes médicinales, dont aucune ne fut très efficace. A son retour de Belém, João tenta sa chance et fit quelques piqûres de streptomycine au malade, alors très amaigri, mais en vain. Atteint à la fois d'une sorte de bronchite, de malaria, et, me semble-t-il, de tuberculose, le malheureux devait mourir quelques semaines plus tard.

Quand il apprit la mort de son fils, Caro se mit en colère et, comme tout bon père, il jura de la venger. L'identité du coupable sautait aux yeux : son fils étant mort après que João lui eut fait une piqûre, c'était João qui l'avait tué. Le cœur plein du meurtre qu'il allait commettre, Caro partit avec quatre compagnons en direction de Canindé.

Leur chemin passait par le village de Pari. Sans soupçonner ce qui allait arriver, je venais, hélas! de quitter le village pour me rendre à Canindé; c'est donc de Pari que j'appris la suite des événements. Il semble que Caro, le visage durci, pénétra un soir dans le village de Pari, jetant des regards sombres à droite et à gauche. « João, je vais le saigner comme un cochon! criait-il, je vais le trouer de flèches, parce qu'il a tué mon fils! » Son apparition soudaine sema la terreur; aussitôt, les femmes déguerpirent dans la forêt et les jeunes hommes filèrent sans se faire remarquer. Il restait cependant deux braves dans le village : Piahu, le plus jeune frère d'Antonio-hu, qui venait de s'y installer pour quelques semaines, et Paijé, la belle-mère de Toí. Piahu s'avança vers Caro, qui arpentait le village en tremblant de rage : « Tu sais, dit-il, il y a des fusils à Canindé, et une balle de fusil va loin. Quand j'y étais, j'ai vu João tirer de sa maison, et la balle est allée toucher les rapides à la boucle du fleuve. Fais attention! Si tu te montres avec une flèche, les gens sortiront leurs fusils, et ce n'est pas forcément João qui sera tué. »

Caro continuait de crier, un peu moins violemment toutefois : sa colère lui tenait au cœur, il n'allait pas l'oublier si facilement. Cependant, Piahu poursuivait son discours, employant les mots les plus durs qu'il pouvait se permettre; il savait que Caro ne demandait qu'à se laisser convaincre, à condition de sauvegarder sa dignité. Puis ce fut le tour de Paijé; elle lui rappela qu'en réalité João était un bon ami; finalement, Caro s'apaisa, cessa de vociférer, suspendit son hamac et s'y assit d'un air morose. Piahu et Paijé se retirèrent dans leurs huttes respectives, mais se tinrent éveillés en fumant de grands cigares tawari et en se balançant dans leurs hamacs; tous les autres passèrent la nuit dans les bois, parce qu'ils avaient encore peur de Caro. (C'est-à-dire tous sauf Pari, qui prétendit s'être endormi paisiblement dans sa hutte.) Le lendemain matin, Caro dit : « A présent, je suis *katu* (je suis bon), n'ayez plus peur de moi. » Quand il arriva à Canindé, il se montra aussi doux et courtois que João lui-même.

Ce fut le premier acte du drame. Le second se déroula quelques jours plus tard, avec de nouveau une femme comme pomme de discorde. Le fils défunt de Caro laissait une veuve : Siri, fille si pimpante, si coquette et si potelée qu'en la voyant passer j'avais envie de la pincer. D'ailleurs, je n'étais pas le seul; elle le savait, et elle lançait des regards aguichants tout en se dandinant. Caro aurait voulu qu'elle revienne avec lui pour épouser son fils cadet, le même qu'il avait essayé de marier avec la sœur de Toí. Mais Siri ne voulait pas le suivre car elle ne voulait surtout pas quitter Canindé, où elle s'était habituée à vivre, où elle mangeait du poisson et de petites galettes de maïs, buvait du café très sucré et flânait toute la journée. Très peu pour elle, cette vie laborieuse d'une épouse qui déterre les racines de manioc et s'échine à faire de la farine! Quand Caro fut sur le point de rentrer chez lui, elle se rendit à la grande maison de bois qu'habitait João; après s'être assise dans la cuisine, elle déclara qu'elle n'irait pas. Caro lui dit qu'il fallait le suivre; puis il descendit jusqu'au fleuve, accompagné de ses hommes, et chargea ses effets dans une pirogue pour les transporter sur l'autre rive. Siri ne bougeait toujours pas. C'est alors que les choses commencèrent à se gâter, Anak la femme d'Ingarassu, était justement en visite à Canindé. (Elle n'était pas parente d'Anakãpuku; Anakã est le nom d'une espèce de perroquet, et le suffixe *puku* signifie long; chez les Indiens, les hommes et les femmes portent souvent le même nom.) Moins violente que son mari, Anakã était un peu autoritaire; voyant Siri assise là, elle se mit à la sermonner. « Vas-y, ma fille! Vas-y donc! Personne ne tient à te garder ici. Va te trouver un homme; va travailler et faire de la farine! »

Mais Siri restait immobile. Anakã lui arracha son hamac des mains – Siri avait été contrainte de faire ses bagages – et courut jusqu'au fleuve le porter à Caro. Siri ne fit pas un geste. Alors, deux nouveaux acteurs entrèrent en scène : deux jeunes gens qui m'avaient accompagné depuis le village de Pari. L'un était Shiã, fils d'Anakãpuku, aux yeux exorbités; l'autre, Kaitã, son ami et rival en aventures amoureuses, était le beau-fils de Pari. (Comme son nom l'indique, le vrai père de Kaitã était Raimundo Caetano, l'Indien Tembé qui avait opéré la pacification des Urubu; en plus de son nom, il avait hérité de son père un grand courage et du caractère.) Shiã commença à pousser Siri en disant : « Allons, bouge un peu, Siri! » De sa part, c'était déplacé, car Kaitã était l'amant de Siri et, pas plus tard que la veille au soir, lui et Shiã s'étaient disputés à son sujet : Kaitã l'avait emporté. Celui-ci vint donc au secours de Siri et frappa à grands coups.

Cependant Anakã était retournée au fleuve et, voyant les deux garçons occupés à se battre, elle s'avança vers Siri et l'empoigna par les cheveux, après l'avoir traînée hors de la maison et le long de la véranda, elle la poussa dans les escaliers et la précipita quasiment en bas. « Va, ma fille! Va! Va! »

criait-elle, tirant encore les cheveux de Siri, qui sanglotait. Celle-ci agrippa les mains d'Anakã et répéta qu'elle n'irait pas. Folle de rage, Anakã ramassa un gros bâton et frappa violemment Siri sur le dos, criant encore : « Va! Va! Va! » Siri ramassa une malheureuse branche et en donna deux tapes à Anakã, qui, de surprise, s'arrêta net. Du reste, nous autres, nous nous étions mis à lui crier de bien se conduire. Siri partit en direction de la forêt, versant des pleurs amers – mais ces pleurs, me semble-t-il, exprimaient plus le dépit que la douleur – elle resta invisible jusqu'au soir, où nous la retrouvâmes assise sur la table de la cuisine, tournant le dos à tout le monde, en train de pleurnicher.

« Siri, sa! » lui dis-je pour la dérider. Je ne connais pas le sens exact de *sa*, ce doit être un terme de tendresse amoureuse, et Siri l'entendit bien de cette manière. « Saé puku sa! » me répliqua-t-elle, faisant usage de mon surnom – qui signifie Homme Long – et souriant à demi. Le lendemain matin, elle exhibait fièrement ses meurtrissures : cinq gros bleus.

L'affaire avait mis trois hommes en colère, Anakãpuku était furieux contre Kaitã parce qu'il avait rossé son fils Shiã; Caro était furieux, d'abord contre Siri, qui n'avait pas voulu le suivre, et puis contre Toí, qui l'avait ramenée dans son propre village – ce qui était son droit en tant que demi-frère – et Toí était furieux contre Anakã parce qu'il avait battu Siri. Aux dernières nouvelles, Siri s'était mise avec Tero. Celui-ci était venu à Canindé avec Toí pour la ramener à la maison; Siri lui avait si bien tourné la tête, dit-on, qu'une demi-heure après avoir quitté Canindé il l'entraîna faire l'amour dans les fourrés. Siri n'était pas fille à se faire prier, et je sais qu'au moins cinq hommes avaient eu ses faveurs dans la semaine qui précéda son départ.

Les querelles! Je crois que les Indiens les adorent,

car elles donnent du piquant à leur existence; en tout cas, on ne peut pas les éviter puisqu'elles font appel à ce qu'il y a de fort et de faible dans la morale indigène. Il est difficile de vivre avec un homme dur qui fait constamment valoir ses droits; et l'homme dur trouve lui-même qu'il est difficile de vivre dans un monde où ses droits sont toujours contestés. Si seulement les choses ne changeaient pas! semble-t-il dire, et si seulement il n'y avait pas de femmes! Alors l'univers serait bien organisé, et chacun connaîtrait la place à laquelle il a droit.

CHAPITRE X

LA ROUGEOLE ET LA MORT

N'étaient l'amour et la mort, l'ordre social régnerait aisément. Chez les Indiens, la vie amoureuse tend toujours au dérèglement; elle mine la société parce qu'elle ne tient pas compte de ses lois. Quant à la mort, elle déchire le tissu des relations sociales, et, d'une manière ou de l'autre, il faut bien le réparer. Si l'amour et la mort sont l'occasion d'inépuisables querelles – comme le montre l'histoire de Caro –, ils représentent surtout les deux voies qui donnent accès au monde surnaturel. Mais le surnaturel comporte aussi des dangers, dont les Indiens se protègent en entourant tout ce qui touche à l'amour et à la mort de nombreux tabous.

Non seulement la mort est sans appel, mais elle sépare l'âme du corps. C'est ce qui la rend redoutable. L'âme se transforme en un esprit qui peut devenir gênant; il n'existe alors que deux façons assez compliquées de le tenir à distance. L'une est de lui trouver un nouveau corps sous la forme duquel il sera plus facile à affronter, l'autre est de le contraindre par la puissance du rituel. Quand on examine ce problème du dehors, on dirait que les Indiens – comme tous les primitifs – ont peine à faire correspondre avec la réalité les fictions de leur imagination. Ils s'en tirent de deux façons : soit qu'ils prêtent à ces créations des qualités objectives, soit qu'ils essayent d'agir sur elles par le dedans : c'est ce qu'on appelle du nom de magie. Les Indiens qui ne font ni l'un ni l'autre risquent d'être hantés; une fraction de leur expérience se détache alors du reste et tâche de s'imposer d'une manière quelconque.

Plusieurs moyens s'offrent pour doter un esprit d'un corps nouveau; d'abord la réincarnation : un homme mort renaît en la personne de son petit-fils ou de son arrière-petit-fils, qui sera nommé d'après lui. Nombreuses sont les tribus indiennes qui croient fermement à la réincarnation; les Urubu, toutefois, ne s'y intéressent guère, bien qu'ils donnent volontiers le nom d'ancêtres illustres à leurs enfants. On peut aussi assurer la réincarnation d'un esprit en une espèce de Maír à l'occasion de l'exécution rituelle d'un prisonnier ennemi (voir la description dans le chapitre XIX). Cependant, le procédé le plus commun n'est pas de doter l'esprit d'un corps nouveau, mais de l'obliger à réintégrer la dépouille qu'il vient de quitter.

Ce procédé ne plaît évidemment pas à l'esprit. Fâché d'être écarté des choses de ce monde, il se met à jalouser les survivants; sa rage le rend irresponsable et dangereux pour les parents; en proie à leur douleur et à la terreur, ceux-ci sont dans un état particulièrement vulnérable. Je n'ai moi-même jamais vu mourir quelqu'un, mais on m'a raconté de nombreux décès. Quand le village de Pari fut informé qu'une épidémie de rougeole se propageait dans les environs, j'eus l'occasion de constater la frayeur que la mort inspire aux Urubu.

Un matin, vers 10 heures, j'étais occupé à transcrire à la machine les événements de la veille. Chico venait de laver mes vêtements et les étendait sur des troncs d'arbres; Toí, qui s'était assis dans notre hutte pour être avec nous, fabriquait un tamis d'osier; il interrompit son travail et pointa vers la forêt avec son couteau.

« Entendez-vous quelqu'un? » demanda-t-il.

Nous écoutâmes tous. Je ne percevais rien, mais Chico crut qu'il entendait chanter; un chien aboya dans l'ancien village, et tout le monde dit : « C'est vrai, écoutez, les chiens! » Puis, d'autres bruits – était-ce Shiã, ou peut-être Kaitã, le beau-fils de Pari? Quelqu'un qui chantait lança un cri près de notre source; on vit surgir Tero.

« As-tu entendu quelque chose en bas? » lui criai-je. D'autres cris partirent alors de l'ancien village. « Va voir! » dis-je à Tero, qui sauta du hamac où il était assis, chancela pendant une dizaine de mètres, et hurla. Quelqu'un lui répondit. Il y eut d'autres hurlements que je ne parvins pas à interpréter. Terepik, la femme de Toí, se leva d'un coup et hurla aussi.

« Qu'y a-t-il? demandai-je à Chico.

– Morte, répliqua Pari immédiatement. Teré est morte.

– Qui est-elle?

– La fille de Shapi, elle vit là-bas », dit-il en pointant l'index.

Terepik criait de plus belle. Paijé l'imita. Elles faisaient énormément de bruit. Les hommes, eux, gardaient le silence. « Je n'en veux pas! Je n'en veux pas! » C'est tout ce que je discernais des vociférations de Terepik. Il était apparemment question de la rougeole; Terepik voulait empêcher les porteurs de la nouvelle de s'approcher. Teré était donc morte de rougeole. « Je n'en veux pas! » criait toujours Terepik.

Shiã, qui de l'ancien village nous avait adressé ses cris, s'approcha et nous renseigna un peu. Il ne s'agissait pas de Teré, mais de la femme de Koso.

« Tu connais la femme de Koso? me demanda Pari.

– Ashira? demandai-je, consterné. Je l'avais rencontrée l'année précédente, je la trouvais agréable et compétente.

– Ashira, répéta-t-il avec satisfaction – je crois que sur le moment il n'arrivait pas à retrouver son nom.

– Ashira! » répétèrent Paijé et Terepik, qui continuaient à parler à Shiã sur un ton élevé.

– Qui est là? dis-je en les interrompant. Qui a apporté la nouvelle?

– Kuata! et il voudrait que tu lui donnes un remède! »

Muni de ma boîte à pharmacie, je descendis le sentier, suivi de Paijé et de trois petites filles qui sautillaient en poussant des cris. Aux abords de l'ancienne clairière, je vis Anakãpuku avec sa famille en train de parler à Kuata et à trois hommes accroupis sur l'autre rive du fleuve, à quelque vingt mètres de là.

« Tout va bien? lançai-je à Kuata en arrivant.

– Ça va! me répondit-il en se levant.

– Elle est morte, Ashira?

– Morte! Elle est morte dans mon village, à l'endroit où tu as bu du cahouin, te souviens-tu? A présent, on l'a enterrée. »

Kuata, jeune homme timide mais bienveillant, me souriait gentiment. Je lui demandai s'il y avait d'autres cas de maladie. Il leva son annulaire et son auriculaire en me disant que deux personnes avaient eu de la fièvre : elles avaient attrapé la rougeole en même temps qu'Ashira, mais, heureusement, elles étaient guéries. Je lui donnai quelques comprimés en lui expliquant comment les prendre; puis, tandis qu'Anakãpuku commençait à lui parler très fort pour empêcher Chico et moi de comprendre ce qu'il disait, j'interrompis la conversation et leur annonçai mon départ.

« Aha! je m'en vais! dis-je pour exprimer poliment mes intentions.

– Nde, toi! me répliqua courtoisement Kuata. Viens nous voir, nous ne sommes pas loin. »

Paijé s'attarda un moment pour bavarder, mais

elle me rattrapa avant d'arriver chez Pari. A peine entrée dans la clairière, en criant elle raconta à Terepik ce qu'elle avait entendu. Dès qu'elle eut fini, Terepik répéta l'histoire, avec autant de verve, à Toí, son mari, et à Pari, qui tous deux la connaissaient déjà, puis Pari nous la raconta à Chico et à moi, au cas où nous ne l'aurions pas entendue.

En fait, l'histoire était fort simple. Ashira avait contracté la rougeole la dernière; tous les autres avaient été déjà guéris : son état avait empiré tant et si bien qu'ils se dirent : « Laissons-la et partons! » Donc, un matin de bonne heure, ils l'abandonnèrent. Quand Ashira se réveilla peu après, elle appela, mais en vain; elle appela de nouveau : « Koso! » Pas de réponse. Elle appela Kuata. Toujours pas de réponse. Malgré son extrême faiblesse, elle se leva et décrocha son hamac, qu'elle pendit à son bras, puis elle traversa le village en titubant. « Où sont-ils? Où sont-ils? Où sont-ils allés? Où êtes-vous? »

A ce passage du récit, Paijé n'y tint plus; elle interrompit Pari et alla au fond de la hutte décrocher un tout petit hamac dans lequel Pari couchait son chien tacheté; le hamac passé sur le bras, le visage morne, elle sortit de la hutte en avançant d'un pas flasque; elle titubait et s'arrêtait chaque fois qu'un tronc d'arbre gisant sur le sol s'offrait à portée de sa main. « Où êtes-vous? Où êtes-vous? » répétait-elle pour imiter Ashira en pleurnichant d'une voix atone.

Ashira avait donc suivi le sentier qui mène au prochain village; à mi-chemin, elle était tombée morte. On la trouva et on la ramena pour l'enterrer deux jours après dans une plantation abandonnée, non loin du village. Pendant qu'il écoutait, Chico riait un peu, de ce rire triste par lequel on proteste contre l'obligation de prendre certaines choses au sérieux, mais Paijé ne faisait pas attention à lui. « Ils l'avaient tous abandonnée! disait-elle. Ils l'avaient laissée mourir seule! Quelle mort! J'en ai de la peine pour elle. »

« Moi aussi, ça me fait de la peine, dit Terepik. Toute seule! »

Paijé se tourmentait beaucoup pour cette rougeole. Elle trouvait que quelqu'un aurait dû prévenir Nusir, un habitant du village de Kuata qui était parti rendre visite à des gens; et elle avait dit à Kuata de tuer tous les poulets de Nusir au cas où celui-ci serait revenu les chercher et aurait risqué d'attraper la maladie.

« Tu ne dois pas y aller non plus, me dit-elle, cela ne te servirait qu'à ramener la maladie, et les gens en mourraient. »

Pari était de son avis. « Non, Francis, dit-il. N'y va pas! Tu attraperais la rougeole et tu la passerais à ma femme.

– A ma fille, et à tout le monde », renchérit Paijé. Elle se souvenait d'une épidémie de rougeole qui remontait à quelques années et dont beaucoup de gens étaient morts. Sur le conseil de Chic'Ourive, les survivants avaient fini par manger de la crotte de chien à titre préventif. « Je vais manger de la crotte de chien, cria-t-elle, pour ne pas attraper la rougeole.

– Moi aussi, fit Terepik, nous en mangerons tous.

– Pouah! fis-je.

– Ce n'est pas comme tu crois, m'expliqua Chico, on en fait une boisson; d'abord, on brûle la crotte pour la réduire en cendres, qu'on mélange à de l'eau en ajoutant une certaine herbe qui donne bon goût; dès que la boisson est prête, on l'avale! »

Paijé commença à raconter ses souvenirs : « Lorsque mon mari mourut... » Son mari avait été chef du village; il s'appelait *Pihun* (Noir) à cause de la couleur de sa peau. Pendant qu'il agonisait, les hommes du village s'en allèrent un à un dans la forêt, pour ne pas gêner; les femmes étaient restées et s'entassaient dans la hutte de Pihun. Dès qu'il eut expiré, elles laissèrent échapper un grand cri de lamentation et, lentement, les hommes revinrent. Yawaruhu (frère d'Antonio-hu), qui apparut parmi les premiers, cria à Paijé de lui donner le collier de plumes de Pihun; il criait parce qu'il se tenait à vingt mètres de la hutte du mort, sans oser approcher. Paijé lui répondit non, elle ne le lui donnerait pas. Yawaruhu insista. A ce moment, Anakãpuku revint de la forêt où il était allé chasser. En le voyant arriver, Yawaruhu mit une flèche à son arc et lui dit de ne pas approcher; mais, fou de rage, Anakãpuku s'avança et, à l'aide de sa machette, fit sauter la pointe de fer de la flèche qui le menaçait, puis il frappa Yawaruhu dans le dos avec le plat de sa lame. Ensuite, il alla jusqu'à la hutte pour voir Pihun mort, étendu dans son hamac. Pendant qu'il y était, Yawaruhu recommença à menacer Paijé : « Donne-moi le collier ou je te bats! » De guerre lasse, elle le lui remit. En sortant de la hutte, Anakãpuku aperçut Yawaruhu, paré du collier, qui se pavanait dans le village en disant : « Votre mort, allez donc le manger! » Toí reçut le reste des ornements de plumes qui avaient appartenu à Pihun.

Paijé continuait son récit. Quand le frère de Koso avait été sur le point de mourir, ils craignaient tant de le voir rendre son dernier soupir qu'ils l'enterrèrent encore vivant. Paijé se leva pour montrer à quoi ressemblait cet homme; personnifiant une sorte de Lazare, les bras le long du corps, le regard fixe et la langue tirée qui passait entre ses lèvres bouffies, elle se tenait immobile comme un pendu. Pendant qu'ils lançaient sur lui des pelletées de terre, ils l'entendaient haleter toujours vivant.

Tero, qui jusqu'alors avait gardé le silence, ne put se retenir plus longtemps : il tomba à genoux, les fesses en l'air, et enfonça le haut de sa tête, qu'il maintenait entre ses coudes, dans la poussière.

« C'est comme ça qu'elle est morte, Ashira! » s'écria-t-il en frétillant du derrière; puis il se leva et ajouta, la bouche en cœur : « Si on était passé par là, on l'aurait... (il fit un geste obscène)... bien qu'elle soit morte!

– Bien qu'elle soit morte! reprit Pari, ahuri.

Paijé, qui observait la scène, hocha la tête et s'assit brusquement sur un morceau de bois. « C'est pour cela que je ne me remarie pas, me confia-t-elle abruptement, parce que, si mon mari tombait malade, je devrais rester près de lui jusqu'à ce qu'il soit mort, et ça me fait peur. »

Dès qu'un homme meurt et que les femmes ont crié, poussé leurs lamentations, tous ceux qui prennent le deuil se tondent le crâne – ou du moins se le tondaient-ils, car, de nos jours, cet usage n'est plus guère pratiqué –, ils brûlent des roseaux à flèches et se peignent des traits sur le front et les joues avec les bouts calcinés. On enveloppe le cadavre dans un hamac maintenu par des lianes, et on le porte dans un coin de la capoeira. Après avoir creusé une assez grande tombe, qui mesure environ deux mètres de long, un mètre trente de large et un mètre soixante de profondeur, on plante deux vigoureux arbustes fraîchement abattus à l'intérieur, un à la tête, l'autre au pied, entre lesquels on accroche le hamac qui contient le cadavre. On dépose alors auprès de lui dans la tombe la plupart de ses biens : son couteau préféré, ses arcs et ses flèches (jadis on ajoutait sa massue; à présent, les Indiens n'en ont plus); il semble aussi qu'on revête le cadavre de ses ornements de plumes. Enfin, une corbeille contenant de la farine de manioc, une calebasse pleine d'eau et, encore vivant, le chien favori du défunt – afin que celui-ci puisse continuer de chasser dans le ciel – viennent compléter le mobilier funéraire.

A trente centimètres environ au-dessus du niveau du sol, on construit une plate-forme soutenue par des arbustes enfoncés selon leur longueur dans les côtés de la tombe, et recouverte de grandes feuilles. On jette par-dessus des pelletées de terre jusqu'à former un gros monticule, sur lequel on bâtit une hutte en réduction, dont le toit est fait de palmes, et sous lequel sera allumé un petit feu. Nombreuses sont les tribus sud-américaines actuelles qui enterrent leurs morts dans les demeures qu'ils occupaient de leur vivant, et qui sont alors abandonnées. Les Urubu aussi abandonnent leurs huttes : quand un de leurs chefs meurt, les habitants du village incendient leurs anciennes huttes et vont ailleurs.

Quand ils ont terminé la tombe, les officiants coupent des branchages, si possible sur des arbres épineux, et les empilent dans le sentier qui va de la capoeira au village, pour empêcher l'esprit de passer. Ils en font autant dans le village, où chaque sentier peut rester barricadé pendant plusieurs jours. Ensuite, ils descendent à la rivière pour construire au-dessus de l'eau une sorte de plate-forme; il semble qu'ils se servent d'arbres abattus directement sur les lieux; cette plate-forme peut atteindre dix mètres de haut. Après y avoir placé des grandes calebasses pleines d'eau, ils se lavent pour faire disparaître les traces de charbon de leur visage; l'eau sale tombe dans la rivière.

Ces rites ont plusieurs fonctions. D'abord le cadavre est installé dans sa tombe spacieuse; la hutte construite par-dessus sa tête semble indiquer que c'est là sa dernière demeure. Ensuite, les personnes en deuil se noircissent le visage avec du charbon pour se protéger de l'esprit, d'une part en se déguisant, d'autre part parce que le charbon a des propriétés magiques qui tiennent les esprits en échec. Mais l'esprit n'est pas réellement trompé par le déguisement puisqu'il essaie de suivre ces personnes jusque dans leur village, où seules les barrières de branchages, érigées sur les sentiers, l'empêchent de passer. Plutôt que d'errer dans la forêt, l'esprit préfère se rendre au seul endroit qu'il puisse appeler sien : la tombe. Là, comme disent les Indiens, il « attend auprès des ossements ». (Cet esprit-là, toutefois, ne représente pas l'âme dans sa totalité. Il en est la mauvaise âme, sorte d'émanation du cadavre qui figure la décomposition de la matière. La bonne âme, en revanche, serait ce que nous entendons par « âme »; c'est elle qui monte au ciel.) Après avoir conjuré l'esprit de leur mieux, les parents se lavent de la pollution de la mort afin de pouvoir commencer une vie nouvelle.

Une âme monte au ciel; l'autre s'installe dans la tombe. Les morts n'ont pas pour autant complètement cessé de vivre. Ils vont jusqu'à se disputer entre eux; un chef mort serait très offensé si on l'enterrait à côté d'une jeune fille, ou même d'un jeune homme. Un homme mort est un homme jaloux, il ne peut guère vivre autrement que dans le passé. S'il a été un vaillant guerrier, s'il a beaucoup parcouru la forêt et le monde, ses exploits restent associés à son souvenir et lui confèrent de la puissance; cette puissance s'éteint quand sa renommée tombe dans l'oubli. On enterre donc le mort tout seul, dans un coin très isolé, pour éviter que son esprit insulté et avide de vengeance ne vienne hanter ses parents. Les enfants, au contraire, peuvent être enterrés près du village, afin de se sentir entourés d'affection; pendant leur courte vie, ils n'ont rien fait qui puisse inciter les gens à les craindre.

Le dernier devoir envers une personne défunte est de venger sa mort en tuant un ennemi. Dans une certaine mesure, cet acte apaisera sa colère d'être mort; son dépit trouvera un objet qui le détournera des parents. Cette coutume tombe actuellement en désuétude, et il est difficile de savoir quelle a été son importance réelle chez les Urubu. Mais on sait comment elle était pratiquée chez les Tupinamba, dont les autres mœurs ressemblent tant à celles des Urubu. Chez les Tupinamba, la vengeance prenait la forme d'une exécution rituelle; le prisonnier était tué pour honorer le mort; en attendant l'accomplissement de cet acte, la veuve n'osait pas se remarier; le mort pouvait venir la hanter, ses propres enfants se brouiller avec elle, la mépriser et lui reprocher de les déshonorer. Je ne crois pas que les Urubu soient jamais allés aussi loin. Une mort dans la famille les rend tristes, au début, si tristes qu'ils cessent de manger pendant plusieurs jours; puis ils se mettent en colère, comme Caro, et essaient de combler le vide qui vient de se produire dans leurs vies en créant un vide dans la vie d'autrui. La mort engendre la mort, une vengeance en appelle une autre : n'est-ce pas conforme à l'ordre social, comme tout le reste?

CHAPITRE XI

SARACACA ET L'AMOUR

Les Indiennes ne se conduisent pas toujours très convenablement; mais il est rare qu'elles fassent autant d'ennuis à leur entourage que Siri, dont l'histoire est contée dans un chapitre précédent. A l'inverse de la mort, l'amour n'est pas un événement dont la place est bien marquée; on le pratique n'importe quand, ses conséquences sont, à la fois, plus diffuses et plus insidieuses.

On cancane ferme chez les Indiens; je ne crois pas qu'une aventure puisse arriver sans que toutes les femmes du village en soient informées le jour même; car, ici comme ailleurs, les hommes s'intéressent plus à l'avenir qu'au passé.

Une semaine après être arrivé dans le village de Pari, je connaissais donc la plupart des aventures amoureuses des jeunes gens, non pas de leur bouche mais de celles des femmes, notamment de Paijé, qui en savait des tas. Elle arrivait de bonne heure le matin pour nous apporter le shibé, et surtout pour vider ma cafetière, qui chauffait dans les braises du foyer; quand je la laissais faire, elle s'asseyait dans mon hamac et se mettait à bavarder. Certes, j'aurais préféré qu'elle ne s'assît pas dans mon hamac, car elle s'en enveloppait, ou s'allongeait sur le flanc, la tête et le bras droit pendant au-dehors, tandis que ses pieds sales souillaient l'intérieur. A pieds sales, hamac sale – on ne tarde pas à l'apprendre quand on vit dans un village indien.

Ainsi Paijé s'étendait dans mon hamac, ou bien elle s'y asseyait à califourchon pour jacasser sur le thème de l'amour; la plupart de ses histoires concernaient Kaitã et Shiã; parfois aussi Tero, mais toujours il s'agissait de l'amour tel qu'on le pratiquait, c'est-à-dire d'une seule façon. Un homme poursuit une femme : il saute dessus et la suruque. Un homme se cache et attend qu'une femme passe pour chercher de l'eau à la rivière : il saute dessus et la suruque. Un peu comme Kaitã, qui suivit une vieille idiote appelée Nari, d'âge à être sa grand-mère; elle descendit à la rivière, et Kaitã l'aida à remplir sa calebasse. Puis, profitant de ce qu'elle ne regardait pas, il vida la calebasse et la laissa dériver avec le courant. « Oh! Kaitã! Kaitã! où est ma calebasse? » Pour toute réponse, il lui sauta dessus. C'est comme Kaitã et Shiã : quelqu'un de leur village avait tué un chevreuil et le faisait cuire; les deux garçons rencontrèrent une femme sur le sentier; elle leur demanda : « Le chevreuil est-il cuit? – Cuit? Mais il est encore cru! » répliquèrent-ils, pour éviter qu'elle ne rentrât au village; puis ils lui sautèrent dessus et la suruquèrent. Comme Arishid, garçon de onze ans : il suivit une femme mariée qui descendait le sentier, sauta dessus et la suruqua.

J'écoutais ces histoires en silence, hochant gravement la tête de temps à autre. Pas comme Pari, qui éclata : « Les jeunes gens sont de vrais chiens, ils suruquent les femmes avant même d'être des hommes! Moi, je n'ai jamais suruqué une femme avant d'être grand comme ça (il indiquait dans l'air une taille qui devait correspondre à celle qu'il avait à vingt ans, je suppose). J'avais peur des femmes! Et maintenant, quand je visite d'autres villages, je ne cours pas après elles; je m'assieds dans un hamac et je cause. Les gens ont raconté que, quand j'étais avec toi l'an dernier, j'avais suruqué des quantités de femmes. Ce n'est pas vrai. Ils mentent! Je suis un chef, non? Mais les jeunes gens sont comme des chiens. Tero et Shiã, et Arishid et Kaitã, ils ont suruqué depuis qu'ils étaient petits. »

Paijé attendit qu'il eût fini de parler et elle continua à narrer d'autres rencontres anonymes entre jeunes gens et vieilles femmes. Elle racontait tout cela d'un ton de jubilation envieuse que je trouvais plutôt déplaisant. Je me demandais si quelqu'un avait sauté sur elle récemment; toutefois, cela me gênait de lui poser la question. Elle prenait de l'embonpoint et son visage trahissait une certaine avidité – mais, d'après ce qu'elle me racontait, cela n'aurait pas dû empêcher un jeune homme de lui sauter dessus. Je suppose qu'elle ne rencontrait pas souvent de jeunes gens; de plus, étant veuve, elle n'avait personne la nuit pour lui tenir la main. Cependant, quelques jours plus tard, elle se disputa bruyamment avec sa fille Terepik au sujet d'un homme. Il semble qu'un après-midi où Paijé était en train de faire de la farine, Tahi (le fils, âgé de trente ans, de la pauvre sœur de Toí) était rentré de la forêt, où il venait de couper quelques palmes pour les parois de sa hutte. Il lui avait demandé de la farine pour en faire du shibé; et puis, il lui avait demandé autre chose, qu'il avait obtenu dans une hutte vide, non loin de là.

Plus tard dans la soirée, Terepik s'était écriée sur un ton accusateur :

« Tahi t'a suruquée!

– Que non! avait protesté Paijé, en colère. Tu dis ça parce que tu as envie de te faire suruquer par Tahi et qu'il ne veut pas! Tu es jalouse! Toí n'est plus ton mari; c'est Tahi, ton mari. »

Terepik avait été si irritée qu'elle n'avait pas adressé la parole à sa mère pendant plusieurs jours.

C'est Mbeiju, l'autre fille de Paijé, qui me l'avait raconté. Mbeiju trouvait tout cela très drôle; elle riait tant en parlant que j'avais de la peine à la comprendre. Quant à Pari, il affirmait sur le ton le plus sérieux qu'après sa mort, au lieu d'aller au ciel, Tahi se transformerait sûrement en crapaud cururu pour avoir commis un acte aussi indécent. Les fornicateurs, comme les hommes adultères, dit-il, se changent tous en crapauds cururu après leur mort, phénomène qui ne me parut nullement invraisemblable compte tenu du nombre de cururu que nous entendions coasser chaque nuit autour du village.

« Tu connais l'histoire de Muru? » me demanda-t-il soudain. Muruambir, feu Muru, fut, je suppose, le plus célèbre homme adultère de toute la tribu et, pour une raison quelconque, tout le monde était absolument sûr qu'il était devenu un cururu : peut-être était-il trop dévergondé pour qu'on pût se l'imaginer autrement; la femme avec qui il couchait toujours était sa *shuyan* (belle-sœur), qu'il aurait dû respecter autant que sa propre mère. Une bien triste histoire.

Au dire de Pari, Muru avait le plus grand pénis qu'un homme ait jamais possédé. Ses dimensions étaient telles que seules deux femmes pouvaient l'admettre, et l'une d'elles était sa shuyan. Même elle souffrait de faire l'amour avec lui; à la fin, elle ne le supportait plus du tout. Un jour que son mari était à la chasse, Muru vint la tourmenter. « Non, non! » s'écria-t-elle, épouvantée, et elle courut se réfugier en haut d'un arbre de la forêt. Muru la suivit, sans pouvoir la retrouver, et il erra tout l'après-midi en appelant : « Oh! Shuyan! Oh! Shuyan! Où es-tu? Je veux coucher avec toi! » Elle ne répondit pas. Deux heures plus tard, le mari rentra à la maison avec un agouti qu'il avait tué. « Femme, fais-nous cuire cet agouti pour le dîner! » s'écria-t-il. Comme elle ne répondait pas, il se mit à hurler, puis il alla à sa recherche dans les bois et l'aperçut perchée sur un arbre. Il lui demanda ce qu'elle faisait là, et elle l'en instruisit; après quoi, il se contenta de dire : « Ah! Muru, va-t'en! » Mais quand Muru les vit tous deux en train de dîner, la tristesse l'envahit; il se coucha dans son hamac, sans manger ni parler, et resta ainsi, convaincu qu'il n'existait désormais aucune femme qui veuille avoir des bontés pour lui.

J'ai oublié de demander si les femmes adultères deviennent aussi des crapauds cururu. Il serait plutôt injuste que ce sort leur fût épargné; comment les jeunes gens pourraient-ils sauter sur les femmes si celles-ci n'étaient consentantes? Mais Paijé préférait ne pas aborder ce sujet. Il faut dire que certaines femmes ont des appétits aussi grands que le pénis de Muru; elles n'attendent pas qu'on leur fasse des avances. Saracaca était de cette espèce de femmes à qui des raclées, même fréquentes, ne réussissent pas à inculquer de la modération. Je la vis à l'œuvre quand elle se prit de passion pour Chico, mon interprète; Chico, qui de son côté languissait d'amour, me racontait les progrès de leur aventure. Quand il se mettait à en parler, il ne pouvait plus s'arrêter.

Saracaca vivait dans le village d'Antonio-hu; Chico la vit pour la première fois lorsque Antonio-hu vint nous rendre visite, ce fameux jour où Toí se fit voler toutes ses perles. A ce moment-là, Saracaca était plutôt réservée, car son mari l'accompagnait; elle savait se tenir à sa place : en visite, les femmes gardent le silence quand les hommes conversent avec leur hôte. Elle n'était cependant pas passée inaperçue, et je voyais bien que Chico lui lançait de temps en temps des regards timides mais approbateurs. Elle méritait cette admiration. Il lui restait un semblant de taille, des seins rebondis et fermes; et son visage rond était attirant, même si par instants l'expression en devenait lourde et rusée. Bien qu'elle se trouvât à quelque distance de lui, elle ne manqua pas de remarquer Chico; je ne fus donc pas surpris de la voir revenir, à la seconde visite que me fit Antonio-hu. Cette fois, elle avait mis sa plus belle jupe, ornée, tout autour de la taille, de plumes de toucan orange; sa figure était enduite d'urucu rouge; sur son corps, ses bras et ses jambes, elle avait peint d'élégantes rayures avec le suc bleu-noir du genipapo. Elle portait sur le dos un panier de feuillage rempli de fruits de bacuri décortiqués, qu'elle apporta dans ma hutte pour me les offrir. En passant, elle s'était frottée contre Chico; elle repassa en se frottant de nouveau contre lui, et alla s'asseoir sur une bûche avec d'autres filles, dehors, à l'abri du toit.

Nous eûmes, Antonio-hu et moi, une conversation agréable où il ne fut question de rien en particulier; peu après, je lui remis, ainsi qu'à ses compagnons, quelques cadeaux en gage des présents plus importants que je devais leur apporter par la suite. Dès qu'ils furent partis, Paijé arriva de sa hutte et s'assit dans mon hamac en se plaignant de ce que je donnais toujours des perles à des gens qui ne faisaient jamais rien pour moi. A elle, qui m'apportait du shibé quotidiennement et du tapioca une ou deux fois par semaine, je n'avais donné que quelques pauvres poignées de perles, tandis que les jolies filles comme Saracaca, qui ne m'avaient jamais apporté que des bacuris pourris, s'en allaient avec des seaux pleins de perles.

Evidemment, Paijé était jalouse. J'étais toujours très scrupuleux en distribuant mes perles; je glissais bien, de temps à autre, une poignée de perles à des personnes comme Paijé qui me rendaient des services, mais à Saracaca je n'avais donné ni plus ni moins qu'aux autres. Toutefois, il est vrai que Saracaca possédait plus de perles que ses compagnes, car elle les extorquait à ses nombreux admirateurs : « Viens coucher avec moi! » demandaient-ils; et, quand elle s'était exécutée, elle passait ses doigts sur les minces rangs de perles qui entouraient leurs poignets en disant : « Donne-moi tes perles! » Comment refuser? Paijé, elle, n'avait jamais eu cette chance. Elle profita de l'occasion pour me raconter des épisodes scandaleux de la vie de Saracaca.

C'était l'époque où Saracaca vivait avec trois hommes. Son mari – un gars mince et sérieux du nom d'Alishandre, qui me plaisait assez – et ses amants : Antonio-hu, et Mashi, un gros jeune homme sournois. Mashi était le favori; Saracaca tenait à préparer tous ses repas, bien que ce devoir incombât plutôt à la jeune fille que Mashi était sur le point d'épouser. Celle-ci était la fille d'Antonio-hu, ce qui compliquait la situation; par ailleurs, Antonio-hu était lui-même fiancé à la nièce d'Alishandre, et, pour comble, Mashi était le demi-frère de Saracaca.

En règle générale, Saracaca menait sa vie intime avec discrétion, et son ménage était harmonieux, mais, de temps à autre, Alishandre découvrait ses inconduites et la battait très fort. Les yeux brillants, Paijé me décrivit une de ces scènes. Un après-midi, Saracaca filait le coton dans sa hutte. Mashi survint, s'assit et lui jeta un regard interrogateur. La mère de Mashi, qui se trouvait là, lui dit : « Oh! Mashi, fais-moi quelques pompons de plumes, pour mon nouveau peigne. » Mais Mashi regarda Saracaca et annonça qu'il allait au bain. Deux minutes plus tard, Saracaca posa son fuseau et se dirigea en flânant du côté de la rivière, comme si elle aussi voulait se baigner; peu après, Alishandre revint de la chasse. Plein de soupçons, il partit à sa recherche. « Mashi! Mashi! appelait la mère de Mashi, effrayée. Alishandre arrive! » Mais Mashi, allongé sur Saracaca, qui était elle-même par terre, riait – " hi hi hii " – et n'entendait rien. Quand Alishandre perçut leurs rires, il se mit en colère et courut sur eux; il tapa sur les fesses de Mashi avec le plat de sa machette; comme Mashi s'enfuyait, l'attention d'Alishandre se tourna vers Saracaca, échevelée, qui restait pâmée sur le sol, et il la battit jusqu'à ce qu'elle pleure. « Viens, maintenant », dit-il. En rentrant chez eux, il montra l'agouti qu'il venait de tuer et lui dit de le dépouiller. « Je ne veux pas! dit-elle. Je ne veux pas! Tu viens de me battre! Je ne ferai plus jamais rien pour toi! » Alors, il la battit de plus belle.

« Alishandre doit être désolé d'avoir une pareille femme », dis-je. Mais Paijé trouvait qu'il n'avait que ce qu'il méritait, car il ne valait pas mieux qu'elle. Il devait son second surnom, *Yamar* (Chien) à sa capacité de faire l'amour avec n'importe quelle femme, n'importe où, n'importe quand et autant de fois qu'elle le voulait.

Chico, qui s'intéressait vraiment à Saracaca, pensa que le moment était venu de tenter sa chance auprès d'elle. Il me demanda quand nous retournerions chez Antonio-hu, et devint très gai en apprenant que ce serait bientôt; puis il me pria de lui donner quelques perles, bien qu'il en eût refusé l'offre peu de temps auparavant. Hélas! le lendemain matin, Anakãpuku arrivait de Canindé, porteur de mauvaises nouvelles. L'ancienne petite amie de Chico était morte : le père de celle-ci, un Indien Tembé qui vivait dans le village de Chico, l'avait tuée en lui tapant sur la tête à coups de bâton. Anakãpuku se tordait de rire en racontant la nouvelle, et il raillait brutalement Chico.

« Morte! s'écria Anakãpuku sur un ton jovial, et dire qu'elle allait devenir ta femme!

– Comment crois-tu que ça s'est passé? demandai-je.

– Son père était jaloux, dit Chico. On dit qu'il était jaloux d'elle.

– Comment ça, jaloux? Jaloux de sa fille?

– Jaloux », répétait-il. Il se peut que son père l'ait vue partir dans les fourrés avec Emiliano, qui était toujours après elle, et qu'il l'ait battue à son retour. Il n'aurait pas osé le faire en présence d'Emiliano, qui était très fort.

– Morte, soupirait Chico, et moi qui ai gaspillé tant d'argent pour elle... » Il s'allongea sur le ventre dans son hamac, contemplant la poussière au-dessous de lui; il était dans cette position depuis une heure quand je le fis rire en tuant involontairement mon toucan apprivoisé. On me l'avait donné tout petit, et je m'y étais attaché : oiseau absurde au bec énorme, encore à demi déplumé; pour s'endormir, il redressait sa queue, qui formait alors un angle aigu avec son dos. Vers le soir, je l'avais nourri de riz, de bacuri et de quelques bouchées de viande, qu'il avait prestement avalées; au moment de le poser sur son perchoir, entre les chevrons du toit, j'avais dû le heurter; puis, en essayant de le rattraper, je l'avais maladroitement précipité au sol. Son jabot était si plein de nourriture qu'un vaisseau se rompit; il râla lamentablement pendant une minute, puis expira.

C'était mon tour d'être mélancolique. « Tu as tué ton enfant! » me dit Anakãpuku d'un ton amusé. Je lançai la bête morte à Tero, qui la pluma immédiatement et la posa sur le feu pour la faire griller. Quand elle fut cuite, Tera me cria : « Viens manger ton enfant! » J'arrivai avec Chico, Anakãpuku et Pari, que j'avais invités à me joindre. La chair était tendre, mais il n'y en avait pas assez pour tout le monde.

Chico se dérida un peu, et Mbeiju acheva de le distraire en lui racontant d'autres histoires de Saracaca; celle où Saracaca avait dit à Kaitã, jeune garçon : « Viens pisser »; ils étaient allés ensemble à la plantation de manioc; là, elle avait pris la main du garçon, se l'était glissée entre les cuisses et avait pissé dessus. Courroucé, Kaitã s'était écrié : « Qu'est-ce que tu fais là? » Avec un bâton, il l'avait tellement battue qu'elle avait fui. Mbeiju dit alors : « Elle est folle, Saracaca. »

C'était bien l'avis de Pari. Une fois, Saracaca avait voulu se faire suruquer par lui, mais, pris de peur, il avait refusé; elle lui avait alors saisi le pénis (ici Pari se livra sur Mbeiju à une démonstration plutôt ratée), mais il ne s'était pas laissé faire. Elle recommença la manœuvre avec Kaitã, et courut en le tirant par le pénis jusqu'à la rivière. « Ça fait mal! Ça fait mal! » hurlait Kaitã; quand elle lâcha enfin prise, il ne la suruqua pas, non, il la prit à bras-le-corps et la jeta à l'eau.

Le lendemain matin, Chico et moi partîmes rendre visite à Antonio-hu. En atteignant les abords de la clairière, Chico troqua ses vêtements de voyage contre son plus beau short bleu et une chemise propre, puis se débarbouilla et se donna un coup de peigne. Il fut déçu de ne pas apercevoir Saracaca dans les parages, et supposa qu'elle était partie avec les hommes dans la forêt en quête de tortues et de fruits. En fait, elle était dans la plantation, d'où elle revint bientôt; quand elle vit Chico, elle se retira dans sa hutte, pour mettre sa plus belle jupe et se peindre le visage. Elle l'invita alors à admirer le hamac qu'elle venait de tisser pour Alishandre; ils ne tardèrent pas à s'y asseoir en se tenant les mains.

« Ah! me raconta Chico peu après. J'étais là, dans le hamac, en train de la pincer...

– Je t'ai vu, dis-je.

– Comment! Je croyais que tu ne regardais pas! Je croyais que nous étions seuls au monde! Antonio-hu est alors revenu de la chasse, et comme Saracaca allait dans la hutte à farine, je l'ai suivie et je lui ai dit : "Ne ker akotar-in?" (Veux-tu coucher avec moi?) Elle m'a dit oui. Mais quelle déveine! Quel être minable je suis! Le courage m'a manqué. "Viens chercher du bois pour faire le feu", me dit-elle, mais je n'osai pas. Malédicion! » conclut Chico; en se retournant sur le côté; il fit balancer le hamac dans lequel il était allongé. « Malédiction! »

Mais Saracaca n'était pas femme à s'arrêter en si

bon chemin. Après le dîner, Chico et moi étions allés parler à Antonio-hu dans une hutte, à l'autre bout du village; cette hutte avait été divisée d'un côté pour former une petite pièce. Nous nous assîmes de l'autre côté sur un banc grossier, appuyés à la paroi; je me rendis bientôt compte que la présence de Saracaca dans la pièce voisine avait un fâcheux effet sur Chico. Elle détournait son attention et l'empêchait de faire son travail d'interprète. De ses doigts, qu'elle passait dans les fentes de la paroi, elle le chatouillait et le fourrageait tant qu'il eut le côté tout endolori. Puis, elle s'arrangea pour saisir son gros orteil et le tira si fort qu'elle faillit l'arracher; quand elle fut lasse de ce manège, elle glissa sa main dans la jambe du pantalon de Chico et lui caressa la cuisse.

Plusieurs fois, je dus le rappeler à l'ordre : « Chico, fais donc attention, je n'arrive pas à comprendre Antonio-hu, il parle trop vite. » Mais Chico n'était pas en état de me servir d'interprète : Saracaca lui chuchotait sans arrêt : « Pourquoi tu ne couches pas avec moi? Viens vivre avec nous, ne retourne pas chez Pari! Mbeiju n'est pas bonne à suruquer (elle était jalouse de Mbeiju, qui voyait Chico très souvent), Mbeiju est maigre, son carapua est trop étroit; tandis que moi, il est grand mon carapua, il est même très grand, tiens, essaie! »

Le soir, Chico se coucha tout éberlué. « Hé! senhor Francisco, me confia-t-il, cette Saracaca, elle est presque aussi terrible qu'une fille tembé!

– Comment sont-elles, les filles tembé? demandai-je.

– Elles te courent après toute la journée; te cajolent, te poursuivent dans les bois; avec leurs doigts elles te labourent les côtes en te disant des *mots*, et si tu ne te précipites pas chez leur père pour les demander en mariage, elles te traitent de mauviette. Mais si tu les appelles putains, elles te frappent, et pas de main morte! »

De retour au village de Pari, Chico soupirait en pensant à Saracaca, à ses paroles, et surtout à son regard. Il songeait même à l'enlever à son mari pour l'installer dans son propre village. Mais les Indiens ne l'encourageaient pas. « Ne l'épouse pas, lui dirent-ils un jour qu'il était particulièrement nostalgique. Ne l'épouse pas! Ne la prends pas, elle ne fiche rien : elle n'aime pas faire cuire les tortues, ni préparer la farine; elle te donnera sa merde à manger. Ne la prends pas! » En vérité, ils calomniaient Saracaca, qui n'était certes pas paresseuse; aussi Chico ne tint-il nul compte de ces dires.

« Ces caboclos! s'exclama-t-il, employant le terme péjoratif dont se servent les Brésiliens quand ils parlent des Indiens, qui ne savent même pas comment traiter une femme! Si elle ne veut pas travailler, eh bien! je prendrai une liane et je la fouetterai jusqu'à ce qu'elle s'y mette!

– Et si elle te rend les coups? »

En guise de réponse, Chico grogna ironiquement.

« Fais bien attention, continuai-je. Elle s'est fichue de son mari assez souvent, elle fera de même avec toi.

– Peut-être que son mari ne la traite pas bien », dit Chico.

Un Indien nous interrompit, se pencha en avant et dit : « Tero, là-bas, tu le vois? Il a suruqué Saracaca et lui a fait un enfant dans son ventre; mais ce qui en est sorti n'avait pas de visage, une espèce de démon sans yeux, ni bouche ni sexe – rien! L'as-tu suruquée? Si oui, la femme que tu épouseras, elle te fera des enfants sans visage. Alors, méfie-toi!

– Combien a-t-elle eu d'enfants? demandai-je.

– Deux, dont un était de Tero...

– Mais non, dit Tero, il était de mon frère.

– Mais si, il était de Tero...

– Il était de mon frère, dit Tero d'une voix mal assurée.

– Si fait, c'était Tero le père. Et Saracaca mit au monde un démon, un singe hurleur. Elle avait eu un autre bébé, auparavant, qui était aussi pareil à un singe hurleur. Alishandre était son père.

– Oh! dit Chico, deux maris, et chaque fois un bébé singe hurleur! »

De l'autre côté de la hutte, Pari me parlait, mais, comme je n'arrivais pas à l'entendre, il s'approcha et saisit ma tête entre ses mains pour me dire : « Un homme ne doit pas regarder une femme qui donne naissance à de vilains enfants. Il peut se permettre de la regarder un brin, mais, quand elle le regarde, il faut qu'il se détourne en cachant sa figure. Car, s'il la regarde dans les yeux, tous ses enfants à lui seront également vilains. »

Si, par ces avertissements, on avait voulu effrayer Chico, le but était manqué : Chico avait déjà tellement regardé Saracaca – et si intensément – qu'un regard de plus n'y changerait rien. Et si on avait seulement voulu le mettre en garde contre l'adultère, la méthode me semblait aussi peu morale qu'inappropriée. Mais les Indiens ont des critères différents des nôtres et ne se soucient de morale que lorsqu'ils sont eux-mêmes les victimes, ou bien lorsqu'elle intervient dans la transformation spirituelle qui fait d'eux des hommes durs, comme nous le verrons dans les chapitres suivants.

CHAPITRE XII

RITES DE PUBERTÉ

Quand il n'y a ni fêtes ni cérémonies pour donner de l'animation au village, quand les visiteurs se font rares, que la vie est donc monotone! Pour se divertir, il ne reste plus que l'amour. Les jeunes hommes qui s'ennuient vont aux villages voisins tenter leur chance auprès des filles. Mais pourquoi ces gens, qui ont tant d'aventures amoureuses, éprouvent-ils un tel besoin d'en parler? Paijé ne tarissait pas sur ce sujet, Antonio-hu non plus. J'étais allé passer quelques semaines dans son village; un matin, il me réveilla brusquement en s'asseyant sur moi dans mon hamac. Il approcha son visage du mien, fit un geste obscène, et me demanda si j'étais en train de penser aux femmes. Je poussai un grognement; j'aimais bien Antonio-hu, mais son haleine puait. « Lève-toi, me dit-il. Lève-toi et prends un bain! Quand nous étions jeunes, nos grands-pères nous disaient : " Ne restez pas dans vos hamacs à penser aux carapua, allez vous baigner! " »

Je partis donc me baigner; au retour, on me servit un grand bol de tapioca au sucre. Pendant que je le mangeais, Antonio-hu fit des allusions grossières à la puissance que me donnerait le tapioca – on eût dit une mère dévouée exhortant son fils à manger des épinards. Les grumeaux gélatineux, dit-il, deviendraient les yeux de mes futurs bébés; j'en crachai quelques-uns parce que le tapioca n'était pas assez cuit, et Antonio-hu rit en disant que mes enfants n'auraient pas d'yeux, et que ce serait bien fait pour moi.

Quand j'eus avalé le tapioca, il m'encouragea à manger une grosse portion de foie de chevreuil froid, mais je refusai.

« Cesse de penser aux carapua! reprit-il.

– Mais je n'y pense pas! protestai-je avec humeur.

– Je sais bien comment c'est, va! Tu n'as pas de femme, et quand un homme est sans femme, il devient triste, il ne fait rien – même s'il a faim. Il traîne, sans travailler. Tandis que s'il a une femme il couche avec elle; il se sent bien, il se lève et fait des choses.

– J'ai le cou raide », dis-je, car la nuit avait été froide et brumeuse. Puis, renversant mon café : « Je suis kaú, je suis fou! »

Antonio-hu connaissait aussi cet état-là : il lui était arrivé de partir à la chasse tellement kaú qu'il errait, regardant à peine autour de lui, et suivait les sentiers battus au lieu de s'enfoncer en pleine forêt à la recherche du gibier; ou bien, assis dans sa hutte, vêtu d'un vieux pantalon, il s'apercevait que sa braguette était restée déboutonnée : « Ça n'est pas bien, disait-il. Ça n'est pas bien, surtout si les femmes me voient. »

Car, en dépit de leurs beaux discours, les hommes sont étrangement pudiques vis-à-vis des femmes; ils ont honte de se montrer complètement nus devant elles. On aurait pu croire qu'un Indien en costume traditionnel, c'est-à-dire vêtu d'une cordelette retenant l'extrémité de son prépuce, ne se préoccuperait guère d'avoir l'air nu; pourtant, si une femme devait l'apercevoir sans cordelette, il mourrait de honte, ou presque. En fait, la feuille de vigne, pour un homme, c'est son prépuce qui, une fois étiré en hauteur, cache complètement le gland : somme toute, la nudité ne lui paraît obscène qu'à partir du moment où son gland est à découvert (1).

Quand ils portent le pantalon, les hommes n'attachent pas leur prépuce – comme ils le disent eux-mêmes, cela n'aurait pas de sens, puisqu'un pantalon cache beaucoup plus qu'un bout de ficelle; c'est la raison pour laquelle Antonio-hu était si gêné que sa braguette fût restée ouverte. Même en l'absence des femmes, il avait honte d'être nu; quand il se baignait avec moi, il me tournait le dos pour enlever son pantalon et dissimulait son pénis avec sa main en entrant dans l'eau. Il fut tout déconcerté de voir qu'impudemment je me promenais nu.

Plusieurs fois on m'attacha une cordelette au prépuce, car les Indiens désiraient que je sois un vrai homme comme eux; quant aux Indiennes, elles étaient évidemment curieuses de savoir si, au-dedans de son pantalon, un Blanc était fait comme tout le monde. Il est indéniable que ce bout de cordelette donne un sentiment de sécurité; après un moment, on cesse de se sentir nu, du moins jusqu'à ce que les moustiques et les moucherons commencent à piquer; en outre, on se sent légèrement reclus, au sens physique du terme, et comme partiellement coupé du monde. Je pouvais donc comprendre qu'un bout de ficelle jouât le même rôle essentiel qu'un pantalon. Mais je ne m'expliquais pas pourquoi ces hommes avaient tellement honte d'être nus quand ils étaient entre eux.

Je comprenais bien pourquoi Paijé et Antonio-hu parlaient tant de l'amour : l'une était veuve, l'autre veuf, et aucun ne s'était remarié; ils se sentaient seuls. Mais les autres Indiens se montraient presque aussi obsédés; ils se plaignaient de ne pas pouvoir

(1) Les hommes sont si susceptibles, à cet égard, qu'ils s'accroupissent généralement pour uriner. Pas comme les femmes, qui tournent le dos et restent bravement debout en relevant leurs jupes.

coucher avec leur femme tous les jours; et les femmes se plaignaient aussi. Une nuit, j'entendis une femme, dans la hutte à côté, qui parlait en dormant : « Mari, gémissait-elle d'une voix chantante, je veux ton pénis. Je veux ton pénis. » Mais le mari ne voulait rien savoir, car elle était malade, et faire l'amour quand on est malade peut entraîner des conséquences fatales.

Il faut connaître ce genre de tabous pour comprendre l'importance fondamentale de la vie sexuelle. Les Indiens pensent à l'amour (et aux fonctions physiologiques qui s'y rapportent) non seulement comme à un divertissement agréable mais encore comme à une force de nature spirituelle et contagieuse qui, si on en fait mauvais usage, peut avoir les mêmes effets qu'un poison. Quand il nous arrivait de souffrir de diarrhée, comme c'était fréquemment le cas, Pari en déduisait immédiatement qu'un couple avait dû coucher sous les arbres bacuri et que leurs fruits, que nous venions de manger, avaient été corrompus; il affirmait que par eux-mêmes les fruits étaient inoffensifs.

D'ailleurs, pour les Indiens, les fruits sont le résultat d'une activité sexuelle – « mais elles n'ont pas suruqué, elles sont encore toutes petites », me répondait tristement Antonio-hu quand je lui demandais de me procurer des bananes; les fruits résultent d'une transformation, qui procède en réalité d'un acte continu, et non d'un acte unique. L'activité sexuelle est ce qui fait pousser les choses : elle est magie. La vraie magie n'est pas l'acte sexuel lui-même, mais le désir de transformer qui se cache par-derrière : ce qui, pendant l'acte, le déborde jusqu'à contaminer le monde environnant. Faire l'amour avec une femme sous un arbre fruitier équivaut à charger excessivement cet arbre d'une magie de croissance qui nuira aux fruits en train de mûrir tout comme une hormone destinée à débarrasser des mauvaises herbes peut tuer une plante cultivée qui pousse à côté. C'est sur un raisonnement de ce genre que se fondait Tero quand il se plaignit un jour d'avoir mangé de la viande de chevreuil impropre à la consommation; il avait remarqué que l'homme et la femme chargés de la faire cuire avaient couché ensemble pendant qu'elle était sur le feu. Ils avaient agi sottement, puisque leur coucherie avait corrompu la viande en train de cuire (car la cuisson est une transformation, au même titre que la maturation des fruits); de plus, la cuisson et la consommation de la viande de chevreuil sont soumises à des tabous particulièrement stricts; ne pas les observer peut aisément entraîner un désastre dans le village.

Comme je l'expliquerai plus en détail dans un autre chapitre, des tabous sont toujours imposés lors d'une transformation. Quand il s'agit d'êtres humains, nous parlons alors généralement de rites de passage, c'est-à-dire de rites qui font passer une personne d'un état à un autre : par exemple, le rite qui consiste à donner un nom au nouveau-né, et qui fait de lui un membre de la tribu; les rites qui font d'un adolescent un homme, ou d'une fille une femme, ou d'un mort un habitant de l'autre monde. Tous ces rites sont entourés de tabous, de même que les transformations moins importantes telles que la cuisson des aliments et de la poterie, ou la préparation de la bière de cahouin; quant aux activités proscrites par les tabous, elles font toujours partie d'autres cycles de transformation très différents. Un adolescent observant le rite qui l'amène à l'âge d'homme ne doit pas faire l'amour; pendant qu'il fait cuire une poterie, un homme ne doit ni manger ni déféquer; une personne qui mange de la viande de chevreuil n'a pas le droit de chanter. Chacune de ces opérations offre un caractère magique; et il ne faut pas mélanger les magies.

Pour les Indiens, le plus dangereux de tous les phénomènes de ce type est sans doute la menstruation : la manifestation régulière et spontanée, sous forme de sang, de la puissance créatrice. Le sang est le principe vital par excellence; les Indiens le proclament chaque fois qu'ils peignent leur visage en rouge avec l'urucu, à l'image du sang. Mais c'est ce caractère aussi qui le rend dangereux. Un Indien ne mangera jamais de la viande à moitié cuite de crainte que le sang qu'elle contient encore ne l'empoisonne; s'il marche sur du sang perdu par un tiers, il devient jaune (marque incontestable d'une maladie spirituelle), et il meurt. Mais le sang menstruel, substance qui fait l'enfant, est encore plus dangereux. Pari en savait quelque chose : il avait couché avec sa première femme, ignorant qu'elle était indisposée, ce qui l'avait rendu *panem*, autrement dit malheureux à la chasse; effectivement, il était rare qu'il tuât une bête plus grosse qu'un agouti ou qu'un paca, à moins qu'il ne s'agît d'une bête déjà blessée par quelqu'un d'autre. J'avais été moi-même contaminé par le sang menstruel, du moins Pari le prétendait-il. Me voyant un jour atteint d'une diarrhée terrible, Pari avait d'abord soupçonné la viande de tapir que nous venions de manger car cette viande lourde a la réputation de provoquer souvent des maux d'estomac. Pour plaisanter, Chico dit que c'était une punition parce qu'on l'avait empêché d'aller voir Saracaca au village d'Antonio-hu. Peu après, Pari aperçut un grand régime de bananes que m'avait apporté, la veille, Matakiki, femme d'une rare énergie, qui aurait été parfaitement capable de diriger une institution féminine pour peu qu'une telle chose eût existé dans la forêt. De plus, elle était très honnête et n'exigeait pas de cadeaux quand elle n'avait rien à offrir en échange. En apportant les bananes de son village, situé à deux heures de marche du nôtre, elle m'invitait tacitement à lui donner quelques perles, des aiguilles, du fil, peut-être même un couteau. Or, lourdement chargée qu'elle était de ce régime, elle avait buté sur une racine, et ses règles s'étaient déclenchées. Il est interdit aux femmes indisposées de travailler ou de préparer de la nourriture pour les autres, de peur qu'elles ne contaminent tout ce qu'elles touchent; pour manger, elles vont même jusqu'à se servir des plus vieilles calebasses afin de ne pas souiller les bonnes. De sorte que Matakiki aurait dû soit manger les bananes elle-même, soit les jeter; elle avait certainement eu tort de me les donner. Mais, plutôt que de les perdre, elle avait pris ce risque et, en repartant, elle avait pu emmener des cadeaux appréciables. Quant à moi, j'avais mangé au moins deux bananes; de l'avis de Pari, il n'y avait pas de doute : ces fruits souillés par Matakiki étaient à l'origine de ma diarrhée.

Par conséquent, au moment de leurs règles, les femmes s'isolent partiellement du reste de la société; elles restent assises dans leurs hamacs et mangent une nourriture spéciale. La première menstruation joue un plus grand rôle que les autres; c'est à cette occasion qu'une jeune fille manifeste sa puissance créatrice et se transforme en femme capable d'enfanter. Les Indiens parlaient avec émerveillement d'une fille d'un village voisin qui conçut avant d'avoir jamais eu de règles; ils ne savaient comment expliquer ce phénomène et considéraient qu'il n'était pas naturel. La fille avait eu tort, disaient-ils, de faire l'amour à cet âge car son vagin aurait pu se ratatiner, devenir sec et impropre à l'acte sexuel : ou bien, elle aurait pu tomber malade et maigrir. C'est ce qui était arrivé à Mbeiju : elle avait couché avec plusieurs gars, alors qu'elle n'était encore qu'une petite fille; elle avait maigri et, à présent, elle se plaignait de terribles maux de tête. Mais ces migraines, sans qu'elle s'en rende compte, étaient consécutives à une absence de règles depuis cinq à six mois : depuis le jour, disait-elle, où elle avait mangé du cochon tué par son oncle. Le cochon, plutôt que l'oncle, était la cause de ses ennuis; ce jour-là, ses règles avaient peut-être commencé à venir et, dans ce cas, la viande de porc n'est pas une nourriture indiquée. Son état sidérait les Indiens et certains l'attribuaient à ce qu'elle avait fait l'amour trop jeune.

Mbeiju connaissait plusieurs manières de soulager ses maux de tête; il est intéressant de noter que deux de ces méthodes ont un rapport direct avec la vie sexuelle et les rites de passage en général. La première était de se forcer à vomir en avalant un litre d'eau chaude, ou davantage. L'autre consistait à se faire traiter par un chaman amateur, qui l'enfumait de tabac; il chassait les douleurs en les aspirant sur son corps et en faisant des gestes énergiques tout en tirant de grosses bouffées; d'autres méthodes s'inspiraient du principe qu'une douleur en chasse une autre. Mbeiju se frottait le front et derrière les oreilles avec des espèces d'orties. Quelquefois sa mère, Paijé, l'obligeait à se frictionner tout le corps avec ces plantes; quand ce système ne marchait pas, la malade demandait à Pari de l'égratigner avec le maxillaire inférieur d'un petit poisson à dents pointues jusqu'à ce que le sang coule; ensuite, il frottait les plaies avec du piment.

Les Indiens se font une haute idée de la douleur; ils se servent d'elle dans les rites afin d'accroître leur force spirituelle; car le véritable Indien est supposé avoir une grande endurance physique et morale. Le guerrier qui a tué un ennemi au cours d'une bataille demande à un compagnon de lui scarifier le corps, comme Pari le fit pour Mbeiju, mais sans introduire ensuite du piment dans les plaies. L'homme qui exécute rituellement un prisonnier pour un festin cannibale subit le même traitement et doit aussi supporter les piqûres de fourmis et de guêpes. Il n'est pas douteux que ces pratiques, comme ils l'affirment, donnent de la force aux Indiens; mais, bien qu'il faille tenir compte de ces justifications, on ne saurait leur accorder beaucoup de crédit. Le monde des Indiens est un monde parfaitement accessible à la raison; les liaisons mythiques entre les causes et les effets sont tout à fait claires; l'ennui est que les Indiens eux-mêmes sont rarement conscients de ces liaisons; au lieu d'expliquer les choses en termes de motivations, les Indiens ne tiennent compte que des buts avoués. Par exemple, quand l'Indien égratigne sa peau avec une dent, l'intention déclarée est de s'endurcir; mais le mobile qui l'a poussé à développer cette pratique plutôt qu'une autre est d'un ordre différent : ne s'agit-il pas d'une autopunition? Il va sans dire que les Indiens ressentent une certaine culpabilité quand ils tuent des gens, et aussi, bien sûr, quand ils les mangent; non pas la culpabilité qui donne mauvaise conscience parce qu'on a mal agi mais celle d'avoir troublé le monde surnaturel et mis en branle un mécanisme qu'on n'est pas sûr de pouvoir contrôler. Tuer ou manger un autre être humain, c'est commettre un acte d'ιβριζ, pourrait-on dire, qui exige un acte de justice rétributive; moins une vengeance qu'une remise en ordre des forces spirituelles. Dans ces circonstances, les Indiens font appel aux rites pour collaborer avec ces forces et opérer les rétablissements indispensables; les souffrances qu'ils s'imposent, loin d'anticiper sur le châtiment surnaturel, sont, en réalité, une façon religieuse de l'accomplir.

Quand une fille a ses règles pour la première fois, on lui inflige certains tourments. Ici encore, les Indiens expliquent cet usage en disant qu'il donne de la force à la fille. Mais à elle seule cette explication ne suffit pas : elle doit dissimuler aussi un sentiment de culpabilité. Le fait est que les Indiens envient aux femmes leur pouvoir d'enfanter : comme l'indique la mythologie, il leur plaît de croire que la procréation est une affaire strictement masculine, à laquelle les femmes ne prennent pas part. S'il est vrai que les enfants naissent des femmes, ce ne sont pas elles qui les font; en dépit de leurs croyances relatives quant au rôle du flux menstruel, les Indiens pensent que les hommes font les enfants, les femmes se bornant à les nourrir comme la terre nourrit les plantes. En fait, le mot pour sperme est le même que pour enfant; en éjaculant, un homme dira : « Mon enfant sort. » Quand une fille a ses premières règles, elle réitère l'ancienne offense des femmes à l'égard des hommes puisqu'elle contredit leur prétention en démontrant – nonobstant la mythologie – que c'est elle qui fait les enfants, et non eux. La voici coupable. Les douleurs subies pendant qu'on l'initie à sa condition féminine lui permettent de se racheter. Ainsi se trouve résolue la contradiction qui oppose le monde masculin de la mythologie au monde féminin de la réalité naturelle.

Le hiatus entre ces deux mondes est très réel : la mythologie parle de héros, jamais d'héroïnes; elle mentionne rarement les femmes, et toujours pour les dénigrer. Au commencement du monde, par exemple, les femmes ne concevaient ni ne mettaient les enfants au monde, Maír se chargeait de les faire tout seul. Il éjaculait dans un pot de terre, qu'il recouvrait, et attendait qu'un grattement se fît entendre à l'intérieur; il savait alors que l'enfant était complètement formé, prêt à sortir du pot. Mais cette méthode pour faire les enfants était magique, et elle ne fonctionnait qu'à la condition que personne ne regardât dans le pot pendant la gestation; Maír avertit donc tout le monde qu'il ne fallait pas intervenir. Un jour, cependant, une femme passa près de la hutte de Maír, où se trouvait un grand pot; un grattement à l'intérieur du pot éveilla sa curiosité, et elle souleva le couvercle pour regarder ce qui se passait à l'intérieur. L'enfant mourut immédiatement; au bout de quelques jours, le cadavre commençait à sentir. Quand il eut découvert le méfait, Maír se mit en colère, ramassa l'enfant et le lança dans le ventre de la femme. « Ça t'apprendra à être indiscrète, dit-il; maintenant, tu seras obligée de mettre au monde des enfants, et chaque fois, tu souffriras. » Il avait raison : quand, au bout de neuf mois, l'enfant naquit, elle hurla de douleur, comme font encore actuellement toutes les femmes.

Ces histoires donnent aux hommes un moyen commode de prendre une revanche sur les femmes. Cependant, pour connaître le véritable état des choses, il faut recourir à un autre mythe; ici, pour une fois, les hommes se montrent sous un jour défavorable; tout en admettant que les enfants sortent des femmes, et non des hommes, le mythe essaie de dissimuler autant que possible cette vérité. C'est l'histoire du *rankuaî-ang*, du pénis-fantôme de Maír, qui existait au commencement du monde, juste après que Maír eut créé des hommes et des femmes en les tirant du *wirapitang*, l'arbre à bois rouge. Dans ce temps-là, les femmes faisaient tout le travail : elles coupaient le bois, chassaient, défrichaient la forêt, plantaient le manioc et construisaient des huttes, tandis que les hommes dormaient, étendus dans leurs hamacs. Les hommes étaient alors pareils à des enfants, aucun n'avait de pénis, pas même Maír. Aussi les femmes n'étaient-elles pas contentes. Alors Maír leur fabriqua un rankuaî-ang qui vivait sous le sol. C'était une chose énorme, semblable à un grand ver bleu, et qui mesurait presque un kilomètre de long; quand une femme le voulait, elle appelait doucement : « O rankuaî-ang! O mon homme, mon époux! » en frappant discrètement du pied sur le sol. Le rankuaî-ang l'entendait, se frayait un passage sous la terre et sortait sa tête juste devant la femme de manière qu'elle pût s'accroupir dessus et prendre son plaisir. Quand elle avait fini, le rankuaî-ang disparaissait; la femme saisissait alors un grand pot, pissait dedans jusqu'à ce qu'il soit plein, et le mettait de côté; au bout de cinq jours, elle trouvait un bébé dans le pot.

Un jour, cependant, un des hommes en eut assez de dormir; il se leva et suivit une femme qui allait faire sécher de la farine de manioc. Elle alluma le feu sous la grande platine et attendit que celle-ci fût chaude; soudain, elle éprouva un désir de rankuaî-ang. Elle appela doucement, frappa du pied et s'accroupit sur la tête du rankuaî-ang quand celle-ci se dressa. Le jeune homme avait tout vu; sitôt la femme partie, il eut l'idée d'appeler le rankuaî-ang. Il frappa le sol, et le rankuaî-ang leva effectivement la tête; alors le jeune homme, ne sachant quoi faire d'autre, prit une machette et le décapita.

« Oh! l'ignoble individu! » s'écria Chico en entendant l'histoire. Deux jours plus tard, la femme retourna à la hutte à farine pour y faire sécher du manioc; elle frappa doucement le sol, mais rien ne se produisit. Elle frappa de nouveau – et toujours rien. Le rankuaî-ang était mort. Hors d'elle, la femme alla trouver Maír et lui cria : « Qu'est-il advenu de notre époux? Où est notre homme? » Maír l'ignorait. Les femmes, en colère, comblèrent le fleuve avec des roches jusqu'à ce qu'il n'y eût plus d'eau; puis elles allèrent se construire un nouveau village assez loin de là.

Maír se faisait du souci.

« Qui a tué l'homme des femmes? » demanda-t-il.

– C'est moi, répondit le jeune homme.

– Bien, va le chercher. »

Le jeune homme se rendit alors à la hutte à farine, tira le rankuaî-ang de son trou, récupéra sa tête – c'était une sorte de tête de serpent avec des yeux, une bouche et une langue fourchue – et ramena le tout. Maír coupa le corps du rankuaî-ang en tronçons, qu'il prit soin de façonner un à un, et les attacha aux hommes. Après quoi il fit appeler les femmes. « Revenez! dit-il, chaque homme a maintenant un rankuaî à lui ». Sans hésiter, les femmes revinrent et ne tardèrent pas à se faire suruquer. Mais un homme eut des déboires : son rankuaî se détacha dans la femme avec qui il couchait; elle le retira et le jeta. « Oh! Maír, mon rankuaî s'est détaché! » gémissait l'homme. Maír le remit en place et le fixa avec de l'écorce de l'arbre embira : c'est pourquoi les hommes ont des poils sur le pubis. Quant aux femmes, elles ne pouvaient plus faire d'enfants en pissant dans des pots; elles devaient désormais les garder dans leurs ventres, et accoucher.

On peut considérer cette histoire sous deux angles différents. D'abord, c'est un mythe destiné aux adolescents : à un garçon qui n'a jamais couché avec une femme et qui a peur qu'au jour de l'épreuve son pénis ne soit défaillant. Cela ne l'empêche pas de rêver, d'imaginer qu'en cachette il peut s'offrir n'importe quelle femme, car ses désirs au moins sont tout-puissants. Puis il grandit, ses poils pubiens poussent, il peut enfin jouir des femmes dans la réalité, et non plus symboliquement par l'intermédiaire du rankuaî-ang; c'est au moment où il comprend tout cela que le rankuaî-ang meurt et devient son propre pénis.

Mais on peut aussi voir dans cette histoire le mythe universel du Pouvoir des Femmes. Dans d'autres tribus sud-américaines, il est question d'une époque où les hommes jouaient un rôle inférieur dans les rites et les cérémonies; les femmes étaient responsables des objets du culte; elles s'en servaient pour terrifier les hommes et les subjuguer. Finalement, les hommes se révoltèrent et chassèrent les femmes afin de pouvoir contrôler le culte et tous ses accessoires; ils étaient devenus le sexe dominant. A présent, dans ces tribus, ce sont les femmes qui doivent se cacher quand les hommes font parler les esprits au moyen de trompettes ou de rhombes; il leur est interdit de voir les danses masquées ou de connaître les secrets du culte. Ces événements ont-ils un caractère historique? Peu importe de le savoir. Car, même si les hommes n'utilisent le mythe que pour se valoriser à leurs propres yeux, le fait est qu'ils se considèrent continuellement menacés par la puissance des femmes. Les Urubu aussi craignent les femmes, bien qu'ils ne dissimulent pas leur culte aux yeux de leurs compagnes, mais ils sont jaloux du pouvoir créateur de celles-ci; ils le redoutent autant que leur attrait sexuel, qui peut rendre un homme oublieux des valeurs sacrées. La dureté est à la fois une évocation de la vertu masculine et du pénis en érection : mise au service des femmes, la dureté virile devient mollesse, l'homme perd sa force. Les femmes, intrigantes et curieuses, sont toujours la cause d'une déchéance qui rabaisse l'homme des hauteurs spirituelles au niveau de la vie physique. D'un point de vue masculin, il est donc parfaitement juste que la mythologie soit pleine de mises en garde contre les femmes et contre tout ce qu'elles représentent.

Ce qui précède explique en partie la différence entre les rites de puberté pour les garçons et pour les filles. Les Urubu n'ayant pas de culte secret, il n'existe pas d'initiation en groupe pour les garçons : la longue évolution qui fera d'eux des hommes les amène à participer d'abord à des expéditions, puis à tuer eux-mêmes un prisonnier ennemi au cours d'une cérémonie publique. Si les adolescents attachent de l'importance à la puberté, c'est seulement parce que leur grand pénis commence à leur causer un embarras, que les femmes accentuent en flirtant avec eux et en prétendant vouloir être séduites. Cette épreuve prend fin quand on juge que les garçons sont d'âge à attacher leur prépuce; jusque-là, ils ont honte et essayent, quand c'est possible, de couvrir leur sexe avec la main. A présent, ils attachent leur prépuce quand ils trouvent que la vie est devenue intolérable, ou bien leur mère le fait pour eux – à moins qu'ils ne portent déjà le pantalon, comme font la plupart des garçons de la région du Canindé – mais jadis, c'était le rôle du *tushau*, le chef de guerre du village. La cérémonie se déroulait pendant une beuverie de cahouin : les garçons se présentaient devant le tushau, qui leur demandait : « Voulez-vous que je mette mon bonnet en peau de maracaja pour vous? » Ce qui revenait à demander s'ils voulaient le reconnaître comme leur chef et devenir ses guerriers. En suite de quoi, chaque garçon lui donnait quelques flèches, en gage de fidélité et d'obéissance, et il attachait leur prépuce pour montrer qu'ils étaient ses guerriers, de vrais hommes.

On estimait qu'un garçon était prêt pour cette cérémonie quand ses poils pubiens avaient bien poussé. En soi, la présence de poils est déjà embarrassante : chez de nombreuses tribus indiennes d'Amérique du Sud, les hommes s'épilent complètement, aussi bien la figure que le corps, dès l'apparition des premiers poils, comme s'ils avaient peur de trop afficher leur virilité. Les Urubu, eux, laissaient pousser leurs poils pubiens. Parmi les garçons de ma connaissance, l'un au moins se sentait si gêné par la croissance de ses poils qu'il emprunta mon rasoir pour les faire disparaître. Les poils pubiens sont le signe de l'homme adulte; et, pour une fois, la Nature travaille dans le sens des hommes, puisque l'absence presque totale de ces poils chez les femmes montre combien elles sont infantiles, et donc inférieures. Un jour, Tero s'amusa beaucoup à taquiner Mbeiju. « Elle a des poils sur son carapua, disait-il en ébouriffant les cheveux de la jeune femme, épais comme ça! » Mbeiju était irritée. « C'est faux! répliqua-t-elle, furieuse, je n'en ai pas un seul là! » En avoir l'aurait rendue tout à fait indésirable. Anakãpuku me confia une fois que, bien qu'il eût envie de coucher avec une Brésilienne, il n'osait pas : elles avaient des poils entre les jambes; il était affolé rien que d'y penser.

Si les garçons éprouvent quelque embarras en grandissant, les filles, en revanche, n'en éprouvent aucun. Elles sont fières de leur poitrine et aussi, malgré une légère appréhension, de leurs premières règles. Pendant l'enfance, elles travaillent bien plus dur que les garçons : c'est à elles qu'incombent les tâches de chercher de l'eau, d'abattre le bois pour le feu, d'aider à arracher les racines du manioc et à les transformer en farine. Elles accomplissent donc tous les travaux féminins sans jouir du statut de femme : mais, dès qu'elles ont leurs premières règles, elles s'isolent et deviennent des femmes à part entière.

Selon les tribus, l'initiation des filles se fait sous plusieurs formes. Un soir, Chico me raconta comment les choses se passent chez les Tembé. Les filles sont isolées dès le début des règles et soumises à un régime alimentaire composé de petits poissons. Quand le flux s'arrête, les femmes chassent les hommes du village, préparent une grande soupe avec du manioc doux que boivent les filles afin – selon leurs propres termes – d'échauffer leur vagin, autrement dit pour les rendre aptes à concevoir.

Mbeiju était fascinée. Tout en écoutant, elle mangeait du tapioca, car elle souffrait d'une de ses migraines et pensait que la viande de tapir qui constituait notre repas ne ferait qu'aggraver ses maux. Pendant qu'elle ingurgitait son tapioca (1),

(1) Le tapioca est un dérivé du manioc, comme la farine; mais, au lieu de mettre la racine dans l'eau pour qu'elle fermente légèrement, on la râpe finement, quand elle est fraîche, et on laisse déposer le suc obtenu en pressant la purée. Le dépôt est du tapioca; il ne reste plus qu'à le faire sécher, puis bouillir, pour qu'il soit prêt à la consommation. Le tapioca importé en Angleterre est grillé pour qu'il se conserve mieux; toutefois, les Indiens pensent que cette méthode est dangereuse et que la personne qui ferait griller le tapioca aurait l'anus noué, si bien qu'elle ne pourrait plus jamais déféquer.

elle me raconta ce qui s'était passé quand elle avait eu ses premières règles. Elle s'était isolée comme une fille tembé, mais on lui avait permis de manger du *yashi* (tortue blanche) et deux sortes de poissons : le *mandji* (silure gluant) et l'*aracu*, un poisson plein d'arêtes; elle avait aussi eu le droit de boire des shibés aqueux, préparés avec la *farinha seca*, comme l'appellent les Brésiliens, autrement dit avec la pulpe qui reste quand on a extrait le tapioca et qu'on fait sécher au feu. Toute la journée, elle avait dû rester complètement allongée dans son hamac : si ses pieds avaient touché le sol, toute la magie en elle se serait échappée comme par un court-circuit. « Elle était comme ça! » dit Pari en l'interrompant : il se leva de la carapace de tortue qui lui servait de siège et s'étendit de tout son long dans le hamac, dont il ramena les bords sur ses pieds. « Elle restait comme ça, dit-il, toute la journée; quand le soleil était haut, on lui donnait à manger de la tortue; quand il était bas, on lui donnait un shibé. »

Mbeiju pensa qu'elle aussi ferait bien de me montrer la position; elle grimpa dans son hamac. « Nous nous couchons ainsi, dit-elle, mais il ne faut pas s'endormir. Si nous dormons, par la suite nous serons toujours en train de dormir dans nos hamacs et ne ferons rien de toute la journée.

– Et puis, dit Pari, on lui coupa tous les cheveux, il n'en restait pas un – il empoigna les cheveux de Mbeiju près des racines. On les a tous rasés.

– Et les fourmis? demandai-je, lui ont-ils mis des fourmis? »

J'en avais entendu parler auparavant : on tisse un treillis de coton et on insère des fourmis dans les mailles. Le treillis est attaché autour du corps de la fille; on l'enlève seulement quand les fourmis sont devenus trop faibles pour piquer ou quand elles en sont tombées en se débattant.

« Les fourmis, dit Mbeiju avec emphase, les mains posées en dessous de ses seins.

– Les fourmis, là, là et là, dit Pari en mettant ses mains sur le front de Mbeiju, autour de sa poitrine et de sa taille, pour faire une démonstration.

– Là! répéta Mbeiju, d'une voix presque triomphante en caressant son corps. Pour nous donner de la force! »

On appelle les fourmis des *tapi-ai-î :* ces fourmis noires mesurent entre deux et trois centimètres de long et possèdent de grandes mandibules venimeuses. Leur morsure n'est pas aussi grave que celle de la tocandira, qui peut immobiliser un homme pendant un jour ou plus; elle est plutôt comparable à la piqûre d'une grosse guêpe vindicative. Ces fourmis mordent plusieurs fois et ne cessent que lorsqu'elles ont épuisé leur venin; les jeunes filles sont obligées de se tenir debout et d'endurer les multiples souffrances que leur infligent simultanément ces douzaines de fourmis sans qu'elles aient été même partiellement stupéfiées par une boisson, comme cela se pratique dans d'autres tribus. Une fille qui a vaillamment supporté cette initiation a bien payé son tribut à la mythologie; de plus, elle s'est endurcie. Mbeiju me raconta ces faits avec une satisfaction qui montrait combien son initiation lui avait donné confiance en elle.

Après le récit sur les fourmis, Mbeiju était allée à la hutte à farine pour préparer du tapioca. Quand il fut prêt, elle fit le tour du village pour en donner un peu à chaque personne présente; puis, l'après-midi, elle prépara de la farine, qu'elle distribua de même et dont elle ne garda rien pour elle, de peur de devenir avare. Elle sortit alors de son isolement; en attendant que ses cheveux aient repoussé jusqu'aux épaules, tout lui était permis, sauf faire l'amour.

« Mbeiju, que voici, dit Pari en lui donnant une bourrade, a fait l'amour avant d'avoir les cheveux longs, c'est pourquoi elle est si maigre. Du suruquage! » Il s'allongea dans son hamac, les genoux fléchis, et mima la fille qui fait l'amour pour la première fois, qui en demande encore et encore; le hamac suffisait à peine à le contenir. « Mais quand ses cheveux ont repoussé, continua-t-il en prenant juste le temps de souffler, et qu'elle a avalé une gorgée de cahouin, elle peut suruquer à son aise. »

Le moment venu, Mbeiju avait donc mis sa plus belle jupe, tous ses ornements de plumes, s'était fait arranger les cheveux proprement et peindre le visage; puis elle avait bu un peu de cahouin, que contenait une calebasse, et s'était endormie.

« C'est alors que tu l'as épousée, dis-je à Pari; nous regardions tous deux Mbeiju.

– Mais non! dit-il avec une véhémence surprenante, je ne l'ai jamais épousée! »

Il était catégorique sur ce point. Marié une première fois avec une femme dont la mort remontait à quelques années, il n'avait, depuis, épousé aucune de ses concubines. Jadis, les choses ne se passaient pas ainsi; un homme et une femme qui vivaient ensemble se mariaient pour de bon. Le mariage est une institution importante, et pour plusieurs raisons. Il est l'avant-dernier pas qui conduit au but de l'acte sexuel, c'est-à-dire la conception d'un enfant; le rite qui rend cet acte possible fait plus qu'unir l'homme et la femme dans un rapport particulier, il leur enseigne exactement leurs devoirs réciproques.

C'est la mère de la mariée qui se charge de tous les préparatifs du mariage. Aidée par son mari, elle râpe le manioc pour le cahouin et le surveille pendant qu'il fermente; puis on invite les habitants des villages voisins à venir le boire et à assister à la cérémonie. Les mariés restent cantonnés chacun dans sa hutte, parfois aux deux extrémités du village, sans boire ne fût-ce qu'une gorgée de cahouin alors que tous les autres se saoulent. Mais quand le cahouin est bu – parfois il y en a assez pour durer deux ou trois jours – le chef appelle le couple dans la cabane de danse au moment où le soleil atteint le zénith et installe les époux dans le même hamac. La mariée s'assied à gauche du marié, son bras droit posé autour du cou de son époux et sa main sur sa tête; le bras gauche de l'homme autour du cou de la femme et sa main sur la tête de celle-ci. Le chef prend alors un morceau de tissu rouge, avec lequel il enveloppe leurs têtes en disant : « A présent vous êtes mariés. » De sorte qu'ils sont littéralement unis l'un à l'autre. Le tissu rouge, élément magique, assure que l'union sera fertile. Puis le chef adresse une harangue au marié. « Ne bats pas ta femme! dit-il d'un ton cérémonieux et impersonnel. Ne la réprimande pas! Sois bon pour elle! Apporte-lui des tortues à manger. Plante beaucoup de manioc! Fais des enfants! » Il continue ainsi pendant quelque temps, énumérant toutes les choses qui font un bon mariage. Quand il a fini, le couple se rend dans la hutte du marié. La femme doit servir deux shibés à son mari, tandis que celui-ci doit lui fournir la viande : ils sont mariés. Pendant dix nuits, ajouta Pari avec un sourire, ils font l'amour toute la nuit, toutes les nuits, sans jamais dormir, jusqu'à ce que l'homme soit épuisé. Alors seulement dorment-ils peut-être un peu.

Mbeiju n'était pas sans mépriser les vantardises de son « mari » en cette matière, car il lui arrivait d'être impuissant; elle sortit de son hamac et s'assit de nouveau sur le sol pour manger son affreux tapioca – du tapioca simple, bouilli dans trop d'eau, sans sel ni sucre, pas même parfumé avec des noix de palmier râpées.

« Mbeiju qui mange du tapioca bouilli, railla Chico.

– Du temps de mon père, dit Pari, nous n'appelions jamais le tapioca bouilli par son nom la nuit, de peur d'attraper des boutons sur tout le corps! »

Je n'accordais aucune importance à cette remarque quand, soudain, l'usage du tapioca dans les rites de puberté chez les filles me revint à l'esprit. Le tapioca serait-il une sorte de sperme végétal aux propriétés magiques? me demandai-je; Mbeiju se posait la même question, bien que pour d'autres raisons; plusieurs fois, au cours de la nuit, elle avait appelé sa bouillie de tapioca par son nom. Elle prit une petite lampe à pétrole et s'examina : elle se découvrit des tas de boutons.

« Je te l'avais bien dit, s'écria Pari, la nuit, on doit l'appeler agouti *mingau*, la bouillie de l'agouti! » Mbeiju rit, car elle se souvint tout à coup que, moi aussi, j'avais cette nuit-là parlé de son tapioca en le nommant, et, pour s'assurer que j'attraperais des boutons, si possible dans un endroit intime, elle me donna un peu de tapioca à manger. Au fond, elle m'aimait bien.

Plus tard, je découvris que le tapioca avait réellement des vertus spermatiques. Je demandai à Anakãpuku s'il suffisait d'en manger pour avoir une érection.

« Qui t'a raconté ça? me demanda-t-il avec intérêt.

– Personne, répondis-je.

– C'est ce que pensait Capitã Pihun, remarqua-t-il. Il était toujours en train de manger du tapioca, et il disait que ça rendait son rankuaî *hantan*, dur comme du fer! Paijé en sait quelque chose. Elle était la femme de Pihun! » Pihun avait conçu Mbeiju à la suite d'une orgie de tapioca et, bien qu'il eût la peau noire, comme l'indiquait son nom, Mbeiju, elle, avait la peau claire, presque de la pâleur du tapioca : le tapioca avait donc eu une double action. Cela explique pourquoi une fille, pendant son isolement, ne doit manger que de la farine dont le tapioca a été extrait, et pourquoi elle doit ensuite préparer du tapioca et le distribuer dans le village. Le tapioca est une substance magique qui accroît la puissance virile, de sorte qu'une fille, déjà puissante du fait du sang menstruel, ne peut pas en manger de crainte qu'un mécanisme créateur n'interfère avec l'autre; mais elle peut le préparer et en donner à tout le monde dans le village en signe de sa fertilité, et pour montrer qu'elle est capable de faire un enfant, comme l'est le tapioca. A travers elle, le village tout entier connaît un renouveau de vitalité.

Fig. 4. — ***Le feu sous le hamac.***

Quant au fait d'appeler le tapioca, pendant la nuit, bouillie d'agouti, il semble que ce soit là une manière détournée de dire qu'un homme, durant le jour, est un être spirituel, à l'instar du soleil, et, durant la nuit, après le coucher du soleil, un être sexuel. Les forces surnaturelles ne doivent jamais être appelées ouvertement par leur nom quand leur pouvoir est à son apogée, pas plus qu'on ne peut prononcer le nom d'un homme en s'adressant à lui : ce serait un sujet d'embarras qui le mettrait involontairement à la merci de son interlocuteur. A la place du nom, on emploie le surnom, qui contient une allusion gracieuse à un caractère marquant du porteur. On sait que l'agouti est un animal luxurieux; l'esprit du tapioca ne peut donc pas douter qu'on invoque son nom en bonne part quand on parle de bouillie d'agouti.

CHAPITRE XIII

LE VOMI DE LUNE

Comme la plupart des hommes, les Indiens croient en un Age d'or. Ils le situent tantôt dans le passé, tantôt dans l'avenir, et parfois dans l'autre monde; ils le décrivent volontiers en termes contradictoires. L'Age d'or représente un état idéal dans lequel la vie suit paisiblement son cours; et cet état idéal correspond aussi bien à un ordre social parfaitement agencé qu'à une totale absence d'ordre. En effet, les Urubu, dont la vie est si souvent troublée par les querelles, les guerres et les irruptions du surnaturel, aiment à rêver d'un ordre utopique. Leur héros culturel, Maír, est considéré comme le créateur de cet ordre; il en est aussi le modèle. Le visiteur qui se rendrait au village mythique de Maír y trouverait à profusion tout ce qu'il pourrait souhaiter : abondance de gibier, de farine de manioc, d'énormes pots de cahouin qu'il est impossible d'épuiser. Assis toute la journée dans sa hutte, Maír parle et mange; quand la nuit tombe et que la lune se lève, il sort son tambour pour en jouer, ou bien entraîne ses villageois dans une danse. Mais le visiteur serait surtout frappé en constatant que – comme dans l'histoire du rankuaîang – aucun habitant mâle n'a de pénis, bien que le village soit plein d'enfants; d'ailleurs, on n'est pas certain que Maír possède lui-même un pénis. Certains Indiens prétendent que son pénis est le plus grand du monde parce qu'il a été fait avec la tête du rankuaî-ang; d'autres disent qu'il est minuscule comme un petit doigt de bébé. Il semble donc que Maír mène une double vie : doté de puissance sexuelle quand il circule dans le monde terrestre et privé de l'énorme attribut de sa virilité quand il est chef de son village et responsable de l'ordre.

La vie sexuelle constitue toujours une menace pour l'ordre social; il n'est donc pas étonnant que Maír se protège en la supprimant : car son ordre repose sur une distinction des statuts et des pouvoirs que le commerce sexuel peut aisément abolir. Pour que la vie humaine soit possible, il est nécessaire d'établir un compromis entre Maír, d'une part, et la sexualité, d'autre part : entre un ordre idéal et une absence idéale d'ordre. Ce compromis se manifeste clairement dans le système de parenté par le moyen duquel, grâce à l'institution du mariage, la sexualité est mise au service de l'ordre; quant à l'ordre, il est protégé contre la sexualité par deux tabous concernant l'inceste : le premier interdisant tout commerce sexuel entre certains parents; le second qui se borne à prohiber le mariage (mais non le commerce sexuel) entre des catégories de parents plus éloignés.

Le système de parenté urubu est assez simple; pour s'en faire une idée il suffit d'examiner les termes. Un homme appelle son père et le frère de son père d'un même mot : *père;* sa mère et la sœur de sa mère d'un seul autre : *mère;* tous enfants issus de ces ascendants sont donc *frères* et *sœurs* entre eux. La sœur du père est appelée *tante,* le frère de la mère *oncle,* et leurs enfants sont des *cousins.* Comme ces cousins se marient de préférence entre eux, le terme *cousin* désigne également le beau-frère et la belle-sœur; pour la même raison, les beaux-parents sont appelés *oncle* et *tante.*

La prohibition de l'inceste garantit ces relations

fondamentales au sein de la famille. Un homme n'a pas le droit de coucher avec sa grand-mère, sa mère ou toute autre femme qu'il appelle *mère,* ni avec ses sœurs. Aucun châtiment humain n'est prévu pour le cas où on transgresserait la règle : le châtiment, s'il existe, est plutôt d'ordre surnaturel. J'ai entendu parler d'un seul homme qui s'était rendu coupable d'inceste; c'était un jeune homme qui avait couché avec sa grand-mère : il fut atteint de paralysie et mourut dans l'année. La prohibition de l'inceste devrait théoriquement s'appliquer à toutes les femmes qu'un homme appelle *sœurs,* au même titre qu'à ses sœurs véritables. Pourtant, ces sœurs (en réalité des cousines) ne lui sont pas tant interdites sur le plan des relations sexuelles que sur celui du mariage. La distinction entre les cousines prohibées et les cousines épousables démontre bien que la prohibition de l'inceste n'a rien à voir avec la prévention des unions consanguines. Cette prohibition a, au contraire, deux fonctions différentes. D'un premier point de vue, la proximité de degré est bien en cause : il ne s'agit toutefois pas d'une proximité biologique mais d'une proximité sociale. En interdisant le mariage entre un homme et celle de ses cousines qu'il appelle *sœur,* on oblige le groupe familial restreint à contracter des alliances au-dehors : on l'empêche de s'isoler. Dans la forêt, l'isolement est un des grands périls sociaux; une tribu (comme celle des Jivaros de l'Equateur) où les groupes familiaux vivent séparés et deviennent méfiants les uns des autres se fragmente rapidement; dès lors, les luttes meurtrières entre villages font partie de la vie quotidienne.

L'autre fonction de la prohibition de l'inceste est, en termes très généraux, de donner une certaine orientation à la société. Chaque système social est régi par ses propres lois internes, qui doivent être respectées pour que le système puisse fonctionner; la prohibition de l'inceste est la loi fondamentale du mariage et de la parenté; celui qui la transgresse sème vraiment la mort autour de lui puisqu'il récuse les principes qui fondent la vie commune. Un Indien sait comment se conduire dans la mesure où il peut définir sa parenté avec d'autres personnes et les obligations qui lui incombent à leur égard; en effet, tous les membres de la tribu sont classés comme parents; et même les étrangers – ce qui était mon cas – sont appelés *oncle* ou *grand-père* afin qu'on puisse les situer dans la communauté et que les gens sachent comment se conduire envers eux.

Le mariage met la cohérence du système de parenté à rude épreuve car il correspond à un moment crucial de la vie collective : deux personnes déjà parentes par le sang s'unissent publiquement et instaurent entre elles de nouveaux liens. Le rôle d'un système de parenté est de résoudre le problème du mariage selon la manière particulière dont la prohibition de l'inceste est définie par chacun; pour les Urubu, comme je l'ai déjà indiqué, le mariage préférentiel est entre cousins. Aussi, un célibataire est-il toujours très embarrassé quand il rencontre une cousine : doit-il la traiter comme un membre de la famille? Comme une alliée? Donc, comme une épouse potentielle? Plus compliquée encore est la relation entre un homme et sa nièce, qu'il pouvait épouser jadis. Chez nous, une femme ne trouverait-elle pas déroutant d'être à la fois la nièce et l'épouse d'un homme? Et son frère ne sentirait-il pas une même gêne à se découvrir simultanément neveu et beau-frère? Pour surmonter ces difficultés, les Indiens adoptent une conduite spéciale et conventionnelle dont relèvent les exclamations prescrites, mentionnées au chapitre v; par ce moyen, ils créent un nouveau type de relations permettant à de proches parents – qui, sans cela, se trouveraient dans une situation embarrassante – de vivre physiquement côte à côte tout en gardant leurs distances sur le plan psychologique.

Ce qu'on appelle système de parenté n'est, bien entendu, qu'une abstraction. D'une part, les styles de mariage qu'il prescrit représentent un état de choses plus idéal que réel : peu d'Indiens, de nos jours, épousent leurs cousines. Il semble qu'une tendance patriarcale éloigne les Urubu de cette forme de mariage entre proches parents; chez eux, le mariage le plus fréquent est celui qui unit des cousins au second degré, c'est-à-dire des enfants issus de cousins. De même, le mariage avunculaire – répandu dans les sociétés polygames, où l'on trouve normal et commode qu'une jeune fille devienne la seconde femme de son oncle – a été quelque peu modifié puisqu'on a éloigné d'un degré la parenté des conjoints : un Urubu préfère épouser la fille d'un de ses cousins.

Le système de parenté devient vite une abstraction si on oublie que les relations de consanguinité et d'alliance ont un aspect mental et pas seulement matériel. Comme toute chose en devenir, la réalité du système tient à sa capacité d'engendrer des formes nouvelles sans que les anciennes disparaissent : de sorte que, si le mariage met à l'épreuve le système de parenté, cette épreuve n'apparaît qu'à la naissance du premier enfant. Les époux et leurs familles sont alors unis par des liens à la fois physiques et sociaux; en outre, le couple s'est conformé à la définition qu'en donne la mythologie : l'homme est devenu père, la femme mère.

Les rapports entre l'inceste, le mariage et les enfants sont très intéressants; la mythologie des Indiens les aborde assez longuement bien que de manière figurée. Ces rapports se dissimulent derrière des symboles dont je crois avoir entrevu la signification lorsque je me suis intéressé à un étrange présage, que les Indiens appellent *vomi de lune.* Quand on prépare la farine de manioc à partir des racines, il reste un tas de déchets : la pelure, les parties fibreuses de la racine, d'autres résidus; on les jette près de la hutte à farine. Parfois, sous l'action d'une bactérie appelée *Micrococcus prodigiosus,* ces ordures deviennent rouge vif; c'est ce phénomène que les Indiens désignent comme vomi de lune. Infaillible présage, la première personne qui l'aperçoit doit mourir.

La première fois qu'on me parla du vomi de lune, je notai la chose comme une croyance bizarre et plutôt naïve, et n'y prêtai pas attention. Là-dessus, Antonio-hu me raconta qu'à certains moments, durant la saison des pluies, la lune devient toute rouge parce que, dit-il, elle sait que quelqu'un va mourir. J'en déduisis que la mort, la lune et la rougeur doivent être réellement liées sur le plan mythique; je le comprenais obscurément, mais pourquoi le vomi de lune leur était-il associé?

Considérons d'abord la lune et la rougeur. L'interprétation est facile : la lune est la cause des règles, et la rougeur évoque le sang. Je demandai à Antonio-hu de me raconter l'histoire de la lune; il s'exécuta volontiers. Voici son récit :

« Il y a longtemps, au commencement du monde, les Indiens organisèrent une beuverie de cahouin pour donner un nom à un enfant. Ces fêtes d'imposition du nom débutent au coucher du soleil, quand tout le monde se met à boire; mais la cérémonie proprement dite n'a lieu que le lendemain matin, lorsque le soleil se lève à nouveau. Or donc la nuit tombait, les gens buvaient et chantaient; profitant de l'obscurité, un couple commença à flirter, puis se retira dans une petite hutte dont les parois étaient faites en tronçons de palmier refendus, et qui se trouve à une extrémité du village. L'homme et la femme étaient frère et sœur; l'homme l'ignorait; la femme le savait, mais ça lui était égal.

« " Je vais te peindre, dit-elle, pour te rendre beau. " Elle enduisit la figure de l'homme avec du genipapo, l'étalant sur son nez, ses joues et son menton. C'était une mauvaise femme, elle aurait pu au moins dire : " Je ne vais pas te peindre, tu es mon frère. " Mais elle ne dit rien. Ils couchèrent ensemble et firent l'amour toute la nuit. C'était vraiment une mauvaise femme. Qu'est-ce qu'elle attendait pour lui dire : " Non, tu es mon frère, ne me suruque pas! "? Donc, elle ne dit rien et lui peignit la figure; elle coucha avec lui, il la suruqua.

» Le lendemain matin, le père de l'enfant qui devait recevoir un nom appela l'homme :

» " C'est le matin, viens donner un nom à mon enfant. Viens le faire danser pour moi!

– C'est le matin? questionna l'homme d'un ton maussade.

– Le matin! "

» Alors l'homme se leva, se débarbouilla, regarda dans son petit miroir pour voir si ses ornements de plumes étaient bien en place... Mais, horreur! sauf le blanc des yeux, sa figure était noire. Noire, noire, noire! Sa sœur le regarda. Oui, il était bien noir.

» " Sors de là! lui cria sa mère de dehors. Mais l'homme refusait; de honte, il enfouissait son visage dans son hamac. – Je ne peux pas sortir, dit-il, ma figure est toute noire! "

Les gens envahirent sa hutte pour le voir; bien vrai, sa figure était réellement noire.

» " O femme! s'écrièrent les gens à l'intention de la sœur, pourquoi as-tu voulu peindre sa figure? Pourquoi l'as-tu enduite de noir? "

» On implora l'homme de sortir et de donner un nom à l'enfant, mais il refusa. Il fallut trouver un autre parrain pour faire danser l'enfant et le nommer de la manière appropriée (1); la fête dura jusqu'à la tombée de la nuit; il ne restait plus de cahouin.

(1) *Cf.* page 219.

» Dans ce temps-là, il n'y avait pas de lune, et le soleil, en se couchant, plongeait le monde dans une complète obscurité. Quand il fit noir, l'homme sortit soudain de sa hutte avec un grand paquet de flèches sous le bras et descendit précipitamment le sentier qui mène à la forêt.

» " Ne t'en va pas! criaient les villageois derrière lui, reste avec nous, ne t'enfuis pas! "

» Il s'enfuit quand même, et sa sœur le suivit. Il courut jusqu'à une petite clairière en plein forêt. Il banda son arc et tira une flèche vers le ciel. La flèche s'éleva verticalement et se ficha en vibrant dans la voûte céleste; l'homme en tira une autre, qui alla se planter dans la base de la première. Une à une, toutes ses flèches partirent dans la même direction, si bien qu'à la fin elles formaient une sorte de chaîne qui pendait du ciel et venait toucher le sol. Il l'utilisa pour grimper au ciel. Après s'être débarrassée de son pagne, sa sœur le suivit, toute nue.

» Trois jours plus tard, les Indiens aperçurent brusquement à l'ouest une lune naissante. " Regardez notre frère, s'écrièrent-ils, il s'est changé en lune! " Et sa sœur était là aussi, qui le suivait; elle était devenue l'étoile du soir. Cinq jours après la première apparition de lune, toutes les femmes eurent leurs règles. Aucune n'avait jamais été indisposée auparavant car il n'y avait pas de lune. A présent, toutes l'étaient. " Je viens de voir une mauvaise chose ", se disaient-elles l'une l'autre. C'était le sang qu'elles perdaient. »

Cette version n'est pas aussi claire qu'on le voudrait. En insistant sur la mauvaise conduite de la sœur, Antonio-hu n'avait pas accordé d'importance à l'incident du visage noirci : d'autres Indiens disent que la femme soupçonnait bien qu'elle couchait avec son frère, mais qu'elle ne pouvait s'en assurer qu'en le barbouillant de genipapo – une sorte de mythe de Cupidon et Psyché. La mère de la femme l'avait poussée à agir ainsi. « Quand un homme pénètre dans un carapua la nuit, il doit dire son nom afin que la femme sache qui il est », aurait-elle dit; mais la femme l'avait peint au lieu de demander son nom. En soi, cet acte constituait déjà une sorte d'inceste, puisqu'un homme meurt quand il a été peint par une femme de sa famille immédiate, à moins qu'elle ne soit son épouse.

Sur le plan mythologique, toutefois, il était nécessaire que l'homme fût peint par sa sœur; comment, autrement, expliquer les taches noires sur la face de la lune? Le moment est venu de considérer une autre série de faits mythologiques. Les Indiens se peignent en rouge avec de l'urucu pour accroître leur force vitale; mais quand ils veulent se protéger contre le monde surnaturel, ils se servent de genipapo, et, tout particulièrement, quand ils boivent du cahouin, afin, comme ils disent, d'empêcher le cahouin de leur « couper le foie ».

La fermentation du cahouin, je l'ai indiqué plus haut, est une transformation de nature magico-chimique au cours de laquelle la substance du manioc acquiert une puissance surnaturelle. Elle a aussi des rapports directs avec la lune. Dans une histoire étrange, dont on me raconta des fragments, une vieille femme fut avertie de ne pas boire un bol de cahouin car il contenait les excréments de la lune, ce qui ne lui aurait fait aucun bien. On peut donc considérer que la lune préside à toutes les transformations magiques; c'est elle qui déclenche les règles chez les femmes; elle est, en quelque sorte, le génie du cahouin. Bien mieux, elle est elle-même un homme transformé à la suite d'un inceste.

Pourquoi l'inceste changerait-il un homme en lune? Un des mythes sud-américains les plus répandus – les Tupinamba en connaissaient une variante – parle du déluge qui submergea la terre au commencement du monde; tous furent noyés, sauf un frère et une sœur qui avaient grimpé en haut d'un palmier. Quand les eaux se retirèrent, ils descendirent; comme ils étaient les seuls survivants, ils couchèrent ensemble et fondèrent une famille (1). Leurs enfants aussi furent obligés de se marier entre eux. Nombreuses sont les tribus indiennes qui pensent être issues d'unions incestueuses de ce type.

Il est paradoxal que la société fasse remonter ses origines à un mariage incestueux, qui constitue la négation de tous ses principes. L'histoire de la lune telle que la racontent les Urubu va nous fournir l'explication de ce paradoxe. Au lieu de créer ce que nous appellerons un ordre social, l'inceste détermina l'avènement d'un ordre surnaturel : en faisant venir les règles des femmes, l'apparition de la lune donna naissance à un système de tabous, alors les Urubu connurent que les actions humaines ont des conséquences à la fois spirituelles et physiques. Tout se passe comme si l'homme primitif ordonnait sa vie sur le plan magique, avant de l'ordonner sur le plan social au moyen d'institutions telles que le mariage et le système de parenté.

Il est dangereux pour l'homme de s'aventurer dans l'ordre surnaturel créé par la lune. Elle est la sainte patronne des femmes, non des hommes, et, mythologiquement parlant, elle symbolise des puissances féminines; elle brille la nuit quand le soleil, symbole de l'idéal masculin, s'est couché. Dans l'histoire que me raconta Antonio-hu, cette opposition entre le soleil et la lune comportait un autre paradoxe. Maír est le vrai héros culturel, et c'est au soleil, non à la lune, que le parrain présente l'enfant qu'il fait danser dans ses bras. Pourquoi donc, dans

(1) Le lien entre la pluie et l'inceste apparaît aussi dans une croyance indienne : quand un tapir est tué, on dit qu'il pleuvra peu après; par ailleurs, les tapirs sont réputés pour leurs unions incestueuses.

ces conditions, le mythe insiste-t-il sur le fait que l'acte incestueux qui donna naissance à la lune eut lieu pendant une cérémonie d'imposition de nom?

Nous avons déjà répondu partiellement à cette question en montrant les rapports qui existent entre la lune et le cahouin : une cérémonie de ce genre ne peut pas être célébrée sans cahouin, car les hommes doivent d'abord se donner l'illusion d'accroître leur puissance physique en se saoulant avant d'accroître leur puissance spirituelle pour pouvoir glorifier Maír. Mais, cela mis à part, il existe une certaine confusion, dans l'esprit des Indiens, sur la nature exacte des forces que symbolisent respectivement le soleil et la lune. Prenons comme exemple les animaux attitrés de Maír : le jaguar et le serpent. Le symbole principal de Maír est, naturellement, le soleil; on s'attendrait donc à ce que le jaguar et le serpent présentassent des caractères solaires. C'est parfois le cas; mais le plus souvent on les considère comme des habitants du monde souterrain au travers duquel le soleil doit se frayer un passage, la nuit, quand il voyage d'ouest en est. Sur le plan mythologique, ce monde souterrain est aussi un monde femelle s'opposant au ciel, qui est mâle; les jaguars et les serpents sont donc des emblèmes de l'ordre surnaturel lunaire autant que du monde de Maír. Prenons aussi le cas du fourmilier tamandua au long nez, qui incarne parfaitement l'Esprit de la Forêt. Pourquoi tant de tribus indiennes sont-elles convaincues que tous les tamanduas sont femelles?

Les Indiens de Guyane racontent une histoire comique qui illustre cette étrange inversion des genres mythologiques. Un jour, disent-ils, le jaguar reprocha au fourmilier d'être un faible parce qu'il ne mangeait que des fourmis. Le fourmilier protesta qu'il mangeait tout le temps de la viande, que c'était le jaguar qui mangeait des fourmis; et, pour le prouver, il proposa une épreuve; tous deux défèqueraient pour montrer ce qu'ils venaient de manger. Le jaguar accepta. « Commençons », dit-il. « Un instant, dit le fourmilier, il faudra s'exécuter les yeux fermés; puis, quand nous aurons terminé tous les deux, nous nous retournerons et nous regarderons en même temps. » Le jaguar consentit, il ferma les yeux et s'exécuta rapidement. « On peut se retourner maintenant? » demanda-t-il. « Non, attends! dit le fourmilier, j'ai besoin de prendre mon temps. » En réalité, il avait déjà fini, mais il était en train d'échanger son tas d'excréments contre celui du jaguar. « Ça y est! dit-il enfin; regardons à présent. » A sa stupéfaction, le jaguar vit que les excréments sous sa queue étaient pleins de pattes et de carapaces de fourmis tandis que les excréments du tamandua montraient clairement que celui-ci avait mangé de la viande.

Le jaguar et le fourmilier prennent donc la place l'un de l'autre; cet échange implique que les genres mythologiques s'inversent réellement. Les Indiens Gê, qui vivent plus au sud, racontent une histoire presque identique, mais ici les protagonistes sont deux frères appelés Soleil et Lune. Il n'est donc pas surprenant que les Urubu situent leur histoire de la lune pendant une cérémonie d'imposition de nom au cours de laquelle on présente un enfant au soleil; le soleil et la lune sont des puissances modificatrices dont la nature n'est jamais clairement définie, et qui, en tout cas, ne peuvent pas opérer indépendamment l'une de l'autre.

L'humiliation du jaguar nous ramène à cette étrange identification du cahouin avec les excréments de la lune. L'identification se fait parce que le cahouin et les excréments résultent également de processus surnaturels, symbolisés par la lune, de même qu'un enfant est le produit d'un acte physique, déclenché par le mariage. La mythologie mentionne abondamment les excréments, probablement parce qu'ils sont les premiers objets que produit un enfant par ses propres moyens et sans secours d'autrui; ils sont, de ce fait, les symboles primitifs de tout ce que l'être humain peut créer. Pour le démontrer, examinons un autre mythe; du même coup, la signification du vomi de lune apparaîtra plus clairement.

Les Urubu parlent de deux héros culturels; est-ce parce qu'ils se sont alliés par mariage avec d'autres tribus? Ils évoquent toujours Maír, mais quelquefois aussi ils parlent d'Anawira; issu d'un arbre, comme Maír, celui-ci donna aux hommes le manioc, la platine de terre sur laquelle on grille la farine, et le feu. L'arbre dont il sortit s'appelle anawira, comme lui, et produit de grosses noix, plutôt amères, qu'on râpe à la façon du manioc, et dont on peut faire de la farine; les Urubu racontent qu'ils s'en servirent une fois quand ils abandonnèrent leurs villages pour mener une vie nomade dans la forêt.

Quand Anawira apparut, il y avait déjà des hommes et des femmes dans le monde. Ils mangeaient du bois pourri et, comme aucun d'eux n'était pourvu d'anus, leur seul moyen d'éliminer ce qu'ils avaient mangé était de vomir. Un jour, ils allèrent trouver Anawira, qui les reçut avec une généreuse hospitalité; il leur prépara un grand pot plein de shibé dont ils burent tant que leurs estomacs enflèrent. Un des hommes avait bu au-delà de ses capacités; il se mit à vomir sur le sol de la hutte d'Anawira. « Mais non, ne fais pas ça », lui dit Anawira, et il alla jusqu'en bordure de la clairière pour couper un bout de liane urucu-i. Il la tailla en pointe, demanda à l'homme de se pencher en avant et lui ficha la pointe entre les jambes, perçant ainsi un anus (1). L'homme en fut bien aise : il se préci-

(1) Le mythe évoque ici un fait quotidien en l'inversant : après avoir déféqué, les Indiens se nettoient à l'aide d'un bâton, de préférence à une feuille.

pita dans la forêt où, sans prendre la peine de s'accroupir, il leva simplement une jambe et se soulagea, expulsant d'abord le bois pourri, puis le shibé.

« Maintenant que tu sais déféquer, lui dit Anawira, tu déféqueras par l'anus et non plus par la bouche.

– Oui, maintenant je sais; maintenant c'est bien », dit l'homme.

Anawira prit alors sa baguette d'urucu-i et perça un anus à chacun; aux femmes, il ouvrit en plus un vagin. Dans ce temps-là, les hommes n'avaient que de tout petits pénis, mais, pour contenter les femmes, les pénis grandirent.

Quand Anawira eut fini de percer des anus, les Indiens allèrent tous dans le voisinage défricher une parcelle de forêt, où ils plantèrent du manioc, selon ses instructions. A cette époque, ils étaient semblables à des animaux : ils faisaient l'amour devant tout le monde; Anawira leur recommanda de renoncer à cette pratique – l'amour, dit-il, se fait en privé.

C'est vrai que les Indiens étaient comme des animaux, surtout avant d'aller voir Anawira. Ils mangeaient du bois pourri, dont on dit qu'il est la nourriture des tortues; celles-ci, comme les fourmiliers, sont des Esprits de la Forêt. De plus, le bois pourri est la substance dont Maír se servit pour créer les Indiens nomades appelés Guajaja – tandis que les Urubu, comme tous les « vrais » Indiens, furent façonnés à partir d'arbres vifs. Les Indiens d'alors étaient donc à peine des êtres humains. Ils allaient le devenir entre les mains d'Anawira.

La liane urucu-i qui servit à Anawira de couteau est un bois dont on fait les bâtons à feu. Deux morceaux sont indispensables; on aiguise l'un et on creuse dans l'autre une petite cavité pourvue d'entailles des deux côtés. Ce bâton « femelle » est posé par terre et on place la pointe aiguisée du bâton

« mâle » dans la cavité en le faisant rapidement tourner entre les paumes. Au bout d'une minute environ, une mince fumée bleue s'élève du point de frottement, le bois réduit en poudre retombe hors des entailles de part et d'autre de la cavité; finalement, une étincelle jaillit, qui enflamme la poudre. Cette façon de faire explique bien pourquoi les rapports sexuels sont si souvent symbolisés par le feu, et le pénis par le bâton à feu. Anawira, taillant des vagins entre les jambes des femmes, agissait donc conformément à ce symbolisme; la raison pour laquelle il perça également des anus est, peut-être, moins évidente.

Mais le feu est plus qu'un symbole sexuel; il symbolise toute activité créatrice. Grâce au feu, on fait cuire la viande et la poterie, griller le manioc; grâce à lui, les hommes ont chaud la nuit en dormant. Pour l'homme, il est la condition même de la culture, symbolisée dans cette histoire par le grand pot de shibé que prépare Anawira. Mais la culture, qui emploie le feu pour transformer de la matière en nourriture, est elle-même un processus qui fait passer l'homme de l'état animal à l'état humain proprement dit. Pour que cela s'accomplisse, les choses doivent suivre leurs cours : après l'avoir ingérée, l'homme doit conserver sa nourriture en lui, la digérer, et finalement l'expulser par son anus, dans un acte personnel de création. La vomir équivaut à la rejeter, à choisir l'état animal, à refuser la culture.

Quand un homme voit le vomi de lune, il sait donc qu'il va mourir parce que la puissance modificatrice a fait machine arrière, niant ainsi son efficacité. Le manioc se transforme en farine qu'on mange et en déchets qu'on jette; celui qui voit le vomi de lune apprend du même coup qu'il a mangé des déchets (comme jadis les hommes mangeaient du bois pourri), et a jeté la farine. Ces déchets, quand ils sont vomis, se teintent de rouge pour indiquer leur provenance; car le rouge est la couleur du sang. L'homme qui voit ce rouge venu de la lune sait qu'il voit « une mauvaise chose » : le sang menstruel, qui peut rendre un homme jaune et faire trembler ses mains comme celles d'un vieillard gâteux, ou ramollir ses os jusqu'à ce qu'il ne tienne plus debout. Le vomi de lune, quand il apparaît, est le plus sinistre de tous les présages. Ce qui n'est pas pour étonner quand on apprend la signification dont il est si lourdement chargé.

CHAPITRE XIV

DES ESPRITS ET DES NOUVEAU-NÉS

Quand on réfléchit sur l'existence indigène, on en revient toujours à quelques notions fondamentales, comme l'opposition entre la forêt vierge, où règnent les animaux et les esprits et le monde sûr et bien ordonné du village. Pour autant que je sache, les esprits ne parviennent jamais tout seuls à y entrer. Dans le village, la société contrôle strictement le surnaturel; celui-ci se manifeste seulement sous forme de présages, tels le vomi de lune ou le hululement du hibou, annonciateurs de mort prochaine : le hibou cupi anyang, par exemple, qui crie « wa! ou! wa! ou! » ce qui en urubu signifie « homme! mange! » Mais, pour rencontrer vraiment un esprit, il faut aller dans la forêt.

Les Indiens voient souvent des esprits, ce qui n'est pas surprenant, car la forêt est pleine de bruits suggestifs : vibrations d'ailes des oiseaux-mouches qui volent prestement à travers les branchages; chute de branches et de fruits mûrs; chamailleries des perroquets perchés au sommet des arbres; et même la rumeur des fourmis qui circulent sur les feuilles mortes. Pour le marcheur solitaire, ces bruits deviennent vite inquiétants par leur insistance; on croit à des êtres qui épient dans l'ombre. Et parfois même la présence d'un compagnon ne suffit pas à rassurer.

Pari et Mbeiju partirent un jour avec leurs chiens pour une longue expédition de chasse. Ils comptaient ramener beaucoup de gibier. Comme d'habitude, pourtant, la chance ne leur souriait pas; ils revinrent trois jours plus tard avec deux paca et quatre ou cinq agoutis, convaincus d'avoir été ensorcelés. Tout d'abord, un jaguar des plus ordinaires, tapi dans un fourré, les avait effrayés par de furieux rugissements; ensuite, ils avaient entendu Anyang, l'esprit des morts. Anyang s'était approché de leur campement, gémissant tout seul, « mé! mé! mé! » Il était parti, puis il était revenu à minuit pour les persécuter de ses cris. Pari en avait été si troublé qu'il était descendu de son hamac pour allumer un grand feu, à côté duquel il s'était accroupi, arc et flèches en main. Le lendemain, les deux chasseurs déplacèrent leur campement, mais Anyang les suivit et les apostropha en pleine nuit. Alors, Pari cessa de chasser pendant plusieurs jours.

Les esprits aiment à se faire entendre. Une fois, Paijé était en train de ramasser des fruits bacuri près du village d'Antonio-hu quand la pluie se mit à tomber. Le vent se leva, et soudain elle perçut une mélopée comme on en chante pour veiller un mort. L'orage éclata, le vent se mit à souffler, la pluie vint. Prise de panique, Paijé rentra chez elle en courant. Sans doute s'agissait-il d'un esprit du vent, mais il y en a d'autres dont l'identité est plus difficile à percer. Une autre fois, c'était la nuit, Paijé et sa famille revenaient de la chasse quand elle entendit Anyang qui gémissait en bordure du chemin. Personne d'autre ne s'en était aperçu; elle s'arrêta à cet endroit et fredonna doucement un chant de chaman, pour le chasser. Anyang gémit encore; mais elle persista et réussit enfin à le mettre en fuite.

Voir un esprit est plus dangereux encore; dans ce cas, il importe surtout de ne pas en parler pendant longtemps, de peur de tomber malade et de mourir.

Alishandre me conta un jour qu'il avait vu une chose étrange dans les rapides en amont de Canindé. Il était en train de tirer des poissons à l'arc; soudain, dans une cuvette peu profonde, il aperçut un homme, tout jaune, allongé sur le ventre et recouvert de petits poissons. Ce ne pouvait certainement pas être un noyé car une femme l'avait déjà remarqué plusieurs années auparavant, exactement au même endroit; mais l'homme-esprit, qui était alors couché sur le dos, l'avait regardée; il était, paraît-il, d'une étrange beauté. Quelques jours plus tard, elle fut prise d'une légère fièvre; et, comme elle pensait que cette fièvre provenait peut-être de sa vision elle en fit part à son mari, faute fatale puisqu'elle mourut peu après. Si Alishandre osait me parler de sa propre expérience, c'était uniquement parce qu'elle remontait à très longtemps.

Une personne qui a vu un esprit ne doit pas en parler pour ne pas actualiser la relation virtuelle qui s'est établie entre eux; car les esprits apparaissent généralement aux malades comme symptômes de leur maladie ou comme présage de leur mort. Pour un Indien, il n'est pourtant pas inconcevable qu'un esprit se présente sans raison particulière; l'esprit peut avoir affaire ailleurs et se trouver incidemment sur votre chemin; mais, si vous en parlez ouvertement, l'esprit risque de se convaincre que vous êtes l'objet de sa quête, d'oublier son but initial, et de vous attaquer.

Au malade qui voit un esprit, peu d'espoir est permis. Ainsi, la première femme de Pari savait qu'elle allait mourir parce qu'un esprit lui était apparu. Comme elle était très souffrante, Pari l'avait emmenée à Canindé pour demander des médicaments; là, son état s'était légèrement amélioré, mais au retour elle vit deux esprits qui lui donnèrent de graves inquiétudes. Un de ces esprits, tapi dans un fourré en bordure du chemin, était un agouti, l'autre un paca; elle reconnut que c'étaient des esprits à leur soudaine disparition; personne d'autre ne les avait vus, et, quand on essaya de leur faire prendre la piste, les chiens furent désemparés et tournaillèrent vainement dans les parages : les « bêtes » n'avaient pas laissé d'odeur. La femme pensa que le paca et l'agouti avaient dû être l'esprit de son frère défunt venu lui dire qu'il était temps d'aller le rejoindre au ciel. Une semaine plus tard, elle vit du vomi de lune sur les ordures près de la hutte; tout espoir la quitta, et elle mourut.

Parfois, ces présages apparaissent à des Indiens qui ne sont pas malades, mais très vieux. Un homme que je connaissais, et qui avait toujours été appelé *Tamuî* (grand-père), cueillait des citrons dans un jardin abandonné quand il entendit derrière lui une voix terrible et surnaturelle l'appeler; il rentra en courant. Compte tenu de son âge – quatre-vingts ans bien passés –, il était extrêmement actif; il ramenait plus de gibier au village qu'aucun autre homme, et, bien qu'il eût été malade l'année précédente, il semblait parfaitement bien portant. (Je l'avais soigné pendant sa maladie; il souffrait d'un gros abcès à la cuisse, conséquence d'une morsure de serpent vieille de vingt ans. Le poison avait touché l'os et l'abcès s'était formé. Il se résorba grâce aux sulfamides, et l'homme guérit.) Après avoir entendu l'esprit, Tamuî se retira dans son hamac, et quelques jours plus tard il mourut paisiblement, non de maladie mais parce que son heure avait sonné. Quel était l'esprit qui lui avait annoncé la mort? Aucun Indien ne put me renseigner : c'était simplement un esprit qui criait sans raison particulière. Mais Tamuî, lui, ne s'y était pas trompé.

Pour ma part, je soupçonnais Timakanã, l'esprit « jambe d'os », qu'un Indien avait vu il y avait longtemps « près de ce citronnier-là », me dit-il en me l'indiquant. Ce Timakanã avait plusieurs repaires, dont un se trouvait dans un terrain marécageux, peu éloigné du village de Pari, et un autre près du village d'Antonio-hu : ce dernier repaire avait été le théâtre d'une sinistre histoire que me conta Antonio-hu.

« Un jour, commença-t-il, un homme s'en fut dans la forêt pour y chercher des tortues. Il en ramassa quelques-unes, installa son campement; il fit cuire une des tortues et la mangea; sur le point de s'endormir, il perçut au loin un bruit qui se rapprochait – " ty-ye-wo! " faisait le bruit, " ty-ye-wo! " Comme une boîte de conserve, dit Antonio-hu, ramassant une de ces boîtes et tapant dessus avec une cuiller.

– " Ty-ye-wo " dis-je, qu'est-ce que c'est que ça?

– Je ne sais pas, répliqua-t-il, je ne sais pas ce que c'est. Personne ne le sait. On ne sait pas quel est l'objet qui fait ce bruit. Il est grand, ses genoux sont enflés – on dirait que deux calebasses les entourent. Mais on ne sait pas! Quand il marche, il boite et ses genoux cognent : ils font " ty-ye-wo, ty-ye-wo! " Et puis, il a un tas de calebasses autour du cou qui lancent des feux... Qu'est-ce que c'est? Je ne sais pas. Il est grand... Timakanã! s'écrie-t-il brusquement, c'est ainsi qu'il s'appelle. C'est Timakanã qui fait " ty-ye-wo " en marchant... »

Antonio-hu continua son histoire. « " Hou! " cria yandé ramuî. » (Chaque fois qu'Antonio-hu raconte une histoire, il appelle le héros *yandé ramuî* (notre ancêtre) – généralement parce qu'il a oublié comment l'homme s'appelle. Toutefois, ce yandé ramuî-ci était le beau-frère d'une femme qui vivait dans le village d'Antonio-hu.)

« " Hou! Hou! Hou! " criait l'homme, effrayé. A présent, Timakanã était tout près de lui dans les fourrés. " Hou-hou! " Timakanã ne remuait pas. Yandé ramuî se mit en colère. " Va-t'en ou je tire sur toi! " cria-t-il, et il prit son arc et tira une flèche à pointe de fer dans les fourrés. Il en tira une, puis deux, mais aucune n'atteignit Timakanã; elles passaient toutes à côté. Alors, il saisit dans le feu une bûche enflammée et se précipita sur Timakanã en criant très fort pour le chasser; celui-ci recula de dix à quinze mètres. Mais, quand Yandé ramuî revint, Timakanã était de nouveau là, assis près du feu. Mai-té! » s'exclama Antonio-hu. (Littéralement, *Mai-té* signifie : « quelque chose, ma parole! » dans le sens de quelque chose d'étonnant.)

« " Ty-ye-wo! " faisaient les genoux de Timakanã quand il les pliait. A présent, yandé ramuî avait réellement peur. Il saisit une palme d'un palmier assaí, la sécha soigneusement au-dessus du feu et la plongea dans les flammes; quand elle eut pris feu, il se précipita de nouveau sur Timakanã. Mais, en revenant, il trouva Timakanã assis près du feu. Hé! yandé ramuî avait peur! Il passa le reste de la nuit de l'autre côté du feu, debout dans l'ombre, n'osant ni s'asseoir ni fermer les yeux. Vers le matin, Timakanã se leva et s'éloigna de quelques mètres.

» " Et maintenant, va-t-il me tuer? " se demandait yandé ramuî. Timakanã revint et essaya de se glisser doucement jusqu'à l'endroit où se trouvait l'homme; à ce moment, les oiseaux saí se mirent à chanter pour annoncer l'aube; Timakanã s'en alla et ne revint plus.

» " Yandé ramuî était bien fatigué. Ses yeux n'y voyaient plus, tellement il avait peur; il tenait à peine debout. Il décrocha son hamac, le mit sur son épaule et rentra chez lui sans se presser en traînant son arc derrière lui.

» " Où étais-tu? lui demanda sa femme quand il arriva en fin d'après-midi.

» " J'ai vu Timakanã, il est resté à côté de moi toute la nuit et il a dévoré mon âme " dit l'homme. Il s'affala dans un hamac et s'y confina pendant cinq jours sans rien manger ni boire car son âme avait été dévorée. Puis il mourut.

» S'il t'arrive de rencontrer Timakanã dans la

forêt, continua Antonio-hu, n'oublie pas d'être poli! Il y avait une fois un groupe de cinq ou six chasseurs qui venaient de tuer une quantité de pécaris et qui devaient passer la nuit dans la forêt en attendant d'avoir fumé la viande. Timakanã s'approcha d'eux, mais il ne mangea pas leurs âmes parce qu'ils s'étaient bien conduits envers lui. " Que fais-tu ici? s'écrièrent-ils. Pourquoi nous regarder? Nous sommes venus ici ensemble; nous avons tué des pécaris. Va-t'en! Va-t'en et tue tes pécaris toi-même! " Timakanã s'en alla. C'est seulement quand on s'adresse à lui en vociférant grossièrement, quand on l'insulte ou qu'on lui tire dessus à coups de flèches qu'il se fâche et mange ton âme. »

Il mange ton âme : l'expression décrit très exactement ce qu'un esprit fait à un Indien quand celui-ci est troublé mentalement au point de ne plus pouvoir se protéger contre lui. Mais un sort pire guette parfois le malheureux : son âme mangée, il peut rester en vie comme une espèce de zombie. C'est la spécialité d'Anyang.

Anyang est un des esprits les plus maléfiques de la forêt. C'est l'esprit des morts. Parfois il apparaît comme un personnage unique; parfois il prend la forme d'une multitude de personnages, tant mâles que femelles. Ceux-ci se promènent parfaitement nus, et les mâles n'attachent pas leur prépuce. Les Anyang dansent des rondes qui consistent en de répugnantes cabrioles : avec les mains, les femelles font tressauter et retomber leurs seins tandis que les hommes secouent pareillement leur énorme pénis; leurs cheveux tout emmêlés descendent jusqu'à la taille; ils ont la peau verte comme celle de cadavres en décomposition et leur corps est dépourvu d'os. Antonio-hu me raconta que jadis, il y a très longtemps, une horde d'Anyang hantait le fleuve Capím, où vivaient alors les Urubu; les esprits attaquèrent une famille, se saisirent d'un petit enfant, qu'ils étaient sur le point d'emporter quand le père prit une trompe et en sonna. Les Anyang furent tellement effrayés qu'ils laissèrent tomber l'enfant, s'enfuirent dans la forêt, hurlant et trébuchant sur des racines.

Il est dangereux de s'opposer aux Anyang, même en cas de légitime défense. Quelques semaines après l'affaire du village, le père chassait dans la forêt quand la horde des Anyang l'attaqua; ils mangèrent son âme et le changèrent en un Anyang comme eux. Pendant une année, il erra, muet, dans la forêt, se nourrissant de baies, les cheveux longs et poisseux, la peau toute verte tant elle était sale. Un chaman qui l'avait retrouvé par des moyens magiques entreprit de le soigner avec des fumigations de tabac, et il lui expliqua qu'il se porterait bien à condition de ne plus jamais se peindre. Mais, un jour qu'elle le voulait beau pour une fête de boisson, sa femme lui mit de l'urucu sur le visage : il mourut presque aussitôt.

L'urucu, couleur de sang, donne de la force; c'est pourquoi un homme qui s'isole en période de réclusion ne doit pas en faire usage. Car s'isoler c'est faire semblant d'être mort, et dans ce cas se servir d'urucu serait aussi néfaste que boire du poison en circonstances ordinaires. Sans doute, notre homme ne se trouvait pas en réclusion mais sa condition était plus dangereuse encore : il était un cadavre vivant.

Ces récits ne manquent pas de sagesse, car les esprits apparaissent rarement sans raison; ils relèvent de l'âme et se manifestent comme les symptômes d'une dissension interne. L'âme proprement dite est nommée *ang,* qui signifie littéralement ombre. Comme la plupart des mots du vocabulaire religieux, celui-ci comporte de nombreux sens – il implique qu'un homme ne peut voir son âme que quand brille le soleil (ou plutôt le Soleil, puisqu'il s'agit de mythologie). Les Indiens proclament sans trêve la relation qui les unit au Soleil, c'est-à-dire à

Maír et à la conscience claire; mais ils ne commettent pas l'erreur de confondre l'âme et le soleil; l'âme, comme l'ombre, est la projection d'une image, autrement dit une image négative. Quand l'âme rencontre un esprit trop fort pour elle, elle perd ce sentiment d'appartenance solaire et se laisse dévorer.

Anyang et Timakanã sont des sortes de super-esprits, que connaissent tous les Indiens car ils apparaissent en général dans des situations ou en conséquence d'actions bien définies. Anyang se montre souvent à l'homme qui a un nouveau-né dans sa maison; Timakanã, à l'homme en quête de tortues ou qui a tué trop de gibier. Toutes ces situations sont curieusement liées. Laissons Anyang de côté pour l'instant; Timakanã est le personnage le plus important, bien qu'assez différent du type d'esprits que conçoivent ordinairement les tribus de langue tupi. Il relève plutôt d'une autre mythologie, probablement la même dont les Urubu ont tiré leur second héros culturel, Anawira. Mais Timakanã est étroitement lié avec Curupir, cet autre esprit de la forêt. *Curupir* (littéralement Peau Rude) est, au dire des Indiens, le « maître » de la forêt – son esprit régnant. Ses pieds, tournés vers l'arrière au-dessous de la cheville, laissent des empreintes qui pointent dans la direction opposée à la sienne afin de tromper ceux qui tentent de lui échapper en fuyant du côté qu'ils croient bon mais qui les conduit à leur perte. Ce caractère, classique chez tous les sorciers de par le monde, semble, au Brésil, devoir être rattaché au fourmilier géant, dont les griffes antérieures sont si longues et recourbées qu'il est obligé de prendre appui sur l'articulation – les griffes pointant en arrière – comme s'il marchait sur des moignons. Un autre caractère frappant du fourmilier est son long nez, auquel il doit de figurer souvent dans les mythes comme un Esprit de la Forêt; Curupir possède aussi ce caractère phallique car il a deux énormes testicules contenus dans des bourses pendantes. Il annonce sa présence dans la forêt en cognant violemment ses bourses contre des troncs d'arbres, en particulier contre ces grosses racines aériennes semblables à des piliers, comme en ont tant d'arbres de la forêt, et qui résonnent merveilleusement quand on les frappe.

Curupir possède deux autres traits : ses yeux, dont on dit qu'ils s'embrasent la nuit comme de petits soleils, et son affinité avec les tortues. A ce double titre, il ressemble à Timakanã, qui émet de la lumière au moyen des calebasses qu'il porte sur lui. Les calebasses elles-mêmes semblent être un substitut affaibli pour des carapaces de tortues. Mais la parenté des deux esprits tient surtout au pouvoir que l'un et l'autre exercent sur la forêt. Quand un chasseur tue plus de gibier qu'il ne peut en ramener ou en manger, Curupir s'en prend immédiatement à lui soit pour le rendre *panem* (malchanceux), soit pour le tuer par des moyens surnaturels. Quand Timakanã s'approcha du groupe de chasseurs qui venaient de tuer des pécaris, il se demandait probablement s'ils n'en avaient pas trop tué. Dans ce cas, toute la politesse du monde ne leur eût servi à rien : Timakanã aurait mangé leurs âmes.

Ainsi, Curupir est le chef de la forêt, et, en tant que tel, il s'oppose à Maír, chef du village. Ces deux personnages se distinguent d'une étrange façon; tout ce passe un peu comme si l'un était le reflet de l'autre. Quand Maír marche en avant, Curupir, avec ses pieds torses, marche en arrière; pendant la journée, Maír se montre comme un soleil, et il n'a pas de pénis – tandis que Curupir apparaît généralement la nuit avec des yeux luminescents et des organes génitaux énormes. Quand les Indiens mangent du chevreuil dans la forêt, leurs rites subissent une curieuse inversion qui montre bien comment Maír et Curupir s'opposent. La préparation et la consommation du chevreuil sont entourées de tabous, déjà mentionnés plus haut, parce que les chevreuils sont tenus pour des animaux magiques ou pour des esprits incarnés. Ramener une carcasse de chevreuil au village équivaut donc à confronter Maír avec tout ce qui lui est antagonique et des tabous sont nécessaires pour contrôler et limiter cette guerre entre forces spirituelles opposées. Dans la forêt, toutefois, Maír n'est pas présent, et le chasseur se trouve sur un pied d'égalité avec ce qu'il chasse : les tabous n'interviennent plus.

La tortue forme le lien le plus intéressant entre Maír et Curupir, c'est elle qui joue le véritable rôle d'intermédiaire entre la forêt et le village. Les tortues sont des espèces de fruits animés; on les ramasse comme des fruits bacuri, soit dans les trous qu'elles aménagent sous les feuilles mortes, soit sous les arbres, où elles vont pour manger les fleurs et les fruits tombés. Elles fournissent aux Indiens leur nourriture la plus fréquente, exception faite de la farine de manioc, et une des rares qu'ils aient le droit de manger en période de réclusion.

Il y a deux espèces de tortues : les *carumbé* ont la tête et les pattes couvertes d'écailles rouges, leur carapace est brun clair; les *yashi*, plus petites, ont la carapace et les écailles d'un brun laiteux. La tortue carumbé, dont le nom semble signifier *chose à manger*, est aussi un personnage héroïque de la mythologie, qui habite un grand trou dans le sol, où il chante et agite une *maraca* (hochet) faite d'un crâne de jaguar. Il en sort de temps à autre et parvient, par des moyens souvent sommaires, à tuer un ou deux jaguars; il rentre ensuite chez lui avec un nouveau crâne de jaguar, dont il fera un maraca. La virilité de la tortue se manifeste aussi d'une autre manière puisque son pénis est utilisé comme aphrodisiaque. Un jour que j'avais négligemment laissé entendre que je n'éprouvais en ce moment aucun désir particulier de posséder une femme, je dus goûter au pénis de tortue. Pari, qui m'avait posé la question, et qui, lui, en mourait d'envie, pensa que quelque chose n'allait pas chez moi; il demanda à Chico d'ouvrir la tortue que nous devions manger à dîner et de griller son pénis au-dessus du feu. Ce n'était pas beau à voir; en cuisant, l'organe devenait d'un vert noirâtre. Je mordis dedans à plusieurs reprises, sans conviction; après avoir vainement mastiqué pendant cinq minutes, je renonçai. De temps à autre, Pari me demandait si je sentais quelque chose, mais je ne percevais aucun appel pressant. Il attribua cela au fait que je venais, juste avant, de manger une banane, dont les effets mollifiants sont bien connus. Yashi, semble-t-il, signifie *calebasse blanche,* mais, à l'inverse de la tortue carumbé, celle-ci ne figure dans aucun mythe. Toutefois, c'est la tortue yashi que les Indiens mangent en période de réclusion, et non la carumbé, parce que au lieu d'être rouges ses écailles sont blanches : le rouge est la couleur de la vie, or un homme fait retraite pour imiter la mort. Il se pourrait donc bien que le terme *yashi* soit apparenté au terme *yahi* (lune) : la tortue yashi étant ainsi le symbole vivant de cette force lunaire qui, en déclenchant les règles, contraignit les femmes à la réclusion et leur ordonna de manger de la chair de tortue.

Bien entendu, Anyang est l'esprit des morts; il est intéressant de noter que sa propension à enlever les enfants se rencontre aussi chez Curupir. Curupir (comme Timakanã) apparaît de préférence aux gens qui vont en forêt chercher des tortues yashi, dont ils se nourriront pendant leur réclusion; celle-ci a lieu le plus souvent à l'occasion de la couvade (1),

(1) La couvade proprement dite est le rite qu'observe un homme dans le but d'imiter la grossesse de son épouse; mais, pour les besoins de la cause, je me sers aussi du terme pour désigner la période de réclusion qui suit la naissance de l'enfant, et les restrictrions que doivent s'imposer les époux pendant le même temps.

période d'environ six mois qui suit la naissance d'un enfant.

Quand une femme est sur le point d'accoucher, son mari imite sa conduite et va s'étendre dans son propre hamac. Ils sont tous deux en réclusion et suivent le régime habituel à cet état, qui consiste à boire des shibés et à manger de la chair de tortue. Une semaine après la naissance, les époux peuvent quitter leur hamac et se promener dans le village; mais l'homme n'a pas le droit de chasser ni la femme de travailler dans la plantation de manioc. Après quelque temps, le régime admet une plus grande variété de nourritures : la chair du petit gibier est permise, mais pas celle du porc, du chevreuil, du tapir ou des oiseaux, et les rapports sexuels sont toujours interdits. Si l'on n'observe pas ces tabous, l'enfant risque de mourir; la couvade ne se termine que vers le sixième mois de l'enfant, au moment où il reçoit son nom.

Les Indiens prennent la couvade très au sérieux. Certains pères, lassés de se nourrir de tortue, succombent parfois à la tentation et mangent un succulent morceau de tapir, mais il s'en repentent amèrement plus tard; ce fut le cas de Yawaruhu, dont le jeune fils mourut après qu'il eut accepté un de ces plats défendus. Son chagrin prit la forme d'une mélancolie furieuse que sa femme aggrava en refusant de coucher avec lui sous prétexte qu'il avait sottement agi. Car ce n'est pas seulement pour protéger leurs enfants que les Indiens observent les règles de la couvade : il y va aussi de leur âme. Tero, par exemple, tomba malade un jour, sans raison, et devint complètement jaune. Cette couleur indiquait d'une manière certaine que sa maladie n'était pas d'origine purement physique et qu'il avait dû violer un tabou, ce qui ne manqua pas d'être vérifié. Une femme mariée avec laquelle il avait eu une liaison venait de mettre un enfant au monde. Elle et son mari s'étaient isolés, ce qui les avait protégés, ainsi que l'enfant; mais, en bonne logique indienne, Tero, qui avait eu sa part dans la conception de l'enfant et était exposé aux mêmes influences, se trouvait sans protection. On lui fit immédiatement observer toutes les règles de la couvade; en outre, on le lava avec une décoction magique de feuilles de manioc dans de l'eau et on égratigna ses jambes avec une dent pointue. Ce procédé n'est pas habituel dans la couvade, mais il était devenu nécessaire parce que Tero avait violé un tabou et se trouvait spirituellement en danger.

La relation père-enfant est donc à double sens puisque l'enfant n'exige pas moins de son père que celui-ci n'exige de lui. La raison en est simple : pour un Indien, un enfant est la preuve tangible qu'il a lui-même une âme. Jusqu'à ce qu'il devienne père, l'âme d'un homme n'est qu'une ombre ou un esprit toujours en train d'errer, dans les rêves nocturnes et les rêveries diurnes, à la recherche d'un être physique capable de l'incarner; alors seulement on pourra la voir, donc la contrôler. L'âme connaît divers points où se fixer; le chef de village en est un puisqu'il offre un des miroirs où les Indiens peuvent le plus facilement se reconnaître – mais c'est quand l'âme se fixe sur un enfant qu'on la voit le mieux, car l'enfant et l'âme elle-même sont les deux seules créations pleinement humaines dont les hommes et les femmes aient la capacité.

Ce raisonnement comporte évidemment un point faible : ce sont les femmes qui accouchent, et non les hommes. La couvade n'est qu'un artifice pour tenter de nier l'évidence; l'homme s'essaie à revendiquer la possession de l'enfant de la façon la plus ostensible qu'il puisse concevoir : en imitant la femme qui accouche. Cet effort de création spirituelle se poursuit pendant six mois, jusqu'à ce qu'on nomme l'enfant et qu'« il se réveille »; en attendant, on dit de l'enfant qu'« il dort », c'est-à-dire qu'il n'est pas encore formé spirituellement.

Pour donner un nom à l'enfant, on organise une fête à laquelle sont conviés tous les habitants des villages voisins. La fête débute au coucher du soleil, chacun recevant alors une petite gorgée de cahouin; puis on sort les grands bols, dont la contenance est de un litre en moyenne, et les convives se mettent à boire pour de bon. Ils entonnent des chants assourdis et gutturaux à la louange du cahouin; ces chants décrivent les effets du cahouin et sa fabrication à partir de galettes de manioc. Les chants dits d'oiseaux, aux modulations aiguës, sont aussi très appréciés, surtout celui du *yapu*, oiseau favori de Maír (les plumes jaunes de sa queue fournissent la partie la plus importante de la coiffure cérémonielle que les hommes portent en l'honneur de Maír). A l'aube, tout le monde s'assemble dans la grande hutte du village pour assister au rite. Les hommes s'asseyent dans les hamacs, à l'intérieur de la hutte, et les femmes tout autour, à l'extérieur, sur des nattes en feuilles de palmier tissées spécialement pour la circonstance. C'est un *pai angau* (un parrain) qui donne le nom à l'enfant; en général, les hommes s'entendent à deux pour organiser la fête, chacun nommant l'enfant de l'autre : il s'agit souvent de beaux-frères ou de cousins. Le parrain, orné de toutes ses plumes, prend l'enfant dans ses bras et, si c'est un garçon, lui pose une coiffure sur la tête (les filles n'ont pas le droit de porter de coiffures), puis il l'entraîne en dansant vers un petit feu que l'on a allumé à l'est, dans la direction du soleil, sur le point de se lever. En dansant, il joue d'une flûte faite d'un os long d'oiseau de proie accroché à son collier de plumes; il continue à danser et à jouer de la flûte jusqu'à ce que l'enfant cesse de pleurer. Puis il rend l'enfant à ses parents, se lève et proclame successivement le nom à chaque personne venue assister à la cérémonie, laquelle personne le répète à son tour afin qu'on ne puisse pas l'oublier.

Le soleil et le feu sont évidemment des emblèmes de Maír; le parrain, avec ses parures de plumes, est lui-même un Maír; sa danse évoque Maír dans son rôle de guerrier, cruel comme un oiseau de proie. On présente ainsi l'enfant à l'univers comme une sorte de Maír en puissance; pour que cette prétention ait une chance de se réaliser, elle doit être affirmée publiquement – de même que, dans une situation opposée, un homme se garde de divulguer ses rapports avec les esprits de peur que ceux-ci ne l'attaquent. Bien sûr, pendant la couvade, le père a déjà revendiqué des droits d'une autre sorte. La fête d'imposition du nom, qui met un terme à la couvade, montre que cette revendication a été partiellement satisfaite : puisque la couvade comporte une réclusion, et que la réclusion représente l'état de mort, l'homme qui en sort est donc en train de renaître. Par conséquent, la fête célèbre l'homme en tant que père, non moins que l'enfant sous l'aspect de Maír. Ce qui revient à poser, de la manière la plus élégante, une relation d'équivalence entre l'âme et l'enfant.

Il n'est donc pas surprenant que les esprits s'attaquent aux personnes, ou bien mangent leurs âmes, ou encore enlèvent leurs enfants; en fin de compte, le résultat est le même. Rien d'étonnant non plus à ce que la tortue, animal familier de Curupir, soit la nourriture des hommes pendant leur réclusion, alors qu'ils se préparent à devenir eux-mêmes des Maír. Une tortue, avec sa carapace dure que les flèches ne peuvent transpercer, est elle-même une sorte de Maír; elle illustre aussi le fait que Maír et Curupir, bien qu'ils représentent des principes très différents, ne sont en vérité que l'avers et le revers d'une même médaille – comme l'histoire suivante va nous le montrer.

Un jour, un jeune homme partit dans la forêt pour chercher quelques tortues yashi. Sa femme venait de donner naissance à un enfant, et la viande de yashi était la seule qu'elle avait le droit de manger. Toute la journée l'homme chercha des tortues, mais en vain : les trous de tortues étaient vides, leurs occupantes invisibles. Dans la soirée, il entendit un homme qui vociférait non loin de là. « Un serpent anhinga s'est enroulé autour de ma cheville. Venez vite l'enlever! Vite! Vite! » L'homme était Curupir, il mentait, car il n'y avait point de serpent autour de sa cheville. Le jeune homme s'approcha un peu et Curupir hurla de nouveau. Sous un arbre, le jeune homme vit alors Curupir entouré de tortues attachées à des piquets, prêtes à être emportées.

« Qu'est-ce que tu fais?

– Je cherche des tortues, mais je n'en ai pas trouvé; il n'y avait que des trous vides.

– C'est exact, je t'ai devancé et les ai ramassées pour toi. Viens passer la nuit chez moi. »

Chargés de tortues, ils se rendirent dans la demeure de Curupir, qui avait donné au jeune homme beaucoup de tortues, mais pas de belles : des petites, les pattes torses, les écailles bosselées. Bientôt, ils arrivèrent chez Curupir : ce n'était pas une vraie maison, c'était un trou dans un arbre. Le jeune homme crut pourtant que cela ressemblait à une maison. A l'intérieur, il y avait la femme de Curupir. Bien que la demeure fût bourrée de grosses tortues, elle en ouvrit une vilaine petite pour le dîner du jeune homme.

« Dors ici, cette nuit! » proposa Curupir. Ils dormirent, et le lendemain matin Curupir dit : « Je vais à la chasse tuer un chevreuil mahau pour que tu en manges, reste ici avec ma femme! » Encore un mensonge! C'est le garçon que Curupir espérait manger à dîner ce soir-là. Il prit sa femme à part et lui dit d'emmener le jeune homme à la cueillette des noix naja, et de le tuer. Puis il s'en alla.

« Viens cueillir des naja! dit la femme.

– Allons-y! »

Ils marchèrent jusqu'à un bois de palmiers naja. Chaque arbre était un géant.

« Viens par ici! dit la femme, je veux ton pénis!

– Non, non. J'ai un petit enfant à la maison, je ne peux pas te suruquer. »

Dans un arbre à proximité, un singe riait :

« Hé! dit-il, viens ici, que fabriques-tu avec la femme de Curupir?

– Nous cueillons des naja.

– Mais non, elle va te tuer! Ne la laisse pas grimper dans le palmier naja, mais grimpes-y toi-même! »

Ainsi, en dépit des protestations de la femme de Curupir, il grimpa dans l'arbre. Au faîte, il y avait de grosses grappes de noix.

« Fais attention, mets-toi bien en dessous pour attraper les grappes qui tombent, cria le jeune homme, ne laisse pas les noix s'éparpiller sur le sol! »

La femme se campa juste au-dessous de lui, les bras écartés, et le jeune homme coupa la tige d'une grappe... *wouhouhou... oumf!* fit la grappe en touchant le sol. Il avait manqué la femme de justesse.

« Attrape-la! » cria le jeune homme en coupant une autre grappe. Celle-ci tomba pile sur la femme, en plein dans ses yeux, lui rompant le cou. Dans les arbres, tous les singes éclatèrent de rire parce qu'elle était morte.

« Vite! dit le singe, ramène le corps chez Curupir, allume un feu et fais-le bouillir. »

Il s'affaira donc à débiter le corps : trancha la tête, découpa le carapua, fit un feu là, dans la maison de Curupir, et mit la chair dans une marmite, le carapua tout au fond, pour la faire bouillir.

« Vite! » répéta le singe, et le jeune homme rentra en courant dans son village.

Curupir revint chez lui, n'y trouva point sa

femme. « Hé! Où es-tu? » Pas de réponse. « Elle aura été se baigner, c'est une bonne épouse; après avoir tué le jeune homme, elle l'aura fait bouillir. Je vais le manger. » Il se mit à manger la chair, prit un peu de farine, qu'il mangea en même temps; une pensée lui traversa l'esprit : « Où est le pénis de l'homme? Où sont ses testicules? Je les veux! » Il fouilla dans la marmite et en sortit le carapua de la femme.

« Aïe! L'homme a tué ma femme, et c'est elle que j'ai mangée. Aïe! »

Il s'en fallut donc de peu que Curupir n'échappât à son juste châtiment. « Garde-toi d'aller chasser quand il y a un petit enfant dans ta maison, me dit-on, sinon tu verras Curupir. »

On saisira mieux le sens de cette histoire quand on saura qu'au milieu du jardin de Maír se dresse un énorme palmier, analogue à celui sous lequel fut tuée la femme de Curupir. Maír a une fille; elle appartiendra à l'homme capable de grimper au sommet du palmier – ce qui demande trois jours, tant l'arbre est haut – et de couper deux grappes de fruits. La fille de Maír les ramasse et en fait une boisson qu'elle offre à l'homme dès qu'il est descendu du palmier, tout comme les filles apportent un shibé à leur mari au cours de la cérémonie du mariage. Le palmier de Maír est un bacaba dont le fruit donne une boisson agréable; celui de Curupir était un naja dont les fruits servent de nourriture aux rongeurs, et plus encore à la sarigue, l'animal attitré du chaman.

Père depuis peu, le jeune homme aurait dû rester dans son village, en réclusion, puisqu'il était en train de devenir un Maír. Au lieu de quoi il est allé dans la forêt, provoquant ainsi toutes les forces qui s'y trouvent; elles ont voulu défaire l'âme qu'il se préparait sous la forme de son enfant; en particulier, il a provoqué Curupir parce qu'il chassait des tortues. Ce qui aurait dû être un événement propice s'est inversé pour devenir un événement néfaste : le palmier naja s'est substitué au palmier bacaba, et la femme de Curupir à la fille de Maír. Il est facile de devenir père, mais plus dur de le rester.

CHAPITRE XV

LES CHAMANS

Il est bien dommage pour les Urubu qu'ils n'aient plus de véritables chamans. Car le chaman est un guérisseur qui sait aussi prévoir l'avenir; et il reconstitue l'âme humaine quand elle a été mangée par un esprit. Chaque maladie physique ou mentale est censée avoir une cause spirituelle; pour y remédier, le chaman invite l'esprit responsable dans le village, le subjugue par des moyens magiques, et se laisse en même temps posséder par lui, non sans demeurer maître de la situation; ainsi, il offre à l'esprit un corps dans lequel celui-ci habitera et par l'intermédiaire duquel il agira – le chaman étant assez fort pour que l'esprit ne le transforme pas en zombie. Quand il veut se mettre en état de possession, le chaman exécute des chants et des danses spécialement dédiés à chaque esprit, et il inhale une quantité incroyable de fumée provenant d'énormes cigares. La fumée a un double rôle : elle aide à le mettre en transe et, sous forme de fumigation, elle sert à chasser la maladie.

Si les Urubu n'ont pas de véritables chamans, c'est probablement la conséquence d'un accident historique : les deux frères qui étaient venus du Capím pour fonder une nouvelle tribu au sud du Gurupí étaient des guerriers, non des chamans, de sorte que le savoir magique, qui demande un long apprentissage, fut perdu. Ils se souvenaient, pourtant, de certaines techniques chamanistiques communes telles que l'emploi de la fumée de tabac pour les fumigations. Ceux qui pratiquaient ces techniques ne portaient pas le nom de *payé-té*, chaman véritable, mais de *payé-ran*, chaman prétendu. A présent, ils sont plusieurs de ces prétendus chamans qui essayent d'améliorer leurs connaissances en visitant les Indiens Tembé à Jararaca, chez qui se trouvent encore de véritables chamans. Toí était l'un d'eux : un gros paquet de flèches avait payé son apprentissage, au cours duquel, me confia-t-il, il avait failli mourir car on lui défendait de manger. « Pendant autant de mois, dit-il en brandissant devant sa figure ses mains, dont il écarta plusieurs fois les doigts, je n'ai rien mangé que de la viande de tortue! »

Chico rit. Son père, qui vivait à Jararaca, était un véritable chaman; il avait commencé à enseigner à Chico les rudiments de la science. Mais Chico n'avait pas pris la peine de suivre un régime, il mangeait tout ce qui lui faisait envie. « Je mangeais de tout, me dit-il, mais je n'apprenais rien! J'ai passé une année entière sur des chants payé-té, et je ne les sais toujours pas. »

Toí, hélas! ne les connaissait pas non plus. Le texte des chants, en tembé archaïque et difficile, lui échappait, comme à tous les Urubu; il n'avait donc retenu que les airs, qu'il beuglait avec toute l'assurance dont il était capable. Il semble que le vieux chaman urubu ne se souciait pas des chants, de même qu'il ne fumait pas son tabac dans un cigare enveloppé d'écorce de tawari, à la manière des Tembé; il le fumait dans une pipe en terre. Par ailleurs, il n'était possédé que par un seul esprit familier : celui de l'aigle à queue blanche, ou *tapé-tapen*. Fumant sa pipe, le chaman entrait en transe; tapé-tapen descendait en lui, lui demandait ce qui se passait et lui donnait le conseil approprié, que suivait le chaman une fois qu'il avait repris ses sens. Il est difficile d'obtenir des informations exactes sur le chamanisme urubu proprement dit, car on ne le pratique plus depuis très longtemps. Certains disent que le dernier chaman vivait il y a quatre ou cinq générations, mais Antonio-hu rejetait violemment cette supposition. Selon lui, il n'y aurait eu que deux chamans, nés au commencement du monde, et qui montèrent au ciel pour échapper au feu universel. Ces chamans mythologiques ne communiquèrent pas leur savoir à leurs enfants, m'expliqua-t-il avec aigreur, pour la bonne raison qu'ils ne se marièrent jamais. Ils n'auraient d'ailleurs pas été très utiles à leurs femmes, car la taille de leur pénis dépassait à peine celle d'un pénis d'enfant. (A mon grand étonnement, Antonio-hu devint soudain pensif et regretta de n'être pas fait comme un payé-té, de n'avoir pas un pénis plus petit. D'habitude, ses vœux s'exprimaient dans un sens opposé.) Ces deux chamans ont beaucoup en commun avec Maír, et il est fort probable qu'ils sont les jumeaux miraculeux mis au monde par la femme de Maír (*cf.* le chap. XVII); en tout cas, les Urubu se félicitent qu'ils n'aient pas eu de descendance et qu'il n'y ait, par conséquent, aucun payé-té actuellement en vie. Les histoires de magie sont parfois amusantes, mais la magie en soi n'a rien de drôle quand elle est employée mal à propos – et ce devait être le cas, puisque chez les Tembé l'oiseau tapé-tapen, comme le vautour, est l'esprit de sorcellerie et non celui de guérison.

Bien que Chico ne fût pas un chaman, il en savait assez pour mépriser les prétentions des Urubu en cette matière. Pari lui raconta comment, à Jararaca, un chaman lui avait donné deux *caruwa* – un caruwa est la pleine figuration symbolique d'un esprit, figuration avec laquelle on peut causer ou guérir une maladie – et comment il avait vu un homme chanter comme un chaman immédiatement après avoir mangé de la viande de tortue (« C'est mal », dit Chico), et exhiber un caruwa de papillon.

« Papillon! s'écria Chico avec indignation, les papillons n'ont pas de caruwa! Les papillons ne font que venir boire du *macasser* (une soupe de manioc doux qui est la nourriture traditionnelle du chaman après qu'il a chanté); ils viennent quand on chante, simplement parce qu'ils viennent, mais ils *n'apportent* rien. »

Indifférent à ces propos, Pari continuait à fabriquer un caruwa de papillon : long bout de fil aux deux extrémités duquel était attaché un éclat de bois pointu, qu'il tenait par le milieu et qu'il faisait pendiller devant nous.

« C'est comme ça qu'il était, dit-il en le suspendant à la tête de son hamac.

– Ils ne savent pas! protesta Chico, jaloux; ils ne savent pas! C'est mauvais pour eux de chanter quand ils ne savent pas; on en meurt; le malade meurt, le chanteur meurt et les gens meurent à cause de ça. »

Terepik raconta comment, jadis, elle avait eu une migraine; Antonio-hu était venu et il avait chanté sur elle pour enlever le caruwa – un chant, simplement! Et la migraine avait disparu.

« Ce n'est pas bien! répéta Chico; c'est même dangereux de chanter comme ça! La maladie disparaît pour un temps, mais elle revient, pire qu'avant. »

Terepik ne partageait pas cet avis : sa migraine n'était jamais revenue. Toí annonça qu'il allait chanter le soir, et Chico rit dédaigneusement. « Il en est incapable! me dit-il. Ce soir, moi, je ne chanterai pas du tout, je me bornerai à écouter. »

Le soir, quand tous les habitants du village se trouvèrent entassés dans notre hutte, avec leurs hamacs accrochés çà et là entre les poteaux, Chico pensa qu'il ferait tout de même bien de leur chanter trois chants, pour la seule raison qu'ils ne savaient pas chanter.

Sur la table, il y avait une petite pile de cigares de tawari dont j'avais fourni le tabac; on les fait avec du tabac en corde finement coupé et frotté entre les mains, qu'on enveloppe ensuite d'une pellicule d'écorce de tawari bien serrée et liée avec de petites bandelettes de la même matière. On alluma un de ces tawari long de trente centimètres, gros de plus d'un centimètre, et on l'offrit à Chico, qui commença à fredonner pour se donner de l'entrain. Il se tourna ensuite vers moi en disant : « Je vais leur chanter six ou sept chants. » Il était assis à côté de Pari, dans le hamac de celui-ci, tandis que nous autres, hommes, femmes et enfants, chacun avec son tawari, nous nous tenions tant bien que mal assis ou debout.

Après avoir chantonné plusieurs fois – certains airs tembé rappellent les chants grégoriens et tous ont une consonance plaisante et harmonieuse qui contraste avec les gémissements convulsifs des chants urubu – et marqué la mesure avec la maraca que Toí lui avait prêtée, Chico se mit à chanter pour de bon; peu après, il était debout, chantant à gorge déployée. Comme les autres ne connaissaient pas les paroles, ils vocalisaient de leur mieux pour soutenir la mélodie, tandis que Chico entamait son cigare. D'abord, il joua avec, en froissa un peu le bout entre ses doigts, puis souffla dessus pour faire jaillir une gerbe d'étincelles qui alla se perdre dans la toiture; aussitôt, Toí l'imita, et Tero souffla dans le sien, comme dans un tuyau. Puis Chico se mit à inhaler; il aspirait la fumée à pleins poumons, secouant les épaules dans un mouvement de soufflet pour emmagasiner autant de fumée que possible dans un temps record, et puis l'expulser à nouveau – inspirant, soufflant; inspirant, soufflant... J'étais persuadé qu'il aurait besoin d'une bouffée d'air pur pour ne pas suffoquer – mais il continuait, sans même tousser. Bien entendu, tout ce qu'on respire n'est pas fumée : la bouche n'est pas vissée au bout du cigare, et une petite ouverture subsiste toujours à la commissure des lèvres laissant passer l'air, qui va se mélanger à la fumée, ce qui permet aux poumons de se dilater vite et fort. Mais il faut un bon entraînement qui me manque : après quelques-unes de ces cruelles inspirations, la toux me gagne. En revanche, un bon chaman fumera durant la nuit cinq ou six tawari, de quarante-cinq centimètres de long, et, bien qu'il lui arrive de tousser un peu, il chantera jusqu'à l'aube sans que faiblisse sa voix.

Pour un homme jeune, Chico chantait assez bien : sa voix n'avait pas encore la sonorité de celle de son père – sonorité qui rendait les chants tembé si agréables qu'on pouvait les écouter toute la nuit. Mais les autres étaient constamment en retard d'une mesure, et, quand ils perdaient le fil de la mélodie, ils chantaient *hé hé!* sur un ton neutre pour boucher les trous; cependant que les femmes, pareilles à des hautbois, discordants, chantaient – le déchant est une mélodie ou contrepoint écrit au-dessus du plain-chant et toujours faux quel que soit l'air – un yodel guttural sur quatre notes. La voix de Chico fut bientôt submergée par ce vacarme formé par le charivari des femmes et par le beuglement des hommes.

Presque après chaque couplet, Chico soupirait, épuisé : « *ehh! ohh!* » et remplissait encore une vingtaine de fois ses poumons de fumée de tabac. Ensuite – quand il n'était pas pris d'une quinte de toux, comme cela devait lui arriver plus tard – il passait au couplet suivant. « *Ehh! ohh!* » soupiraient les autres hommes autour de lui, simplement pour être dans le coup; ils emplissaient leurs poumons de fumée, vociféraient la mélodie, et envoyaient des étincelles dans l'air. C'était vraiment un beau spectacle. Ma lampe à pétrole était éteinte, il faisait nuit noire; on apercevait seulement les nombreuses extrémités allumées des cigares, dont la lueur s'intensifiait ou faiblissait, et d'où jaillissaient des gerbes d'étincelles illuminant parfois un visage sombre et hâlé, tout occupé à respirer. La fumée envahissait la hutte, fusait au travers des parois, d'où elle s'élevait en de lentes spirales. Le tumulte était magnifique.

Chico, ivre de fumée, et sans doute aussi d'une surabondance d'oxygène, se mit à gémir du fond de sa poitrine; il abandonna les chants ordinaires dont il s'était contenté jusque-là et se lança dans un véritable chant de chaman pour sommer Mikur, la sarigue de la forêt, de l'aider dans la cure qu'il allait tenter. Peu après, il tomba sur le dos par terre, où il resta à gémir misérablement : les autres avaient tous cessé de chanter, ce qu'ils n'auraient pas dû, et tiraient nonchalamment quelques bouffées de leurs cigares en bavardant un peu; finalement, pressés par les femmes, ils se remirent à chanter. Quatre minutes plus tard, Chico, de nouveau sur pied, chantait plus fort que jamais, possédé qu'il était par l'esprit de la sarigue. Une des enfants souffrait d'un point de côté, et, tandis que les autres continuaient de chanter, Chico palpa l'endroit douloureux, souffla directement dessus la fumée qui s'échappait de son cigare et celle qu'il exhalait par la bouche. Puis, la bouche encore pleine de fumée, il suça cet endroit à plusieurs reprises et souffla vigoureusement dans son poing fermé, qu'il écarta ensuite en ouvrant les doigts pour se débarrasser de ce qu'il avait retiré par succion. Finalement, il emplit encore sa bouche de fumée et la souffla dans sa main à demi fermée sur l'endroit malade – et ce fut tout. Il montra ce qui avait causé la douleur : un petit objet plutôt dégoûtant; je crois que c'était un bout de viande qu'il avait conservé dans sa bouche depuis le dîner.

Il donna alors un caruwa fortifiant à Tero, à Toí

et à Pari. Il leur fit exhaler la fumée de leurs cigares dans le creux de ses mains, jointes en cornet, qu'il tenait devant sa figure : puis, soufflant dans ses mains, il émit un horrible bruit de vomissement – sorte d'aboiement ou d'éructation caverneuse – et il insuffla le caruwa dans leur corps. Après avoir terminé, il s'assit quelques instants pour se reposer, et tous les autres en firent autant; mais, bientôt, il se releva et commença à tirer les hommes par la tête, par les bras et par la peau, en pétrissant leurs chairs – pour placer correctement le caruwa, m'expliqua-t-il après. Finalement, le groupe se sépara, non sans que Chico eût prévenu Tero qu'il devrait désormais faire attention à ce qu'il mangerait. Il devait notamment s'abstenir de toute nourriture ayant une odeur forte, de crainte que le caruwa ne l'abandonne et, par conséquent, ne lui cause quelque mal; même la chair de tortue lui était interdite, de peur que le caruwa ne sente l'odeur de la carapace, brûlée pendant la cuisson. Coucher avec une femme aurait eu aussi pour lui des conséquences fatales.

Pendant plusieurs jours, Tero prit son caruwa très au sérieux et refusa de manger la chair de pécari qu'on lui apportait sous prétexte qu'elle avait une odeur. Chico essaya de me donner un caruwa en introduisant dans mon poignet un bout de charbon de bois; il le tint d'abord entre ses paumes, puis souffla dessus en le frottant sur mon poignet, soufflant de nouveau (avec, cette fois, le morceau de charbon dans la bouche), puis il glissa une main par-dessus mon poignet et, en frottant, prétendit faire pénétrer le charbon qui n'y était pas. Je refusai qu'il l'enlève, ce qui le tourmenta, et pendant plusieurs jours j'agis tout de travers. Quand, ensuite, je me plaignis de maux d'estomac, dus à ce que j'avais mangé trop de bacuri, Chico me supplia de lui laisser retirer le charbon, car, dit-il, c'était lui la cause du mal. Comme je ne faisais que rire, il s'empara de ma main, exécuta avec son autre main une passe au-dessus de mon poignet, et retira le charbon, qu'il me montra un peu honteux. Ce morceau était encore bien humide : après avoir enlevé un caruwa, il faut, pendant quelques minutes, souffler dessus dans ses mains pour qu'il sèche.

Chico savait qu'il n'avait pas introduit de charbon à l'intérieur de mon individu; mais il y avait mis un peu de lui-même; et, comme je ne prenais pas les choses aussi sérieusement que j'aurais dû, il devait ressentir que cette partie de lui-même était à ma merci. La puissance de sa propre imagination, qui avait débordé de son cadre, lui était renvoyée. Les Indiens savent que les tabous qu'ils observent n'ont souvent aucun effet sur les Blancs qui les violent, mais ils pensent que la magie qui est en cause peut rebondir et toucher l'un d'eux, bien qu'ils ne soient que spectateurs. On ne sait guère à quoi conduira l'action magique, une fois qu'elle est déclenchée.

Le lendemain matin, il fut beaucoup question de chamans. Chico raconta comment le condor lui avait envoyé un caruwa qui le faisait tellement tousser qu'il en était presque tombé à la renverse : le caruwa du condor est un asticot. Pour l'en débarrasser, quelqu'un dut le fumiger avec du tabac. Tapéré raconta comment un chaman était venu dans son village, avait chanté et fumé un cigare; brusquement, il avait levé son regard vers le toit de la hutte et de l'argent en était tombé. « Ramassez-le! » s'écria-t-il; et les gens allèrent pour le ramasser, mais ils ne purent le trouver. Il fuma encore un peu, plaça sa main gauche sous son épaule droite et en tira une pierre de la grosseur d'une amande : il la frotta entre ses mains, la frotta encore et encore; quand il ouvrit la main, la pierre avait disparu.

C'était là aussi un des tours que pratiquait Chico. Mais il y en avait un autre que Chico était incapable de réussir : tuer un homme à distance par des moyens magiques. Pour le réussir, un chaman « ramollit » un caruwa en bois spécialement confectionné et l'envoie d'un souffle chargé de pouvoir surnaturel dans la direction de l'homme; peu importe la distance, le caruwa saura trouver l'homme; il s'introduira dans son corps et le tuera. Chico n'était pas en mesure d'exécuter ce tour de sorcier car, une fois, il avait touché un cadavre, et cet unique contact corrupteur l'avait vidé de son pouvoir. On aperçoit là un des paradoxes si communs parmi les Indiens : quand un chaman, ou un sorcier, entre en transe, on dit qu'il est *manon-manon* (mort-mort), c'est alors seulement qu'il peut converser avec les esprits qui viennent l'habiter; cette condition lui confère une sorte d'immortalité puisque, après chaque « mort », il se réveille, il « renaît ». Mais il ne saurait confondre cette mort spirituelle avec la mort physique; s'il venait à toucher le corps d'un mort, sa magie serait court-circuitée, et il se viderait de tout son pouvoir.

Pour préserver celui-ci, le chaman doit mener une vie assez retirée. Le pouvoir de « faire des choses » relève d'une magie banale, mais celui de rendre les choses capables d'agir par elles-mêmes est irrésistible : les Indiens raffolent d'une montre, d'un aimant, ou de tout objet plus ou moins doué d'une puissance propre. On admire donc beaucoup le chaman, mais son pouvoir, qui consiste à subjuguer les esprits par des méthodes difficiles et périlleuses, doit être utilisé de manière productive, faute de quoi le chaman se transformera en sorcier et son pouvoir deviendra magie noire. Un bon chaman connaît des tours, mais sa réputation dépend des cures qu'il réussit : autrement dit, il lui est interdit de garder son pouvoir pour lui; s'il l'emploie dans un but égoïste, on peut le mettre à mort; plusieurs chamans tembé connurent naguère un tel sort, qui fait partie des risques professionnels auxquels s'exposent les chamans dans toute l'Amérique du Sud.

Sans pouvoir personnel, on ne peut pas être chaman. Souvent, en plaisantant, Antonio-hu m'appelait *payé*; après avoir dormi une fois dans mon hamac, il s'était réveillé avec une migraine provoquée, disait-il, par un caruwa que j'y avais laissé; un autre jour, il m'entendit dire « tut tut », comme l'aurait fait un chaman, parce que je venais de me cogner le coude. Mais, en dépit des médicaments que j'apportais, je ne pouvais être un véritable chaman; il me manquait un esprit familier, et mes chansons, que les Indiens ne se lassaient pas d'entendre, n'avaient pas de force agissante. Je ne fumais pas de cigare en chantant, ce qui confirmait que je n'étais pas un chaman. La fumée de tabac n'est pas seulement employée pour les vertus curatives qu'on lui prête, mais aussi au seul titre de fumigation : elle est alors le souffle surnaturel rendu visible, qui n'a de signification pour l'Indien que dans la mesure où il peut se l'approprier et conjuguer sa propre volonté avec le pouvoir de ce souffle. C'est la raison pour laquelle Chico défendait à Tero de manger quoi que ce soit qui eût une odeur : l'odeur du pécari est une sorte d'esprit qui risquerait d'interférer avec l'action surnaturelle et délicate du caruwa.

Les pouvoirs magiques du chaman et son « immortalité » suggèrent qu'il possède beaucoup de caractères propres à Maír. Maír peut faire n'importe quoi : changer des visiteurs indésirables en pierre, ressusciter les morts, créer des animaux et inventer des objets manufacturés. Il peut même rendre des hommes quelconques immortels. Les Urubu racontent l'histoire d'un couple dont l'enfant mourut, et qui décida de rendre visite à Maír pour lui demander de faire revivre leur enfant. L'homme et la femme marchèrent jusqu'à la mer, y plongèrent hardiment et nagèrent en direction du soleil levant; en deux jours, ils atteignirent l'île où vivait Maír. Celui-ci les accueillit avec affabilité et écouta leur requête; après avoir donné à l'homme une coiffure, il le lava ainsi que sa femme avec une eau magique. Puis il leur dit de s'accrocher à une basse branche, à laquelle ils se trouvèrent suspendus, les pieds au-dessus du sol; Maír tira sur leurs jambes pour les allonger, pétrit leurs corps pour les fortifier et donna à chacun dix tuniques à revêtir. Cinq étaient douces comme du coton, cinq dures comme de la pierre; quand l'homme et la femme les eurent mises, Maír sortit sa machette et les en frappa plusieurs fois; mais la machette rebondissait sur eux; il prit alors son arc et des flèches et leur tira dessus, mais les flèches rebondirent aussi. « A présent, vous êtes comme moi », leur dit Maír. Cependant, l'homme et la femme étaient encore furieux de la mort de leur enfant; Maír prit alors les ossements de l'enfant, que les parents avaient apportés, souffla de la fumée de tabac dessus et souffla aussi sur le ventre de la femme, puis il mit ces ossements au-dedans d'elle. Au bout de quatre jours, le ventre enfla, et le cinquième jour elle redonna naissance à son fils, tout comme la première fois.

A vrai dire, l'immortalité n'est qu'un autre mot pour désigner le rajeunissement. Quand Maír offre plusieurs tuniques au couple, cela signifie qu'il vit dans l'éternité et qu'il peut toujours se dépouiller de sa vieille peau, comme un serpent; la dureté des tuniques montre que Maír donne à l'homme et à la femme ce que les bouddhistes appellent *Vajra,* corps impérissable. L'épisode de l'élongation me captivait particulièrement car il expliquait pourquoi les Indiens me soupçonnaient d'être immortel : je suis grand, comme si j'avais rendu visite à Maír et qu'il m'avait étiré. D'ailleurs, beaucoup d'Indiens me demandèrent de tirer sur leurs bras ou leurs jambes pour les allonger, et probablement, du même coup, pour allonger leur vie; on me demandait souvent, aussi, d'exécuter un tour qui consiste à sortir le bras de la manche, de telle sorte qu'il ait l'air de pousser tout seul. En insufflant un caruwa fortifiant à l'intérieur de Tero et des autres hommes, et en pétrissant leurs corps pour « mettre le caruwa en place », Chico, lui aussi, imitait Maír : pauvre imitation, hélas! puisque l'immortalité de Tero ne dura que trois jours.

CHAPITRE XVI

LES PLUIES

Encore fine lors de mon arrivée, la pluie, maintenant, s'abattait lourdement une ou deux fois par jour. On n'arrivait pas à l'oublier : même quand le ciel se dégageait un peu, on percevait encore dans la forêt le bruissement de l'eau qui dégoulinait de feuille en feuille. Me rendant à Canindé pour y chercher le reste de mes provisions, que Feliciano s'était chargé de transporter, je constatai que la forêt avait changé d'aspect. Des champignons poussaient le long du sentier – je me souviens en particulier d'un très grand *Phallus impudicus* d'apparence vraiment grotesque avec une sorte d'ombrelle blanche en dentelle nuptiale qui lui poussait juste en dessous de la tête. Des quantités de fruits mûrs gisaient à terre. Vides durant l'été, les lits des rivières s'étaient emplis d'eau et peuplés de petits poissons et de tortues. Sur le sol marécageux, entre les racines des palmiers épineux, des crabes terrestres, rouges et noirs, marchaient à reculons et nous menaçaient de leurs pinces. Du tatou que j'avais tué il ne restait que les ossements et la carapace, dont les débris épars ressemblaient aux morceaux d'un jeu de patience; par centaines, les scarabées rhinocéros avaient quitté leurs trous pour aller mourir à l'air libre.

Les oiseaux faisaient leurs nids : les pigeons dans

les fourrés, les toucans et les perroquets dans des trous d'arbres. Sur le sentier, les traces des tapirs, des pécaris et des jaguars s'entrecroisaient; et, de temps à autre, la fuite d'un chevreuil effarouché animait les buissons d'un tremblement convulsif. Tant de choses s'offraient aux regards que nous étions ravis du voyage, sauf Mbeiju, qui se sentait malade et pleurait souvent; elle se plaignait des pierres, qui lui meurtrissaient les pieds et la faisaient tomber, de sa charge trop lourde... En fait, elle ne portait qu'une hotte en vannerie contenant deux hamacs sur lesquels s'étaient blottis trois chiots.

Nous revînmes quelques jours plus tard, car nous avions laissé Picher, notre cuisinier, en arrière. Il avait attrapé le *curuba* (prurit de la forêt) et nous l'avait passé à Chico et à moi. Nous ne cessions de nous gratter; les cuisses à vif, Picher pouvait à peine marcher. Il aurait fallu nous soigner avec du soufre, mais je n'en avais pas; Chico et moi essayâmes le remède que nous proposaient les Indiens et qui consistait en applications de jus d'une certaine feuille; comme cette méthode ne donnait aucun résultat, nous continuions à nous gratter jusqu'au sang; enfin, nous enduisîmes nos plaies de jus de citron et de poudre à fusil. Traitement pénible mais efficace.

La pluie redoublait. De gros nuages, accompagnés de tonnerre et d'éclairs, assombrissaient la forêt; quand le vent soufflait, on pouvait entendre le lent craquement des arbres qui s'abattaient, leurs racines descellées par les pluies ininterrompues. La nuit qui suivit notre retour au village, un grand caju sauvage tomba brusquement derrière la hutte de Toí; nous nous écriâmes tous " aha! aha! ", et Toí, de peur que d'autres arbres n'écrasent sa hutte, vint passer le reste de la nuit avec nous.

La semaine suivante, nous coupâmes plusieurs arbres : certains pour leurs fruits, qui faisaient nos délices, et d'autres pour découvrir des nids d'oiseaux. Nous trouvâmes un nid de perroquets nains contenant cinq petits (Mbeiju les ramena chez elle et les nourrit en mâchant de la pulpe de manioc, qu'ils venaient becqueter sur ses lèvres) et quelques nids de toucans dont les petits s'étaient déjà envolés. Un des arbres que nous avions coupés était un géant dont la chute avait entraîné sept autres arbres, ouvrant ainsi une clairière au milieu de laquelle il gisait, son tronc et ses branches constellés d'épiphytes, véritable jardin suspendu. Au cœur, le tronc pourri était rempli d'une pâte rouge faite de bois mort, de poussière de feuilles et d'autres détritus; en outre, ce tronc contenait la racine d'une plante qui sortait, à travers une fente, douze mètres plus haut.

Dans cet arbre, Pari et Chico découvrirent un nid d'abeilles. C'étaient de petites abeilles noires qui ne piquent pas, mais deviennent tout de même furieuses; elles assiégèrent Pari, s'empêtrant dans sa chevelure, s'introduisant dans ses yeux et ses oreilles. « Aha! hah! hah! hah! », criait Pari harcelé par les abeilles.

« Ne crie pas! lui ordonna Chico d'un ton sévère, c'est mauvais pour le miel, il n'y en aura pas si tu cries! » Mais Pari continuait de crier, disant qu'il criait toujours quand il enlevait un nid d'abeilles; il se demandait seulement s'il n'aurait pas mieux fait de tailler quelques morceaux d'écorce en forme de couteau et de machette qu'il aurait déposés à côté du nid en échange du miel.

« Si tu prends sans payer du miel d'abeilles-chamans, me dit-on (les abeilles-chamans sont une espèce particulière, mais toutes les abeilles ont des pouvoirs chamanistiques), tu tomberas très vite malade, tu ressentiras des douleurs affreuses, tu vomiras du sang, tu mourras. Mais si tu es marié, tu ne prendras pas de miel. L'abeille-chaman le sait, il se dit : “ Cet homme est marié, il a une jolie femme, je la veux! " Alors, il prend la femme, qui tombe malade et meurt. Un jeune homme célibataire peut se permettre de prendre du miel; il pratique une ouverture dans l'arbre, en retire le miel, puis il introduit dans le trou une machette, un couteau, un miroir et une paire de ciseaux qu'il a fabriqués avec de l'écorce. Il les place dans le trou. " Ah, se dit l'abeille, voilà un brave homme qui connaît les usages; il paye en échange du miel! Une machette, un miroir, un couteau, il paye comme il faut! " »

Sans prendre la peine de fabriquer des couteaux d'écorce, Pari s'était contenté de tirer les rayons et d'en exprimer le miel dans une grande calebasse. C'était un miel liquide et clair, légèrement acide à cause du pollen qui y était mêlé, mais délicieux. Chico récupéra les rayons, dans lesquels les petites larves se développaient, les trempa dans le miel et les mangea. Voyant la satisfaction se peindre sur son visage, je fis de même : les larves avaient le goût de très jeunes noisettes, goût de lait, d'innocence, que gâchait, à mon avis, celui du miel. A la fin, il ne restait plus une larve : nous les avions toutes mangées.

Un peu plus tard, Antonio-hu me raconta que, dans les temps anciens, on célébrait une fête du miel, mais, à part lui, personne ne pouvait me renseigner là-dessus. Peut-être en avait-il entendu parler par les Tembé, chez qui cette fête prend l'importance d'une cérémonie. Sous les chevrons du toit, me raconta Antonio-hu, on suspendait des pots contenant du miel, et les femmes chantaient au-dessous, la nuit durant, et plusieurs nuits de suite, tandis que les hommes restaient assis autour de la hutte. Cette fête s'appelait *Irar*, d'après un petit animal noir à figure blanche (sorte de blaireau) qui mange du miel. Les femmes chantaient une chanson qui décrit comment Irar, assis à côté du nid d'abeilles, plonge sa main dans le miel et la lèche en faisant *slap! slap! slap!*

Après plusieurs nuits passées à chanter, on descendait le miel pour le diluer avec de l'eau et en faire du shibé.

« Ah! dit Antonio-hu, quand nous nous mettons à boire du miel, nous n'avons de cesse qu'il soit tout bu, nous remplissons nos panses, rien qu'avec du miel. Et puis nous suruquons nos femmes, nous faisons des enfants, et nos rankuaî sont la douceur même – doux, doux, doux. »

Etant donnée la saison, j'étais surpris de voir si peu de moustiques; pourtant, la forêt ne manquait pas de mares où ils auraient pu se reproduire. L'année précédente, me dit Pari, les moustiques étaient si nombreux qu'ils l'empêchaient de dormir; il en avait été réduit à installer son hamac dans les bois. Mais les moustiques retrouvaient sa trace, bien qu'il essayât de leur échapper chaque fois dans une direction différente. Rien ne les arrêtait, pas même un feu fumant sous le hamac : contrecarrés dans leur tactique préférée, qui est l'offensive par-dessous, ils attaquaient simplement par en haut.

Il y a des années à moustiques, et d'autres sans. Heureusement, j'avais choisi une année où ils étaient peu nombreux, et je n'eus jamais à m'en plaindre la nuit. Les cigales, cependant, sortirent de leurs trous dans la terre. Au Brésil, les cigales émergent à l'état de nymphes, sans ailes; ces nymphes grimpent dans un buisson ou sur un arbre, et c'est là qu'elles se débattent pour se débarrasser de leurs enveloppes. Mbeiju ramena plusieurs nymphes chez elle, et, avec Pari, elle observa leur transformation; les corps des cigales apparaissaient lentement, un peu fripés, mais parés de couleurs magiques, vert et rouge, les ailes encore à l'état de petits bourgeons vermeils; quelques heures plus tard, les ailes se déployaient, les peaux durcissaient. « Tout comme Maír! » s'exclamait Pari en les regardant; Maír aussi change de peau.

Aux abords du village, les pluies remplissaient les

lits asséchés des petits cours d'eau, que les poissons de la rivière remontaient pour y frayer. Un jour, Toí et sa famille allèrent pêcher dans une mare avec du poison. Il coupa en tronçons une liane, d'une espèce particulière; puis il rassembla ces bouts et les battit dans l'eau avec un gros bâton pour en exprimer la sève mousseuse, qui se répandit dans la mare. Cette sève affecte la respiration des poissons; d'abord ils se précipitent à la surface, où l'air les fait suffoquer, puis leurs mouvements se ralentissent à tel point qu'on peut les harponner avec une flèche ou les couper en deux avec une machette.

Une des filles rentra en pleurant : elle avait fourré sa main dans un trou de la berge où un poisson venait de s'engager, et un serpent l'avait mordue au doigt. Une brève enquête apprit à Paijé que le serpent n'était pas venimeux – pas comme celui qui, jadis, l'avait mordue à la tête et presque tuée. Ce jour-là, comme aujourd'hui la fille, elle était allée répandre du poison dans l'étang. S'étant baissée sous un buisson, elle avait senti son crâne transpercé par ce ce qu'elle croyait être une flèche. « Ne me tire pas dessus! » cria-t-elle à son mari. « Mais je n'ai pas encore vu le moindre poisson sur quoi tirer! » protesta le mari. Elle se rendit compte, alors, qu'elle venait d'être mordue par un serpent; le sang qui dégoulinait de la plaie l'aveuglait. Sa tête enfla, atteignit la grosseur d'une pastèque. Anakãpuku et Pari essayèrent d'extraire le venin en suçant la plaie, et Terepik, qui était enceinte, aurait bien voulu aider, mais on la renvoya, car, si une femme enceinte voit quelqu'un qui vient d'être mordu par un serpent, ses cheveux tombent, ses chairs se défont, et elle meurt.

Rentré de Canindé depuis quelques jours à peine, je m'aperçus que Pari devenait ennuyeux et que l'aspect sale et négligé du village me déprimait. Je rassemblai la plupart de mes effets et me transportai dans le village voisin, où m'attendait Antonio-hu.

J'y avais déjà passé quelques jours, pendant lesquels je m'étais beaucoup diverti : c'était un petit village coquet qui respirait la prospérité. Dans sa clairière verdoyante, les plants de manioc s'élevaient à plus de deux mètres.

En prévision de ma venue, Antonio-hu avait construit une nouvelle hutte. Il me confia que l'ancienne lui faisait honte, et qu'il n'aurait pas supporté qu'un *caraí* (un Blanc) dormît sous un toit qui laissait passer l'eau; je n'avais vu de hutte semblable dans aucun village – quinze mètres de long sur six mètres de large, le faîte de la toiture presque à sept mètres du sol. Il avait soigneusement fabriqué une table en arbustes taillés et un banc assorti, grâce auxquels je pouvais écrire : il rit de joie en voyant ma satisfaction.

A mon arrivée le village semblait vide : tout le monde était à la chasse, à l'exception d'un homme d'âge mûr appelé Wirakangupik – qui se remettait d'un accès de fièvre – et de sa femme, Mirijun. Wirakangupik était l'Indien le plus obséquieux que j'eusse jamais rencontré : il se départait rarement de son sourire officiel et ne perdait pas une occasion de me flatter. « Hé! chef Arajuba! » me lançait-il au passage; l'arajuba est un perroquet complètement jaune, d'une espèce rare, que les Indiens recherchent en raison de sa beauté. Je ripostais en le traitant de chef Agouti, ce rongeur réputé pour sa puissance sexuelle. Il était le père de Saracaca, et, dans sa jeunesse, il avait été aussi déchaîné qu'elle. Il est intéressant de noter que son père à lui était un Guajaja, capturé tout jeune par les Urubu, et à qui ils avaient donné deux femmes. J'ignore s'il était aussi un débauché, en tout cas il aimait le travail, et sur ce point son fils tenait de lui. Wirakangupik travaillait plus qu'Antonio-hu, bien que celui-ci fût le chef; avec sa femme, ils dirigeaient plus ou moins tous deux l'économie du village; quand besoin était, ils obligeaient les filles à arracher les racines de manioc et à les faire griller; c'est eux qui préparaient les shibés et les plats de tapioca.

Wirakangupik nous accueillit avec son affreux sourire et nous offrit un shibé. La pluie recommençait à tomber avec violence : le sol était inondé et l'humidité s'infiltrait dans la hutte, la remplissant de buée. Pour drainer l'eau, nous creusâmes une rigole tout autour de la hutte, à l'aplomb de la toiture, en attendant le retour d'Antonio-hu et des autres.

Ils rentrèrent bredouilles : pas de gibier, pas de tortues, pas de fruits. Tristement, ils marchaient à grands pas sous la pluie et ils vinrent prendre place autour du feu après avoir fiché dans la terre leurs arcs et leurs flèches pour qu'ils sèchent. « Je veux une cigarette », dit brusquement Antonio-hu; peu après, je roulais des cigarettes pour tout le monde. « Je veux de la soupe de manioc doux », annonçai-je à mon tour, et Antonio-hu se dépêcha d'envoyer les filles arracher une énorme racine dans un carré tout proche de la hutte; une fois épluchée, on la fit cuire en une soupe liquide à laquelle j'ajoutai un peu de mon riz.

Assis autour du feu, nous buvions maintenant cette soupe dans des bols en calebasses. Quand ils regardaient Chico, les yeux de Saracaca brillaient d'espoir; et les yeux de son mari – Alishandre, le maigre, l'intellectuel – brillaient aussi, mais pour des raisons très différentes : comme Toí il apprenait le métier de chaman et espérait que Chico l'aiderait à se perfectionner. Le frère de Saracaca était là aussi, avec Curumiú, sa femme – la voleuse de perles – et plusieurs enfants, pour la plupart des filles.

Alishandre vint s'asseoir à côté de moi dans mon hamac. Il me raconta que le matin même les oiseaux chantaient si fort que tous avaient pensé : « C'est sûrement parce que Francis vient aujourd'hui et nous apporte des perles que les oiseaux sont si heureux! » Je sortis donc les perles de mon sac et les distribuai. Ça me faisait plaisir de faire des cadeaux dans le village d'Antonio-hu : je voyais combien ces gens les appréciaient, et ils ne m'importunaient pas pour que je leur donne davantage, à l'inverse de Paijé, qui n'était jamais satisfaite.

« Tu es mon ami, déclara subitement Antonio-hu, quand tu rentreras dans ton pays, tu raconteras à tout le monde que nous sommes bons, tu leur diras de venir nous voir et de nous apporter, comme toi, du tissu, des perles et des couteaux. Demain, je retournerai à la chasse, je tuerai un chevreuil pour toi – je le blesserai là », dit-il en me fourrant un doigt entre les côtes.

La pluie cessa; les filles se dépêchèrent d'aller dans la clairière chercher encore du bois pour le feu; tandis qu'Antonio-hu, Chico et moi nous descendions à la rivière nous baigner. Antonio-hu mit un peu de farine dans un bol pour faire du shibé; quand il l'eut préparé, il m'emprunta un morceau de savon – du savon parfumé, mon seul luxe – et se savonna jusqu'à ce que son corps soit couvert de mousse. « Quelle bonne odeur! » s'exclamait-il.

La lune se leva. C'était une nuit merveilleuse, sans vent, les troncs des arbres au bord de la clairière se détachaient par leur blancheur; on entendait les grenouilles s'ébattre joyeusement près de la rivière.

Après avoir avalé encore un peu de soupe au manioc doux, nous roulâmes de gros cigares de tabac dans de l'écorce de tawari, et puis, Antonio-hu et moi, nous nous étendîmes tête-bêche dans mon hamac. Dans un hamac, on se couche en diagonale pour éviter d'être courbé comme une banane; quand on y est seul, c'est très confortable. Mais, à deux, on s'écrase un peu; les Indiens toutefois préfèrent l'inconfort à la solitude, surtout les hommes jeunes. J'en ai vu jusqu'à cinq entassés dans un hamac, mais la corde finit par craquer.

Je le questionnai sur les étoiles. Il me parla de la

Voie Lactée, qu'il appelait le Chemin du Tapir : les âmes des tapirs morts le suivent en mangeant des " âmes-fruits " et des " âmes-feuilles ". Il y avait le Grand-Père Beaucoup-de-Choses, autrement dit les Pléiades, dont chacune est en réalité un homme paré d'ornements de plumes. Antonio-hu pointa son index vers l'est : « Quand Grand-Père Beaucoup-de-Choses se montre là, dit-il de sa voix grave et rude, c'est l'été. » Indiquant la direction du zénith, il continua : « C'est là que commencent les pluies! Quand Grand-Père Beaucoup-de-Choses est là, nous savons que le moment est venu de planter. » Son doigt se dirigea lentement vers l'ouest, et il ajouta : « Les pluies sont terminées. »

C'est parce que la constellation des Pléiades est importante qu'elle s'appelle Grand-Père : seule une autre constellation porte ce nom honorifique, c'est la Croix du Sud, appelée Grand-Père Coton, bien qu'elle semble n'avoir aucun rapport avec l'agriculture. L'Etoile du Matin est importante aussi puisqu'on l'appelle tantôt Mère de Beaucoup-de-Choses, tantôt Sœur de la Lune; quant aux autres étoiles, elles sont presque toutes considérées comme des yeux d'oiseaux et d'autres animaux. J'ai cependant noté deux exceptions : Mars est connu sous le nom d'Œuf d'Ara, et Sirius est appelé Nenguru, terme dont j'ignore l'étymologie.

Je demandai, à tout hasard, s'ils célébraient chaque année d'une manière quelconque le premier lever d'une étoile sur l'horizon. Ma question était judicieuse. Jadis, quand Œil d'Ara, autrement dit Aldébaran, se montrait pour la première fois, les Indiens prenaient des plumes d'Ara et les faisaient brûler, puis, ils enduisaient le front de leurs enfants avec les cendres; ensuite, armés d'une dent de poisson, ils les égratignaient au bras, d'une part pour qu'ils se fortifient en grandissant et d'autre part, pour qu'ils deviennent bons chasseurs d'aras. Cela revient d'ailleurs au même puisque l'ara est un symbole du soleil, et qu'abattre un ara équivaut symboliquement à se conduire en héros. Il y avait aussi Œil de Chevreuil, qui, au dire d'Alishandre, était une grande étoile – mais, à l'époque, celle-ci n'était pas encore apparue au-dessus de l'horizon, et je ne pus donc l'identifier; Alishandre montra son poing pour suggérer sa grosseur en disant : « Elle brille!

– Et que fais-tu quand tu l'aperçois? »

Pour toute réponse, Alishandre attrapa par les bras un jeune homme qui se trouvait dans les parages, et fit comme s'il bandait un arc. « Tu tires sur l'étoile, tu obliges les enfants à lui tirer en plein dans les yeux. Avec une takwara, une flèche à pointe de fer.

– Pourquoi?

– Afin qu'ils puissent toujours tuer des chevreuils », m'expliqua-t-il sur un ton de remontrance.

Puis il me parla de Trois Yeux, le Baudrier d'Orion. Quand il paraît, les enfants se réveillent tôt le matin, avant le jour, et vont se baigner dans la rivière pour se donner de la force; il me raconta comment les étoiles sont fixées dans le ciel par une petite tige; quand la tige se rompt, elles tombent et deviennent des étoiles filantes. Une fois, il avait vu une étoile filante qui gisait sur le sol dans la forêt; une chose gélatineuse (1) et brûlante, dit-il, qui émettait une lumière bleue.

Chico était stupéfait.

« Il a fallu que je vienne ici pour apprendre toutes ces choses, dit-il, toutes ces choses sur les étoiles. » Il en était bouleversé, car les Tembé considèrent les Urubu avec mépris en raison de leur ignorance et de leur manque de raffinement.

« Si tu ne poses pas de questions, tu ne sauras

(1) Il s'agissait probablement de l'algue gélatineuse *Nostoc*, qui, en anglais, s'appelle « gelée d'étoile » et en français « crachat de lune ».

jamais rien, dis-je pour lui retourner le couteau dans la plaie.

– C'est vrai. Personne ne pose jamais de question à mon père, alors il ne parle pas de choses de ce genre. Ah! les étoiles filantes! »

Pour terminer la soirée, Antonio-hu nous raconta deux histoires assez ennuyeuses d'expéditions où il était beaucoup question de flèches et de tueries. Il y mettait une telle conviction, fournissait tant de détails, que je nourrissais l'espoir de l'amener, avant mon départ, à me raconter une histoire de cannibales. On se coucha finalement peu après minuit. Vers 4 heures, je me réveillai en frissonnant et j'entendis Saracaca qui soufflait pour ranimer le feu sous le hamac d'Alishandre. Quand le jour se leva, il pleuvait de nouveau.

CHAPITRE XVII

LE MONDE ET LE MYTHE

Comme tous les Indiens, Antonio-hu était fasciné par les avions. Nous les entendions parfois vrombir au loin, et, de temps à autre, un avion survolait nos têtes. Antonio-hu sortait alors de la hutte et levait les yeux, rêveusement. « Dis-lui de descendre! » s'écriait-il; une fois l'avion disparu, il demandait si on pouvait dormir dans un avion, y prendre ses repas, et s'il ne faisait pas terriblement chaud là-haut, si près du soleil. « Prrrrrr! disait-il en dirigeant sa main d'un grand geste vers le ciel. Où va le ciel?

– Il continue, répliquais-je.

– Il ne finit donc nulle part?

– Il continue toujours, il est sans fin. »

Antonio-hu hochait la tête, lentement. Il pensait que le ciel était solide et qu'il commençait à *iwi pita*, là où la terre finit, au bout du monde.

« As-tu déjà vu iwi pita? me demanda-t-il un jour avec anxiété.

– Il veut dire la mer », rectifia Chico; mais Antonio-hu ne voulait rien dire de la sorte. Je me levai de mon hamac et entrepris de dessiner une carte géographique sur le sol. Le Brésil se trouvait sous les pieds d'Antonio-hu, l'Amérique du Nord sous notre table rustique; il fallait déloger un chien pour situer l'Europe; l'Afrique était près du broc d'eau et, sous le rebord du toit, la bande de terre où s'égoutte l'eau de pluie figurait la Chine. L'Australie entourait une souche; quant à la Nouvelle-Zélande, elle faillit échouer dans un buisson de manioc.

Ce schéma du monde ne convainquit pas Antonio-hu. Il évoquait trop de pays, trop de noms; ravi d'entendre parler de tout cela, Antonio-hu était dérouté parce que je ne pouvais pas lui indiquer l'emplacement d'iwi pita. Comme les prétentions des *caraí* (des Blancs) mon savoir lui inspirait du mépris; aussi finit-il par exploser : « Les caraí me disent qu'ils ont été jusqu'au bout du monde, mais ce n'est pas vrai, ils ont juste été d'ici à Belém. Le bout du monde, c'est là que vit Ara-yar (le Maître des aras). Quand je demande au caraí : " Avez-vous vu Ara-yar ? " Ils répondent : " Non, personne ne l'a vu. " »

Il me parla d'un homme qui avait vu Ara-yar : il s'agissait encore du yandé ramuî, " notre ancêtre ", qui s'était trouvé par hasard à iwi pita, près d'un village plein d'aras, de yapus, de perroquets, de perruches et d'autres oiseaux. Etrange pays où tout était brûlé : sur le sol noir de cendres se dressaient des souches calcinées. Avant d'arriver au village, yandé ramuî entendit Ara-yar qui pilait un fruit mindubi pour les aras; mais, une fois sur place, il ne vit qu'une petite natte de palmes tressées sur laquelle se trouvait le fruit pilé; personne, dans aucune des huttes. En repartant, il entendit le pilage qui reprenait.

« On ne sait pas qui c'était, avoua tristement Antonio-hu.

– C'était Maír, dis-je après une courte réflexion.

– Maír ! Bien sûr, c'était Maír ! Maité ! dit-il avec admiration. As-tu vu Maír ?

– Non. »

Antonio-hu ricana légèrement. « Quand les caraí vont voir Maír, il les change en pierres à aiguiser.

– C'est vrai. Et quand ils essayent de remonter la

rivière en pagayant, ils pagayent tant et plus sans pouvoir avancer, l'eau est comme du caoutchouc, dis-je.

– Tu vois bien que tu le sais! Ils pagayent, ils n'avancent pas; ils accostent, descendent à terre, et leurs pieds s'enfoncent; ils meurent d'insolation. Pirambir a vu Maír », dit-il subitement. Pirambir était un yandé ramuî dont il n'avait pas oublié le nom; Pirambir avait vu Maír, et l'avait décrit comme un bel homme paré d'une coiffure de plumes, d'un collier de plumes, et d'autres plumes autour des bras et de la taille. « Pirambir disait que Maír était un vrai caã-por, un vrai Indien, qu'il vivait là-bas où le ciel descend jusqu'à la terre.

– Le ciel touche la terre?

– C'est ça. A iwi pita, là où habite Maír. Le soleil se lève près de sa maison et grimpe dans le ciel... (avec son bras tendu, Antonio-hu décrivit le trajet du soleil) et il se couche là.

– Comment fait-il pour revenir à la maison de Maír?

– Le soleil est un homme, il est comme un homme; après avoir disparu à l'horizon, le soleil revient en marchant en dessous de nous, à travers un monde semblable au nôtre; avec des forêts et des rivières.

– Qui a fait le soleil?

– Je ne sais pas. Maír l'a fait! Il l'a fait resplendissant, et lui a posé une coiffure sur la tête. – Antonio-hu s'étendit dans son hamac et me regarda – D'autres caraí ne t'ont-ils pas parlé de l'époque où le ciel est tombé sur la terre?

– Parle! dis-je avec cérémonie.

– Le ciel est tombé d'un coup, il n'était pas plus haut que le toit de cette hutte. Soudain, il a fait noir! On n'y voyait rien! Tout le monde attendait, planqué dans son hamac. Un jour sans soleil, encore un jour sans soleil, et puis encore un jour, et toujours pas de soleil. Les gens avaient faim. Ils commencèrent à percer un trou dans le ciel; ils perçaient tant qu'ils pouvaient. – Antonio-hu saisit une de mes assiettes en aluminium et la cogna avec le bord de sa main. – C'était dur de creuser ce petit trou; enfin cinq personnes s'y glissèrent pour atteindre le ciel. Ensuite la voûte céleste monta, monta jusqu'où elle se trouve actuellement. Les autres restèrent sur terre, ils n'avaient pu passer par le trou; s'ils avaient pu le faire, nous serions à présent tous là-haut. Mais ils ne réussirent pas à atteindre le trou, qui était déjà trop haut.

» En mourant, continua-t-il, ma femme me dit : " Ne pleure pas, ne sois pas triste; je monte au ciel, et là je ne mourrai plus. Quand tu mourras, tu me rejoindras, nous serons à nouveau réunis. Tu verras, le ciel descend jusqu'à toi, il n'y a pas loin à aller, tu avances un peu, et te voilà au ciel. Ne sois pas triste! " Et pourtant, me confia Antonio-hu, j'étais triste, très triste. »

Il est facile de dire que le tableau du monde brossé par Antonio-hu est purement mythique. Mais, pour les Indiens, cette image correspond à la réalité. Ils croient que le monde est plat, bordé d'un côté par la mer, ou même tout autour; le ciel est un dôme dur qui repose solidement sur la terre. La nuit, le monde souterrain livre passage au soleil, quand il voyage d'ouest en est. Les trois mondes, le ciel, la terre et le monde souterrain, ont chacun leurs habitants particuliers. La terre, naturellement, est le monde des vivants; le ciel, celui où habitent les âmes des morts après qu'elles ont été libérées; quant au monde souterrain, il est réservé aux esprits, mortelles émanations des cadavres. Quand un homme voit le ciel fondre sur lui, il sent que la mort est proche, non seulement parce qu'il est alors si facile d'accéder au monde des morts mais aussi parce que l'univers retourne à un état tel que nul n'y a encore jamais dit : « Que la lumière soit! »

Il est rare que les primitifs conçoivent une création à partir du néant. Le commencement du monde, pour les Urubu, est marqué par l'émergence de Maír de l'arbre jatoba, juste au moment où Vautour (à qui Maír volera le feu) sort du *pau d'arco*, et où l'homme surgit du *wira-pitang*, l'arbre à bois rouge. Ils disent que Maír incendia le monde à plusieurs reprises et l'inonda ensuite pour éteindre le feu et pouvoir le replanter : mais tout existait avant qu'il n'apparût.

Les Indiens s'intéressent plutôt à un autre genre de création, analogue à celle de la mythologie grecque, où la Nuit, fécondée par le Vent, conçoit et pond un œuf qui, plus tard, se scinde en deux. La moitié supérieure devient le ciel, l'autre la terre; et Eros – qu'on appelle aussi Phanes, *celui qui fait voir* – sort de l'œuf. En un sens, il est l'équivalent de la lumière ou de la conscience.

L'imagination des Indiens est moins abstraite; pour eux, la séparation du ciel et de la terre est un incident temporaire qui concerne la vie personnelle de chaque humain. Quand un homme naît, le ciel s'élève; quand il meurt, il redescend. C'est entre ces deux moments qu'apparaît le soleil.

Comme tant d'autres choses dans l'univers des Indiens, le soleil n'est pas seulement ce qu'on en voit, il symbolise aussi quelque vertu humaine : il est donc homme. Quoi qu'en dise Antonio-hu, personne ne sait au juste qui a créé le soleil – quand les gens ne connaissent pas exactement l'origine d'une chose, ils rendent Maír responsable de sa création. Les choses dont on sait qu'elles ont été créées font l'objet de récits qui décrivent comment elles devinrent telles que nous les voyons; tandis que les choses qui existent depuis toujours n'ont pas de récits qui leur soient attachés. Mais la vraie raison pour laquelle les Indiens ne connaissent pas le créateur du soleil est que le soleil est Maír lui-même. Iwi pita, où vivent Maír et Ara-yar, est la demeure du soleil, c'est pourquoi elle est toute calcinée... (Maír est également connu sous le nom d'Ara-yar, (Maître des aras), ce qui semblerait indiquer la rencontre de deux traditions mythologiques distinctes. L'ara est un emblème solaire, et cela pour plusieurs raisons. Ses plumes sont rouge vif, comme le feu; il possède un grand bec, puissant et recourbé, qui symbolise la férocité; et il se perche généralement tout en haut des arbres, le plus près possible du soleil.)

Le village d'Ara-yar à iwi pita doit se trouver quelque part au bord du continent – s'il fallait chercher un emplacement réel, on le situerait volontiers sur la côte nord-est du Brésil, où la sécheresse et les inondations font tragiquement partie de la vie quotidienne. Cela donnerait un sens concret aux actions de Maír, qui, tour à tour, incendie et inonde la terre. Iwi pita se distingue donc de l'île mythologique de Maír, que le couple indien atteignit à la nage (voir le chap. xv). Cette île est une île Fortunée, comme il en existe dans d'autres mythologies, sorte d'au-delà où les héros défunts mènent une vie insouciante, tandis que le village d'Ara-yar est la demeure du soleil, où il serait anormal de rencontrer des hommes vivants. La maison de Maír sur l'île est aussi une demeure solaire puisque ses murs et son toit sont réputés briller avec éclat; une demeure solaire destinée non au soleil véritable mais au soleil spirituel.

Tous les Indiens veulent voir Maír, mais, depuis la venue des Blancs, ils croient qu'il a changé de domicile, et, en conséquence, on ne parvient plus à le joindre. Leur récit préféré se rapporte aux enfants de Maír, qui, au commencement du monde, entreprirent un long voyage pour retrouver leur père et lui prouver qu'ils étaient bien ses fils. Cette histoire débute par l'épisode où Maír met le monde à feu, puis l'inonde pour éteindre l'incendie, après quoi il replante la forêt avec des arbres plus petits. Le même épisode se répète, et chaque fois les

Indiens se plaignent à Maír d'avoir à grimper dans les arbres car ils risquent de se changer en paresseux s'ils se distordent les yeux pour se protéger de la fumée, ou en grenouilles s'ils se laissent glisser le long des troncs pour aller boire avant que les eaux ne se soient retirées. Maír se transforme alors en oiseau yapu et s'en va. Pendant son vol, il remarque le fruit d'un arbre apu-i qui gît au sol, plein de vers (comme le sont en général les fruits de l'apu-i). Il se dit : " cela pourrait faire une charmante femme. " Et, en effet, tard dans l'après-midi, pendant qu'il se repose, une femme vient à lui et il la prend pour épouse.

Cet après-midi-là, il défriche une parcelle de forêt, y plante du manioc, des patates appelées cara et des pastèques; la nuit, il couche avec sa femme, et le lendemain matin il lui demande d'aller dans le jardin chercher une pastèque; mais elle lui rappelle qu'il vient à peine de planter les melons; comment espère-t-il en récolter déjà les fruits? Alors Maír se fâche et la quitte.

Après un moment, elle décide de le suivre; l'enfant que Maír a mis dans son ventre lui indique le chemin. Elle passe la nuit dans la hutte de Mikur, la sarigue, qui la séduit et lui fourre un second enfant dans le ventre. Le lendemain matin, Maír mimi (mimi = enfant) ne veut plus lui adresser la parole; il boude dans les entrailles de sa mère; privée de son aide, elle se perd et arrive dans un village du peuple jaguar. Tout le monde est à la chasse, sauf une vieille femme qui consent à la cacher sous une grande marmite. N'empêche qu'à leur retour les chasseurs la trouvent, la tuent et la mangent; en l'éventrant, ils ont fait tomber les deux enfants. Les jaguars voudraient bien les dévorer aussi, mais, chaque fois qu'ils les jettent dans l'eau bouillante, les enfants sautent hors de la marmite; ils renoncent alors à les faire cuire et chargent la vieille femme de s'occuper d'eux.

Les jumeaux se développent très vite : au bout de trois jours ils sont assez grands pour aller à la chasse. Sitôt dans la forêt, ils se fabriquent, par des procédés magiques, des haches et des machettes; au bord d'une rivière, ils coupent des arbres qui, tombés dans l'eau, se transforment en caïmans et en piranha. Puis les jumeaux font une île au milieu de l'eau et changent la rivière en un grand lac. Sur l'île, ils font surgir des arbres naja et piqui qui portent des fruits énormes; enfin, ils relient l'île à la terre ferme par des lianes formant câbles.

Ils retournent au village, amenant avec eux des quantités de fruits de naja et de piqui, dont les jaguars apprécient tellement la saveur qu'ils insistent pour aller dans l'île en chercher d'autres. Le lendemain matin, les jumeaux conduisent les jaguars et les font grimper sur les câbles pour traverser l'eau; quand ils sont au milieu, les jumeaux coupent les câbles; tous les jaguars, sauf deux, tombent à l'eau et sont mangés par les caïmans et les piranha; sans la maladresse de Mikur mimi, aucun jaguar n'aurait échappé.

Les jumeaux partent à la recherche de Maír. Ils le trouvent en train de fabriquer deux arcs, qu'il leur destine; mais les jumeaux sont en colère contre lui car il a laissé mourir leur mère; ils prennent les arcs et les jettent dans la forêt, où ceux-ci se changent en serpents rouges. Maír s'enfuit, mais il revient bientôt et offre de les mettre à l'épreuve pour savoir s'ils sont vraiment ses fils. Ils devront se rendre à l'endroit où l'esprit Anyang a l'habitude de pêcher et lui voler son appât.

Anyang est en train de pêcher dans une mare assez profonde; Maír mimi saute immédiatement dans l'eau, arrache l'appât de l'hameçon et tire quelques coups sur la ligne pour taquiner Anyang, qui la relève sans succès. Puis c'est le tour de Mikur mimi; on lui a dit comment il doit s'y prendre, mais il se fourre l'hameçon dans la bouche après en avoir décroché l'appât, en suite de quoi il tire sur la ligne : Anyang la sort de l'eau, Mikur mimi se trouve pris.

Mikur mimi est donc mangé ce soir-là, mais son frère, métamorphosé en une grande fourmi tapi-ai-î (1), recueille tous ses ossements, souffle dessus et ramène son frère à la vie. Ils retournent chez Maír, qui leur propose une autre épreuve; ils rendront visite à Iwitu ramuî, Grand-Père Vent. A leur arrivée, Iwitu ramuî est sorti, mais sa femme les reçoit, et Maír mimi la fait rire en la chatouillant. Elle rit tellement que son mari entend et se fâche. " Qui donc est en train de faire l'amour avec ma femme? " crie-t-il; il souffle fort et un grand vent se lève. Les jumeaux, effrayés, s'enfuient à toutes jambes, mais Iwitu ramuî souffle de plus belle, si bien qu'il fait tomber un arbre sur leurs têtes. Mikur mimi périt de nouveau, son frère le rend à la vie.

Maír le soumet alors à une troisième épreuve qui consiste à passer au travers d'*ita kitik*, le polissoir – qu'on appelle aussi parfois *ita kuí*, la meule. Le polissoir se trouve devant sa demeure, il s'ouvre et se referme. Comme il est ouvert, Maír mimi en profite pour passer, si bien qu'au moment où il se referme notre héros se trouve en sûreté de l'autre côté : il s'ouvre à nouveau, et Maír mimi revient. Mikur mimi essaye d'en faire autant, mais comme il met trop de temps pour en ressortir, la pierre se referme sur lui : de son corps il ne reste qu'une tache de sang. Maír jubile, il a toujours pensé que Mikur mimi, parce qu'il est jaune, ne pouvait pas être son fils; Maír lui-même est noir. Maír mimi enrage. Il souffle sur la tache de sang, et, une fois encore, son frère revient à la vie.

Mécontent, Maír exige que Mikur mimi repasse

(1) On utilise cette fourmi dans les rites de puberté des filles et dans les rites qui succèdent à une exécution.

au travers d'ita kitik. Comme Mikur mimi est décidément trop lent, ita kitik l'écrase une nouvelle fois; maintenant, il ne reste rien de lui. Maír mimi se met dans une colère telle qu'il s'élève dans le ciel, emportant ita kitik. De là-haut, il secoue le monde, et, à plusieurs reprises, il fait tomber le ciel. Chaque fois, Maír doit le relever. Mais, dès la première tentative, Maír, changé en crocodile, est allé se cacher dans une mare. Alors Maír mimi secoue le monde un peu plus fort et frotte l'une contre l'autre les deux parties d'ita kitik, produisant le tonnerre; et aujourd'hui encore il se produit de cette façon. Pourtant, l'histoire ne finit pas mal, sur la fureur de Maír mimi. En mourant Mikur mimi monte au ciel, où il retrouve son frère.

Prenons la peine d'analyser ce mythe pour voir comment il est construit. Au début, les Indiens se plaignent si amèrement que Maír ait incendié et inondé la forêt qu'il s'éloigne d'eux, dégoûté. Dans le mythe tupi, on poursuit Maír et on lui tire dessus, parfois même il est changé en pierre. Ce sort est habituellement réservé au héros malheureux qui exagère tout, y compris sa propre virilité : n'étaient l'incrédulité et la paresse des femmes, disent les Indiens, on pourrait, aujourd'hui encore, faire les récoltes le lendemain du jour où on a planté. L'histoire du rankuaî-ang (voir chap. XII) contient implicitement la même idée; Maír pouvait, par des moyens magiques, faire des enfants, à condition que les femmes ne s'en mêlassent pas et ne cherchassent pas à deviner son secret.

Il s'agit donc d'une Chute, qu'auraient causée les femmes en refusant de partager la foi masculine, mais dont, en vérité, les hommes sont responsables parce qu'ils ont donné libre cours à leur imagination. Après la chute vient le bannissement, à quoi correspond le départ grognon de Maír abandonnant sa femme, qui est bien obligée de le suivre. Elle est déjà grosse de ses œuvres (en dépit des prétentions magiques de Maír) et l'enfant qu'elle porte manifeste immédiatement sa nature magique en s'adressant à elle, bien qu'encore dans son ventre, pour lui faire suivre les traces de son père. Aussi infidèle que femme l'a toujours été, celle-ci se laisse séduire par Mikur la sarigue, et conçoit un autre enfant; révolté de devoir partager le ventre maternel avec un intrus, Maír mimi boude, à la manière de son père, et cesse de guider sa mère.

La sarigue possède deux caractères qui la désignent pour incarner le séducteur : premièrement, le mâle a un pénis fourchu, comme est double le vagin de la femelle; la sarigue possède donc une constitution anatomique choisie pour engendrer des jumeaux. (Dans certaines parties du monde, où le caractère bifide du vagin de la femelle est passé inaperçu, on pense que le mâle s'accouple avec elle par les narines, et qu'elle accouche de ses petits par le nez, en éternuant.)

En second lieu, la sarigue « fait le mort » quand on l'attaque. Les Indiens rattachent cette conduite à la nature mortelle de Mikur mimi, fils de la sarigue et jumeau de l'immortel Maír mimi; on comprend ainsi pourquoi la sarigue est considérée comme un chaman : le chaman ne peut être possédé par son esprit familier qu'après être tombé *manon-manon*, c'est-à-dire mort-mort. La faculté de simuler la mort explique aussi pourquoi certaines mythologies apparentées à celle des Urubu font un rapprochement entre la sarigue et la lune. Celle-ci est essentiellement mortelle et changeante comme la sarigue sous son aspect de héros trompeur qui se protège contre la force brutale grâce à la ruse et à l'évasion.

Grosse de ses deux enfants, la femme s'égare dans un village de jaguars. Ce village est souterrain comme la contrée qu'elle vient de traverser, car il se trouve au pays du soleil nocturne : les jaguars symbolisent donc le côté sinistre de la nature de

Maír, qu'on appelle aussi Yawar-iyar, autrement dit Maître des Jaguars.

Ce qui se passe alors est une conséquence inéluctable de la férocité et des prétentions viriles : on découvre la femme, on la tue, on l'éventre, on tente même de détruire les jumeaux. Cet épisode démontre que les jumeaux possèdent une grande force spirituelle puisque leur naissance neutralise ce qui est sombre dans le monde : on peut aussi l'interpréter comme la description dramatique d'un accouchement ordinaire. La vieille qui cache l'épouse de Maír s'appelle Aí, Grand-Mère; en fait, elle représente la mère de la femme qui aide pendant l'accouchement : l'aventure des jumeaux dans la marmite évoque le lavage à l'eau chaude des nouveau-nés.

Grâce à leurs dons magiques, les jumeaux grandissent rapidement, fabriquent des ustensiles de fer avec de l'écorce, comme Maír, et créent une grande île au milieu d'un lac. Cette île ressemble à celle sur laquelle vit Maír : c'est une île fortunée. Ils y plantent des arbres piqui et naja, dont les fruits sont la nourriture préférée de la sarigue, et ils incitent les jaguars à la visiter. A cause de leur nature animale, les jaguars ne peuvent atteindre l'île, destinée uniquement aux êtres spirituels; ils sont jetés dans l'eau, puis dévorés par les poissons. Deux d'entre eux parviennent à s'échapper par la stupidité de Mikur mimi – stupidité qui est l'autre aspect de sa nature instable. Quand ils rentrent au village, la vieille grand-mère se métamorphose en fourmilier tamandua, l'être des bois qui correspond au Curupir; les jumeaux n'ont pas seulement vengé leur mère, ils ont surabondamment démontré leur nature spirituelle.

Ils partent alors à la recherche de leur père. Celui-ci est en train de leur fabriquer des arcs, aveu tacite de sa paternité : car les hommes ne se contentent pas de confectionner pour leurs fils des arcs et des flèches, ils leur en donnent à la naissance sous forme de modèles réduits, en même temps que des cigares tawari, des bâtons à feu et des plumes d'aras. Les jumeaux transforment les arcs en serpents, ce qui effraye Maír au point de le faire fuir : il en résulte que les jumeaux sont ses égaux. Mais il les soumet à trois épreuves.

La première consiste à mystifier Anyang. Anyang est un cadavre, c'est-à-dire le contraire de Maír; quand ils plongent dans ses eaux de pêche, les jumeaux sont dans la même situation que Jonas avec la baleine. Cette comparaison est presque superflue, car toute leur histoire, comme celle de Jonas, se ramène à une descente dans le monde souterrain. La forme particulière de notre récit évoque une ancienne coutume tupi, celle où le père feint de pêcher le bandeau de portage préparé pour son fils nouveau-né avec une ligne et un hameçon comme s'il s'agissait d'un poisson – probablement pour que l'enfant devienne bon pêcheur. Mais la magie est pareille à une médaille, elle a deux faces. Le revers du bon pêcheur est le méchant Anyang. Et Mikur mimi meurt, fidèle à sa nature. A son frère de le ressusciter.

La seconde épreuve consiste à affronter Iwitu ramuî. Il semble que cet épisode soit le récit, mythologiquement transposé, de la première expérience sexuelle d'un garçon avec une femme généralement beaucoup plus âgée que lui : on retrouve ce thème dans un autre mythe où un garçon viole une vieille grand-mère fourmilier après avoir tué son mari, qui, auparavant, avait lui-même essayé de le tuer par un pet fracassant.

La troisième épreuve consiste à passer au travers d'ita kitik, ce qui nous ramène à la dureté, cette vertu mythologique par excellence. A l'origine, ita kitik semble avoir été une meule, et c'est probablement sous cette forme que le motif est venu du Pérou ou des Antilles, où les meules sont très répandues; mais le thème des roches branlantes (les Symplégades des Grecs) qui se referment sur un être humain a une diffusion universelle et il symbolise la nature violente et contradictoire inhérente au monde terrestre que le héros doit traverser avant de pouvoir pénétrer dans cet autre monde, dont la nature est céleste. Ita kitik est un rocher, et un rocher dur (bien qu'un des termes de l'antinomie soit le cadavre mou d'Anyang) parce que le héros doit s'endurcir pour affronter le monde : s'il s'y risque et qu'il échoue, il n'aura rien fait d'autre que s'user lui-même jusqu'à la mort. En fait, le héros malheureux est changé en pierre au lieu d'acquérir la dureté du vivant.

Comme il représente seulement ce qu'il y a de mortel en chaque homme, Mikur mimi est détruit par ita kitik. Chaque voyageur qui entre dans le monde souterrain laisse derrière lui une partie de son être, ne serait-ce que sa queue – rappelons-nous que le navire *Argo*, parti à la conquête de la Toison d'or, eut la poupe légèrement écornée en franchissant les Symplégades. Thésée abandonna Pirithoüs dans le Labyrinthe; le roi Arthur laissa Gweir à Caer Sidi; Gilgamesh perdit Enkidu. La mort de Mikur mimi permet à Maír mimi de triompher : non seulement Maír mimi s'est montré à la fois dur et immortel mais encore il a vaincu son père crocodile et emporté ita kitik au ciel, où il se manifeste victorieusement par le tonnerre. A présent, il est devenu l'égal de ce que fut son père. Le pouvoir des personnages mythologiques se confond avec les attributs qu'on leur prête : les dépouiller de leurs attributs, c'est ravir leur pouvoir.

Le mythe se termine de manière peu concluante. Maír mimi est parti vivre dans le ciel, où il accueille les esprits des morts. Il est lui-même esprit, par opposition au corps de Mikur mimi : en un sens, Maír mimi est donc aussi un mort. Il représente la partie héroïque de l'homme et non le héros vivant que Maír est chargé d'incarner. Temporairement, Maír se métamorphose en crocodile, mais bientôt il reprend sa forme humaine : en fait, il est l'image de tout homme qui aspire à devenir un chef : il ne vit pas au ciel mais sur terre, où les hommes assez hardis pour entreprendre le voyage peuvent lui rendre visite. Maír ne peut jamais être dépouillé de son pouvoir puisque l'homme qui réussit à le vaincre devient un Maír à son tour; c'est dans l'autre monde seulement qu'on devient un Maír mimi.

Le mythe des jumeaux en quête de Maír est si répandu en Amérique du Sud qu'il faut le considérer dans son ensemble plutôt que sous telle ou telle forme particulière. Les seules variations notables concernent Mikur; certaines versions ne le mentionnent pas du tout, et son fils, par conséquent, n'y figure pas non plus. D'autres versions font de Mikur l'égal de Maír. Le récit se rapporte donc tantôt à des jumeaux égaux, tantôt à des jumeaux inégaux, tantôt à un héros unique, qui tous affrontent le personnage du père; ces variations sont le reflet des différentes manières dont fonctionnent les sociétés. Dans les tribus qui pratiquent le mariage entre cousins croisés et le mariage avunculaire, il arrive fréquemment qu'un homme donne sa sœur en échange de la femme qu'il a épousée. Le mariage réciproque entre beaux-frères, qui forment ainsi une véritable paire de « jumeaux ». Il existe, toutefois, chez les Urubu une nette tendance patriarcale qui explique peut-être que, dans leur version du mythe des jumeaux, Mikur mimi soit définitivement tué ici-bas : la version tupi (caractéristique d'une société qui attache moins d'importance aux différences d'âge) permettrait à Mikur mimi de vivre et même d'être reconnu par Maír comme son vrai fils.

Il existe donc des formes vivantes du Moi et de l'Autre, à l'image desquelles les personnages des jumeaux mythologiques peuvent se modeler. Dans les sociétés du type de la horde, qui semblent, toutefois, limitées aux pampas méridionales, les parents ne peuvent pas se marier entre eux, et les hommes doivent chercher leurs épouses en dehors de la horde. Dans les mythes de ces sociétés, le personnage de Maír est présent, et même exagéré, tandis que Mikur et son fils en sont absents, car dans la horde les relations ambiguës résultant des alliances matrimoniales n'existent pas : les tensions se produisent exclusivement entre les hordes. Les relations entre hordes ne sont cependant pas fixées, comme le sont celles entre moitiés dans les tribus à organisation dualiste, où les hommes d'une moitié peuvent seulement épouser les femmes de l'autre. Les tribus à organisation dualiste ne peuvent pas se permettre des relations ambiguës, celles-ci doivent être formalisées, et les moitiés placées sur un pied d'égalité : c'est dans ces tribus que Maír et Mikur, connus parfois sous d'autres noms, tendent à être considérés comme des égaux.

On peut faire un pas de plus dans l'analyse du mythe des jumeaux. La victoire remportée par Maír mimi sur son père est à la fois abstraite et élémentaire; elle ne lui a rien valu, sinon le bruit du tonnerre; au cours de son voyage à travers le monde souterrain, Maír mimi n'a pas trouvé d'autre trésor. Mais le héros qui descend dans le monde souterrain pour en ramener un trésor est une figure mythique universelle, souvent symbolisée par le soleil. Chez les Urubu, ce héros s'appelle Turiwar, et le trésor qu'il conquiert est la coiffure de plumes – c'est-à-dire ce même soleil en quoi il s'est transformé. Le mythe de Turiwar, qui sera raconté au chapitre suivant, nous introduira dans le monde des rites.

CHAPITRE XVIII

HISTOIRE CANNIBALE

Antonio-hu et les autres rentrèrent de la chasse après avoir tué trois chevreuils. Cette nuit-là, l'odeur pénétrante de la viande qui cuisait avait envahi le village. Nous en mangions tant que nous pouvions, mais il en restait. Cela se sut, et, le lendemain, un cortège de visiteurs vint se repaître de nos restes. Assis dans nos hamacs, les mains chargées de gros morceaux de viande, ils échangeaient des commérages sur un ton si bruyant qu'Antonio-hu et moi dûmes chercher refuge dans une petite hutte en bordure du village, où l'on pouvait parler tranquillement.

Nous nous sentions gagnés par la paresse. J'avais trop mangé, mais Antonio-hu tint à me faire goûter une dernière friandise : une cervelle de chevreuil. Accroupi sur le sol, je la dégustai à même le crâne avec un éclat de bois en guise de cuiller. Antonio-hu, installé sur une spathe de palmier, grattait son pied en cherchant une chique, et Chico, assis le dos contre un poteau, regardait un perroquet apprivoisé, qui se lissait les plumes, perché sur les chevrons du toit.

Après avoir avalé la cervelle, je priai Antonio-hu de me raconter ce qu'il savait de Turiwar. Il dévida son récit par fragments, tout en continuant à chercher la chique dont nous mettions l'existence en doute, ce qui l'agaçait prodigieusement. Saracaca apporta un pot plein de shibé fait avec de la farine de manioc fraîchement grillée, auquel il fallut aussi goûter; un des visiteurs vint ensuite me demander du tabac. Vers la fin, Antonio-hu s'anima et, joignant le geste à la parole, fit revivre les personnages de son histoire.

« Il y avait une fois, dit-il, un homme appelé Turiwar qui voulait tuer un aé. L'aé est un animal mythique, qu'on décrit comme un énorme atèle, ou singe-araignée, avec des poils rouges, des yeux rouges, un pénis bleu et des os bleus. C'est un *tenetehar*, autrement dit, c'est tantôt un singe ordinaire, tantôt un être à conduite humaine : quelque chose comme un loup-garou. Il est escorté de kinkajous, petits animaux velus, arboricoles, dont les Indiens ont très peur; ils prétendent qu'un homme endormi sur qui un kinkajou laisse tomber ses excréments mourra. Les Brésiliens partagent cette peur, bien qu'ils l'expliquent autrement : les kinkajous, disent-ils, sont pédérastes, avant de s'endormir dans la forêt, un homme devrait toujours se mettre un bouchon au bon endroit.

» Turiwar voulait donc tuer un aé, pour avoir ses os bleus, dans lesquels il taillerait les perles d'un collier destiné à sa femme. Il grimpa dans un arbre yupu-i, dont les fruits sont le régal des aras, et attendit. C'était la pleine lune; quand elle atteignit le zénith, un aé arriva, porté par le vent qui soufflait dans la cime des arbres. L'aé se posa sur une branche de l'arbre yupu-i, cueillit des fleurs et en exprima le nectar dans une calebasse qu'il portait. " Ah! mandiakwer ", dit-il pendant que le suc s'écoulait. (*Mandiakwer* est le nom d'une soupe faite avec du manioc doux : les fleurs du yupu-i sont le manioc doux de l'aé.)

» Turiwar prit son arc et tira. La flèche atteignit l'aé en pleine poitrine; il mourut sur le coup.

Turiwar ouvrit le corps et en extirpa les os, qu'il ramena chez lui.

» Mais la belle-sœur de Turiwar était jalouse : elle ne possédait pas de perles bleues, et elle tourmentait son mari pour qu'il allât, lui aussi, tuer un aé. Turiwar expliqua à son frère comment il fallait s'y prendre : attendre la pleine lune, et viser dans la poitrine de l'aé. Comme le frère était mauvais tireur, sa première flèche se planta dans l'épaule droite de l'animal, la seconde dans l'épaule gauche. Le temps lui manqua pour en tirer une troisième, car l'aé lui sauta dessus, fendit son crâne d'un coup de massue et l'emporta dans sa demeure souterraine.

» Le lendemain matin, ne le voyant pas revenir, sa femme s'inquiéta et alla consulter un chaman. Celui-ci prit sa pipe, la fuma, tomba en transe; son esprit familier lui apparut, et lui expliqua exactement ce qui s'était passé, et ce qu'il devait faire; à son réveil, le chaman convoqua donc tous les habitants du village.

» Aé (pour les besoins de l'histoire nous appellerons l'aé Aé) habitait sous terre; on accédait à son village par le petit trou d'une fourmilière semblable à celle de la fourmi tô-ô, qui vit exclusivement dans les endroits venteux. Grâce à une tache de sang, les gens du village avaient repéré cette entrée. Plusieurs se mirent à creuser et parvinrent enfin dans un autre monde : c'était une forêt traversée par un large chemin. Tandis que les Indiens restés à la surface allumaient un feu sur lequel ils faisaient bouillir de grandes marmites d'eau, Turiwar s'engagea dans le souterrain et se dirigea vers le village d'Aé.

» A part Aé, il ne vit personne; les autres étaient à la chasse : tous des jaguars, sauf Hai-hai, le chien sauvage. Aé accueillit Turiwar poliment.

» “ Tu es venu?

» – Je suis venu. ”

» D'abord, Aé raconta à Turiwar ce que ses compagnons étaient en train de faire, puis, brusquement, il mentionna qu'il avait tué un homme, tout récemment. Turiwar vit bien que c'était vrai : paré de ses ornements de plumes, Aé était assis dans son hamac, les pieds posés sur une petite natte en palmes tressées, les jambes couvertes de lacérations encore saignantes. »

(Un homme qui en a tué un autre s'impose une réclusion rituelle et ne doit pas mettre les pieds sur le sol de crainte de tomber malade; il se lacère les jambes pour indiquer la fin de sa réclusion. Tout en résumant un peu les diverses phases du rituel, le mythe s'y référait avec précision.)

« Turiwar était effrayé. (Pour bien montrer combien celui-ci avait peur, Antonio-hu replia son index et le mit en anneau contre son pouce, figurant ainsi l'anus de Turiwar; puis, en levant son petit doigt, il indiqua que le pénis de Turiwar était devenu minuscule.) La terreur du héros augmenta quand Aé lui demanda s'il aimerait voir comment les aé et les jaguars dansent quand ils tuent un homme. »

Antonio-hu ne put se retenir d'exécuter cette danse à mon intention. Il chercha autour de lui un objet qui lui tiendrait lieu de massue.

« Prends ceci, dis-je en tirant un bâton du feu. Fais attention, le bout est brûlant. » Il mit le bâton sous son bras, frappa le sol une ou deux fois du pied, et puis se redressa. « Ah! » dit-il en courant chercher une coiffure, à laquelle il ajouta, par-derrière, quelques longues plumes rouges qui provenaient d'une queue d'ara.

Il la posa sur sa tête en s'écriant : « Et voilà! » d'un air très satisfait. Le mégot d'un cigare tawari dans la main gauche, la droite brandissant le bâton encore fumant, il se mit à danser; il courbait le dos et frappait rythmiquement le sol – pan! pan! d'une voix basse et profonde, il chantait une mélodie lugubre et incertaine, martelant du pied droit le sol poussiéreux, puis rapprochant le gauche avant de sauter et de marteler à nouveau.

« Regarde mes pieds! » s'écria-t-il brusquement, parlant au nom d'Aé aussi bien qu'en son propre nom. Il continua de danser, puis se tint en équilibre sur les talons, les orteils dressés – d'abord ceux du pied gauche, puis ceux du pied droit – et il les agitait de haut en bas : geste vulgaire en apparence, mais qui possédait un sens redoutable. Puis il passa au mouvement suivant.

« Aé fit tourner la masse au-dessus de sa tête », annonça-t-il. Debout, tout droit, il faisait passer le bâton par-dessus et par-dessous son bras gauche, de chaque côté de son cou – chose difficile – autour de sa taille et entre ses jambes. « La massue va par ici, elle va par là », lança-t-il; et de nouveau il dansait.

A présent, tout le village savait qu'il se passait quelque chose, et chacun observait Antonio-hu avec autant de plaisir que moi. De la porte de sa hutte, Mirijun, la femme de Wirakangupik, cria soudain : « Montre-lui comment Aé fut assommé. Vas-y, montre-lui!

– Ça va comme ça? demanda Antonio-hu, désireux de savoir si nous étions contents de sa performance. Il me souriait.

– Ça va », dis-je.

Il entreprit alors de parodier la danse qu'il venait d'exécuter. « Aé retira ses ornements de plumes et les mit à Turiwar en lui tendant sa massue. " A toi de danser! " dit-il. Mais Turiwar était malade de peur, car, dans une grande marmite pleine d'eau bouillante, il avait vu la tête de son frère qui cuisait à feu vif. »

Fig. 5. — *La tête du prisonnier est bouillie dans une marmite.*

La voix d'Antonio-hu tremblait en chantant, ses jambes le portaient à peine. C'était à la fois pénible et comique de le voir imiter la danse de Turiwar, traînant les pieds dans la poussière, tendant les fesses et fléchissant les genoux.

« Pendant que Turiwar dansait, Aé aperçut les autres hommes qui rentraient de la chasse. Aé regarda Jaguar Tacheté et vit qu'il avait tué un pécari; il regarda Jaguar Noir, qui avait tué un tapir, et Jaguar Rouge, qui avait tué un chevreuil. Tout en dansant, Turiwar essayait de profiter de cette diversion pour se poster derrière Aé. Arrivé là, il leva la massue qu'il tenait en dansant et assomma Aé. »

Antonio-hu se laissa aller. « Toum! » cria-t-il en donnant un coup de bâton en l'air. « Toum! » encore un coup. Puis il frappa la spathe de palmier qui lui servait de siège. « Toum! Toum! » cria-t-il. Perdant l'équilibre, il alla se cogner la tête contre le toit, fit un saut en arrière, par-dessus la spathe, et frappa de nouveau. Puis il sortit en courant de la hutte, plié en deux, les bras serrés le long du corps; tous les cinq ou six pas, il faisait des bonds prodigieux et n'arrêtait pas de grogner : « Hou! Hou! Hou! Hou! » Il disparut derrière une des huttes, contourna quelques buissons de manioc, et se montra de nouveau, toujours en train de crier et de grogner. Tous le huaient, y compris les visiteurs : « Ouh! Ouh! » Martelant ses pas, il revint, sauta par-dessus les troncs abattus et finit par rentrer dans la hutte en trébuchant.

« Il partit en courant, Turiwar, avec tous les jaguars à ses trousses. " Ah! soupira-t-il en déposant ses plumes et en retirant sa chemise par-dessus sa tête, j'ai rudement chaud! " Turiwar parcourut le chemin en courant et arriva bientôt au trou qui conduisait au monde supérieur. Ses amis avaient laissé pendre un câble en liane avec un nœud coulant au bout; il mit ses mains dans le nœud, tira dessus, et on le hissa. L'un après l'autre, les jaguars faisaient des bonds pour essayer de l'attraper; ils étaient en colère, car Turiwar ne s'était pas contenté de tuer leur tushau, leur chef de guerre, mais il était parti avec la coiffure de plumes, la flûte d'os pendue au collier et les autres ornements de plumes, dont il n'existait pas de réplique au village. Ils lui sautaient après, griffant ses jambes et mordant ses fesses, mais retombaient à chaque fois parce que les hommes d'en haut déversaient sur eux de l'eau bouillante. Bientôt, Turiwar se trouva de nouveau à la surface de la terre; tous les jaguars gisaient morts au fond du trou. Le lendemain matin, le chaman vint et fit boucher l'ouverture avec des troncs d'arbres, puis il fuma un cigare au-dessus pour la faire disparaître, et il n'y eut plus rien que le sol de la forêt, comme on le voit partout : couvert de feuilles tombées et de broussaille. »

Ce mythe est d'interprétation aisée. Le personnage d'Aé semble évoquer le kinkajou, nocturne et féroce – surtout quand on l'enivre –, bien qu'il soit possible de l'apprivoiser. Comme l'aé et l'ara se nourrissent des mêmes fruits, ils ont certains attributs communs; mais si l'ara est un emblème du soleil à midi, l'aé représente le soleil nocturne. C'est un habitant de ce monde surnaturel auquel préside la pleine lune.

Il chevauche le vent, et participe ainsi de la même nature qu'Iwitu ramuî, Grand-Père Vent, qui se fâcha tellement quand Maír mimi chatouilla sa femme. On confond parfois Aé avec Timakanã et Curupir, parce que tous trois émettent des bruits étranges dans la forêt, surtout quand le vent fait gémir et craquer les arbres; comme eux, il est anti-Maír. Mais Aé est plus dangereux que les deux autres, car, à l'instar de Maír, il porte une coiffure de plumes : il est *tushau* (bourreau) et chef de guerre, doté de pouvoirs magiques. Moins anti-Maír que Maír vu sous un jour sinistre, il est donc un Maír souterrain.

Dans la vie réelle, on rencontre bel et bien un Maír souterrain : le jaguar, dont l'habitat préféré est une grotte ou des rochers. Dans le mythe des jumeaux, les jaguars sont déjà intervenus pour dévorer la femme de Maír; une autre histoire raconte qu'un garçon jaguar tenta, comme Maír mimi, de vaincre Tupan, le tonnerre, mais qu'il échoua et périt. A chaque problème mythologique correspondent toujours plusieurs solutions, et c'est ce qui donne parfois aux mythologies une apparence incohérente : en fait, leur cohérence réside

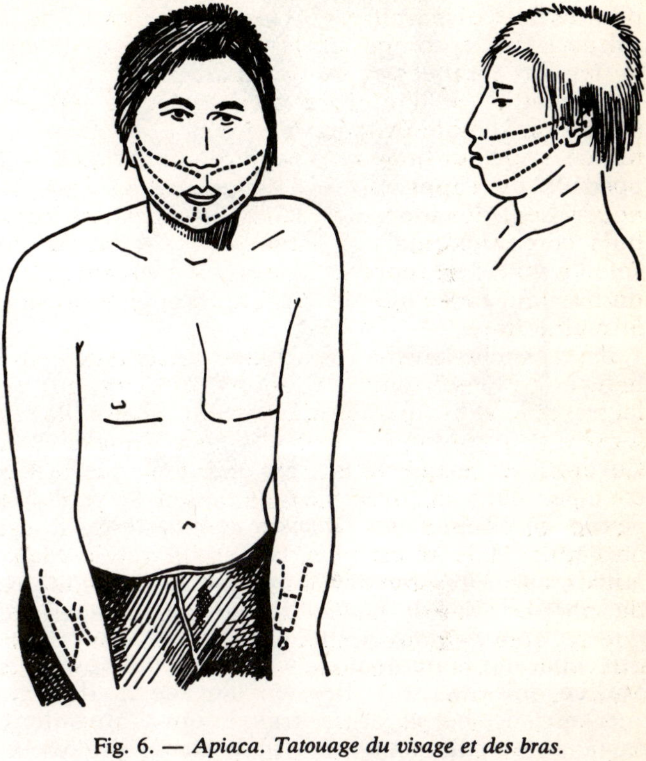

Fig. 6. — *Apiaca. Tatouage du visage et des bras.*

dans la récurrence de situations identiques, bien que les mêmes personnages figurent tantôt du côté du vainqueur, tantôt du côté du vaincu. Le jaguar est la forme qu'assume Maír pour apparaître au héros malheureux, et celle qu'assume le héros malheureux pour apparaître à Maír.

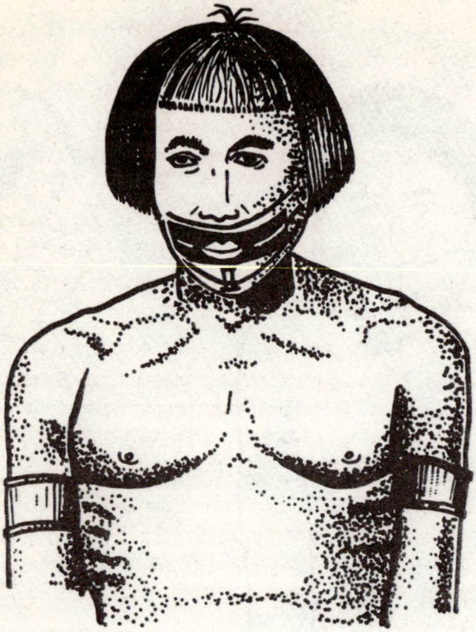

Fig. 7. — *Apiaca. Tatouage de la bouche.*

Le conflit qui oppose deux mâles hostiles se rencontre fréquemment : il se dénoue quand le vainqueur succède aux titres du vaincu. On reconnaît ainsi implicitement au vaincu un pouvoir propre, ce qui revient à dire, en langage mythologique, que le héros et le traître qui s'affrontent participent de la même nature : le jaguar vainqueur deviendra Maír. Ils sont ennemis parce qu'ils convoitent la même chose et possèdent les mêmes attributs. Chez le vainqueur, ces attributs prennent une valeur positive; chez le vaincu, ils ont une valeur négative : Maír est un homme, féroce comme un jaguar, dur comme une pierre – tandis que son adversaire n'est que jaguar et pierre.

Aé est Maír – tout en ne l'étant pas : pour autant qu'il est un tushau et porte une coiffure de plumes, il est Maír; mais il ne l'est pas dans la mesure où il vit sous le sol. Le monde souterrain est véritablement un monde féminin, le lieu où la masculinité est le plus impitoyablement démasquée. Les conséquences imprévisibles des prétentions masculines s'y manifestent, comme aussi ce qu'un homme refuse d'être. C'est le monde de la mort, mais, puisqu'il est féminin, c'est aussi le monde de la naissance; et le rôle du trésor que le héros ramène avec lui est de symboliser ce qui naît. Dans le mythe urubu, la mort frappe le frère de Turiwar tout comme elle a frappé celui de Maír mimi, et la coiffure, ce soleil de plumes, est ainsi née.

Gardien et habitant du monde souterrain et féminin, Aé est le soleil nocturne, l'envers de Maír. Pour qu'il devienne Maír, il suffirait qu'on l'oblige à exposer la couleur bleu ciel de ses os. Je ne connais qu'un animal aux os bleus, c'est la grenouille poca-poca; avec ses os, les Tembé fabriquent des colliers dont ils ornent le cou de leurs enfants pour leur donner un bon sommeil. Mais cet exemple ne suffit pas à démontrer la signification du bleu, couleur préférée des Indiens. Tout se passe comme si Aé possédait deux trésors : d'une part, ses os bleus, une richesse d'ordre affectif, que Turiwar pouvait offrir, de façon significative, à sa femme pour la réjouir, et, d'autre part, les ornements de plumes – autrement dit la chose que chaque homme conserve pour soi. Car les femmes peuvent aussi aller au ciel, mais seuls les hommes se rendent pareils au soleil.

L'histoire d'Aé est importante parce qu'elle montre comment les faits mythiques sont représentés dans la vie réelle. L'épisode où Aé danse devant Turiwar explique comment le bourreau urubu s'y prend pour détourner l'attention de sa victime, en tortillant ses orteils, et mieux l'assommer quand elle n'est plus sur ses gardes; par ailleurs, la tête du frère de Turiwar, qui cuit sur le feu, atteste des mœurs cannibales auxquelles d'autres mythes font aussi allusion.

L'exécution du prisonnier ainsi que la consommation de sa chair ne prennent leur sens que quand on les replace dans un ensemble rituel. Pour les Indiens, un homme digne de ce nom est dur et fort; il n'a rien d'efféminé; c'est un guerrier implacable, une volonté farouche l'anime pour venger la mort de ses parents ou alliés, et, surtout, c'est un fervent des rites. Car un héros se met en valeur au cours des cérémonies qui lui donnent l'occasion de faire parade de ses vertus. Bien plus, dans la société indigène, l'homme qui fait parade de vertus héroïques finit par devenir un héros.

Les actes du héros sont tous décrits en termes mythiques. L'Indien projette cette description audehors, il transfigure ainsi les êtres et les choses, et sa conduite relève aussi bien de la métaphore que de la réalité. Tout Indien s'efforce de vivre sur le modèle du héros, que ce soit Maír mimi ou Turiwar. Mais, plutôt que de descendre lui-même dans l'audelà, il y envoie un représentant : ennemi prisonnier qu'il tue et mange rituellement, autant que réellement – le sort même auquel Turiwar faillit succomber.

La notion d'exécution rituelle suscite encore un très grand intérêt chez les Indiens, bien qu'ils se gardent d'en parler devant des étrangers. Il est presque impossible de leur délier la langue sur le sujet du cannibalisme : à chaque question directe, ils opposent un démenti sur un ton un peu trop détaché pour être sincère. Quand je lui posais des questions sur le sujet, Pari ne semblait pas seulement excédé, mais dégoûté, et je dus renoncer à l'enquête directe.

Parmi les livres que j'avais emportés en expédition se trouvait le récit, par Hercule Florence, d'un voyage à travers la forêt brésilienne, aux alentours de 1820. Excellent dessinateur, Florence avait illustré son livre de croquis représentant des Indiens couverts de plumes et de peintures corporelles. Partout où j'allais, c'était le livre qui avait le plus de succès : d'abord, bien sûr, parce qu'on y voyait des femmes complètements nues sur lesquelles on commençait par se jeter; si bien qu'aux bons endroits

Fig. 8. — *Apiaca armé d'une lance.*

ces dessins étaient tout noircis par des traces de doigts sales; de plus, ils montraient des Indiens qui, tout en étant visiblement des *caápor* (de vrais Indiens) – c'est-à-dire, parés de coiffures de plumes et de labrets – différaient par ces coiffures ainsi que par leurs arcs et leurs flèches de tout ce que les Urubu connaissaient. De même, le style de leurs peintures corporelles était étrange; et Saracaca en fut si séduite que pendant tout mon séjour elle l'adopta pour peindre ses bras et ses jambes. Elle était ravissante ainsi, un peu comme si elle avait enfilé des bas et des gants.

Antonio-hu s'intéressait plus aux armes, et, à chaque image, il m'interrogeait pour savoir à quelle tribu l'homme appartenait, et où il vivait. A la fin, alors que nous étions en train de contempler des dessins d'Indiens Apiaca, il désigna une lance en me disant son nom : « *Murussu* ».

– Murussu, répétai-je d'un air indifférent. On tuait des gens avec ça, et puis on les mangeait.

– Manger des gens! s'écria Antonio-hu, plein de dégoût. Ton livre ne vaut rien! Jette-le! Fiche-le au feu! »

Il continuait, néanmoins, de regarder les images; j'avais tourné la page pour lui montrer les Indiens Munduruku, qu'il appelait à tort Timiruku.

« Eux aussi mangeaient des gens, dis-je pour le provoquer, bien que ce fût parfaitement inexact. Ils sont féroces...

– C'est eux qui ont mangé yandé ramuî, interrompit-il, fasciné par cette page. Oh! comme je suis triste de contempler ces gens qui ont mangé yandé ramuî!

– Vraiment? Qui d'autre a mangé des hommes?

– Juru pihun! hurla-t-il après une courte réflexion. Les Indiens Boca preta. *Juru pihun!* »

Je revins une page en arrière pour lui montrer l'image d'un Munduruku à la bouche peinte d'une large bande noire allant jusqu'aux oreilles, comme une tranche de pastèque. « Tiens, voilà Jurupihun! »

Pendant une demi-minute, Antonio-hu regarda en

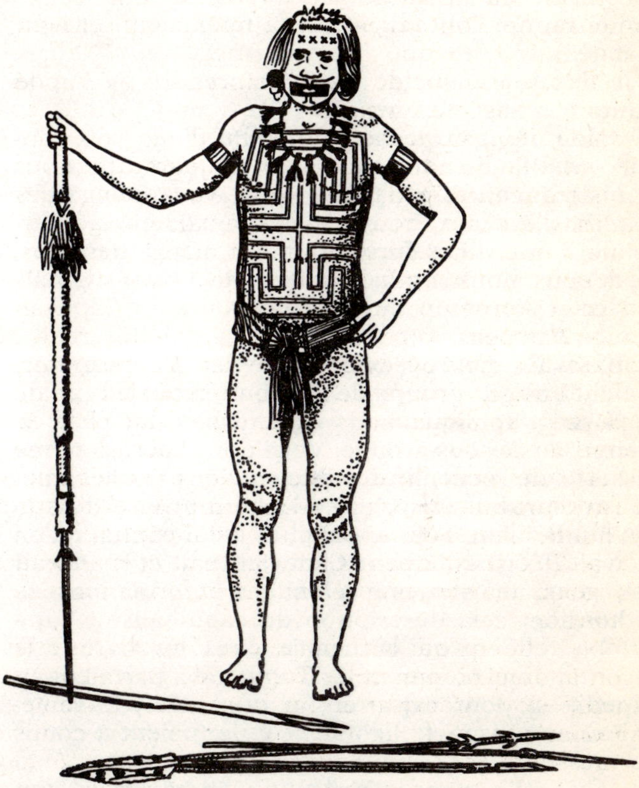

Fig. 9. — *Apiaca armé d'une lance ; sa poitrine est peinte, ses oreilles ornées de pendants.*

silence. « Ils ont mangé yandé ramuî », dit-il à voix basse. Puis il s'écria : « Brûle ce livre! Il ne vaut rien! »

Il se souvenait d'autres tribus anthropophages, les Wira tu, les Merikern. « Trois », dit-il en pliant son index sous son pouce et levant la main où se dressaient les autres doigts. « Trois! Ils ont mangé yandé ramuî, l'ont cogné sur la tête, paam! et l'ont mangé. »

Je n'étais pas sûr de bien comprendre : « Yandé ramuî a mangé des gens? »

« Non, non! protesta Antonio-hu d'une voix rauque, les Blancs nous racontent toujours que nous avons mangé des gens, que nous avons mangé des Blancs. C'est faux, nous n'avons jamais mangé personne. Jamais! Les Juru pihun ont mangé des gens; mais nous, nous sommes bons, nous n'avons jamais fait ça. » Après un moment, il ajouta : « Capiwan mange des gens. »

Je savais, heureusement, que les Capiwan formaient un sous-groupe de la tribu Urubu; le nom de Capiwan s'appliquait aussi au tushau, au chef de guerre, de ce sous-groupe. Voici donc l'occasion, me disais-je, de recueillir des informations sur le cannibalisme urubu sans blesser l'amour-propre d'Antonio-hu. Brûlant d'en savoir plus, je lui confiai qu'on m'avait décrit comment Capiwan tuait et mangeait des gens; mais mes prétendues informations se réduisaient à la description du cannibalisme tupinamba telle qu'on la trouve dans les livres : je racontai donc comment les Tupinamba partaient en expédition pour capturer un prisonnier, le ramenaient au village, le ligotaient et le tuaient à coups de massue.

« Oui, oui, acquiesça Antonio-hu qui n'arrêtait pas de gigoter sur son siège. Capiwan tuait nos ancêtres et les mangeait... »

– Comment? demandai-je avec insistance. Comment? Comment Capiwan les tuait-il? »

Brusquement, Antonio-hu se décida. A côté de lui, sur le banc où nous avions pris place, se trouvait un jeune garçon. Antonio-hu le saisit par le bras et cria : « Ils leur liaient les bras derrière le dos! Ils leur passaient une corde autour de la taille! puis... paam! » Antonio-hu frappa avec une massue imaginaire, et vacilla sur son siège, la tête inclinée de côté comme celle d'un moribond. « Parfois, ils leur mettaient aussi une corde autour du cou, et ils les *étranglaient!* » poursuivit-il en prenant une grosse voix et en serrant ses mains symboliquement autour de sa gorge.

Venu de l'autre côté de la hutte pour voir ce qui se passait, Alishandre se pencha et dit à l'oreille d'Antonio-hu : « Montre-lui comment c'était! »

La corde qu'on attachait autour de la taille du prisonnier devait mesurer huit à dix mètres; l'autre extrémité était fixée à un poteau. Le prisonnier était donc relativement libre de ses mouvements et, quand le bourreau s'approchait de lui avec sa massue, il faisait son possible pour esquiver les coups. C'est ce qu'Antonio-hu voulait nous démontrer : il se leva brusquement, chassant les gens du banc, sortit de la hutte et puis rentra avec précipitation, se cachant sous les hamacs, tournoyant, bondissant dans tous les sens, pour imiter le prisonnier qui essayait d'esquiver les coups du bourreau. J'intervins, moi aussi, pour écarter les hamacs qui gênaient, et il continua son manège, se baissant, courant d'avant en arrière; puis, d'un coup, il se dressa, comme retenu par la corde imaginaire, et agita rapidement la tête d'un côté et de l'autre en bondissant et en se tortillant; après être sorti et rentré plusieurs fois, il tourna violemment sur lui-même, se baissa et s'arrêta pile en éclatant de rire.

« Paam! » s'écria-t-il, à bout de souffle, puis, se frappant le crâne de côté : « Mort! »

« Dis-lui ce que tu sais de Capiwan, l'exhortait

Alishandre; raconte-lui comment Capiwan a tué yandé ramuî! »

Antonio-hu se mit à débiter l'histoire avant même d'avoir repris son souffle. « Capiwan... Capiwan... commença-t-il, haletant. Un jour que yandé ramuî était allé en visite chez Capiwan...

» Donc, un jour, yandé ramuî s'était rendu chez Capiwan. Lui et sa femme, yandé ari, notre grand-mère, étaient seuls; ses frères n'avaient pas aimé Capiwan, et le lui avaient dit : " Tu ne vaux rien! Tu manges nos frères et nos enfants! Nous ne voulons plus demeurer chez toi, nous rentrons chez nous! "

» Yandé ramuî, lui, était resté pendant encore quatre ou cinq mois. Capiwan avait alors dit : " Ne t'en va pas. Reste avec nous, épouse ma fille! " En plus, Capiwan lui avait donné une hutte où yandé ramuî vécut en compagnie de ses deux épouses.

» Un jour, Capiwan lui dit : " Va chercher du mandiakab! " (du manioc doux) Yandé ramuî y alla, yandé ari y alla, la fille de Capiwan y alla. Quand ils furent dans la roça, yandé ramuî interpella la fille de Capiwan : " Viens suruquer! " Elle ne vint pas. " Viens suruquer! " (Antonio-hu frotta malicieusement un doigt contre sa paume.) La fille de Capiwan ne dit rien, ne vint pas : elle retourna au village. " Ne rentre pas! cria yandé ramuî, ton père se fâchera si tu ne lui rapportes pas de mandiakab! " La fille de Capiwan rentra quand même, vit son père, et lui raconta que yandé ramuî avait par trois fois essayé de la tuer avec une takwara; chaque fois, elle avait esquivé la flèche. Mauvaise femme, elle mentait! Capiwan ne dit rien, mais il cria à yandé ramuî :

" Tu es mauvais! Tu as essayé de tuer ma fille.

– C'est faux! protesta yandé ramuî. Je voulais la suruquer; j'ai crié trois fois " Viens suruquer! " Mais elle ne voulait pas.

– Non, dit Capiwan, ce n'est pas ton pénis que tu voulais lui mettre, mais une takwara!

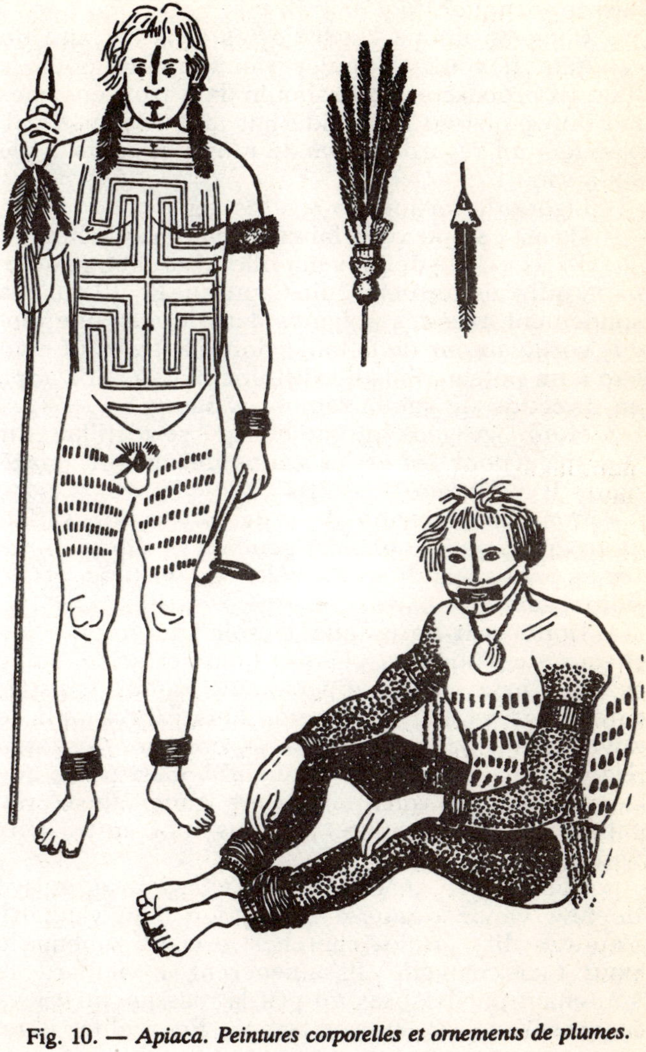

Fig. 10. — *Apiaca. Peintures corporelles et ornements de plumes.*

– Ta fille ne vaut rien, elle ne veut pas que je la suruque. Tu me l'as donnée, mais elle ne veut pas se laisser suruquer. ”

» Capiwan donna l'ordre à ses gens de faire du cahouin. Il voulait saouler yandé ramuî pour le tuer. Ils préparèrent du cahouin dans trois énormes marmites, et tout le monde but tant et plus. Capiwan jeta un regard sur yandé ramuî et se dit : “ le voilà saoul! ”

“ Ligotez-le! ordonna-t-il à ses gens.

– Qu'est-ce que vous faites? Vous m'attachez?

– Tu as essayé de tuer ma fille; c'est moi, maintenant, qui vais te tuer ”, dit Capiwan. Et il l'attacha solidement avec les poignets dans le dos, une longue corde autour de la taille, dont l'autre bout était fixé à un poteau. Puis il saisit une massue et frappa en direction de yandé ramuî... wshhh!

» Hunh! grogna Antonio-hu, qui se tortillait sur son siège pour éviter les coups de massue imaginaire. Il avait tapé à côté! »

Antonio-hu, enchanté de sa démonstration, sifflait et grognait, puis se baissait pendant quelques minutes, jouant à la fois les rôles de victime et de bourreau.

« Donc, peu après que le soleil fut monté au-dessus de l'horizon, chaque homme, armé d'une massue, essaya de frapper yandé ramuî, mais ils tapèrent tous à côté. Quand, dans l'après-midi, le soleil se coucha, yandé ramuî se sentit las, très las, il avait chaud, il ruisselait de sueur. “ C'est parce que je suis ivre que vous pouvez me traiter ainsi, cria-t-il. Si je n'étais pas ivre, je serais, moi, en train de vous tuer! ”

» Tour à tour, chacun dans le village avait essayé de tuer yandé ramuî, à l'exception d'un vieillard. Capiwan dit : “ Allez chercher le vieux, amenez-le pour tuer celui-ci! ” Ils amenèrent le vieillard, le soutenant par les bras : il prit la massue, qu'il leva au-dessus de sa tête, et frappa. En réalité, il ne

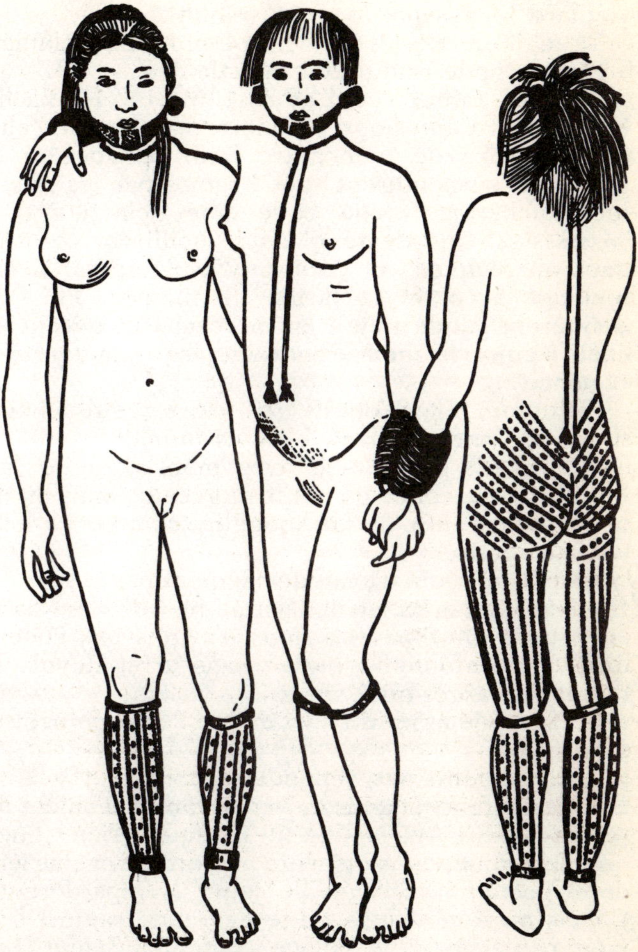

Fig. 11. — *Apiaca. Trois grâces, peintes et tatouées.*

frappa pas. Yandé ramuî s'était baissé, cependant le vieux n'avait pas frappé. Mais, à peine yandé ramuî s'était-il baissé, la tête penchée d'un côté, que le vieillard lui assena un coup, wshhh!... paam! »

La main derrière l'oreille, Antonio-hu s'exclama : « Paam! yandé ramuî était mort!

» Yandé ramuî s'était affaissé, mort. " Ha ha ha ha ha! riait Capiwan, il est mort, maintenant, celui qui a essayé de tuer notre sœur. Coupez-lui la tête! " Ils suspendirent yandé ramuî par les pieds, lui tranchèrent le cou, et le sang gicla ti ti ti ti sussssssss. Que de sang! Ils recueillirent ce sang dans un récipient, et Capiwan l'avala après l'avoir mélangé avec de la farine de manioc. Puis ils débitèrent yandé ramuî en morceaux et mirent sa chair à cuire; ils mangèrent tout, jusqu'à la dernière bouchée...

– Et comment l'ont-ils fait cuire, cette chair? dis-je en l'interrompant. L'ont-ils fumée?

– Non, dit Antonio-hu avec mépris, on la fait bouillir, on la coupe en petits morceaux, mais on ne la fume pas; on la fait bouillir, comme ça elle devient tendre. »

Alors Chico, qui n'avait décidément pas le sens du tragique, annonça qu'il désirait prendre un bain. Bien qu'il fût 7 heures, nous n'avions pas encore dîné, car Antonio-hu parlait sans arrêt depuis le début de l'après-midi.

« T'en ai-je assez dit? » s'enquit-il fort courtoisement.

« Ça ne suffit pas, répondis-je, continue!

– Les parents et amis de yandé ramuî venaient de temps à autre voir s'il ne lui manquait rien : quelqu'un grimpait dans un arbre au bord de la clairière et inspectait le village. Un jour, ils regardèrent : " Mais où donc est la hutte de yandé ramuî? " Il n'en restait rien, le village était abandonné. Les hommes rentrèrent dans leur village et informèrent le tushau. " Yandé ramuî a été mangé! dirent-ils.

C'est Capiwan qui l'a mangé. Il n'y a plus personne là-bas, maintenant.

– Ils reviendront, prédit Tushau, dans un mois, ils reviendront pour un autre cahouin. »

» Le mois suivant, Tushau envoya tous ses hommes dans le village de Capiwan. Il leur dit quoi faire. Arrivés au village, l'un d'eux grimpa dans un arbre pour jeter un coup d'œil. Il aperçut Capiwan en train de préparer un cahouin. Les hommes encerclèrent le village et se mirent à renifler et à grogner comme des pécaris – wah! Wah wah wah! Hrrn hrrn hrrn! Capiwan, auprès de son cahouin, s'écria : " Voilà les pécaris! " et envoya ses hommes pour les tuer. Wah wah wah! Hrrn hrrn hrrn! Les hommes de Tushau tapotèrent alors leurs arcs avec des bâtons pour imiter le grincement de dents des pécaris. " Où sont les pécaris? " demandent les hommes de Capiwan, qui se précipitent dans la forêt. Ils s'approchent. Avant leur départ, Tushau a recommandé à ses hommes : " Laissez-les venir sur vous, jusqu'à ce que vous puissiez bien les voir! " Bientôt les hommes de Tushau voient les autres d'assez près.

» Pik! fit Antonio-hu, attirant vers son oreille la corde d'un arc imaginaire, qu'il relâcha aussitôt. Pik! Pik! Pas l'ombre d'un pécari en vue. Pik! Mais que de flèches! »

A la lueur du feu, Antonio-hu livrait, tout seul, sa petite bataille. « Ils sont tués sur le coup, cria-t-il, les flèches leur traversent le dos, les épaules, les jambes! Pik! Pik! Les flèches arrivent de tous côtés au milieu du village!

» Entendant des cris, les femmes sortirent de leurs huttes et coururent se cacher dans la roça, parmi les troncs d'arbres et les plants de manioc, mais les flèches les rattrapaient et se plantaient dans leur dos; les femmes rampaient sous des arbres abattus, et pik! une flèche dans le trou du cul. Les hommes de Tushau tuèrent tout le monde.

Fig. 12. — *Munduruku. Femme et enfant, peints et tatoués.*

» Puis, écumant de rage, ils rentrèrent dans le village à la recherche de Capiwan. Aussitôt découvert, il fut ligoté avec une corde. On défit la cordelette qui retenait son pénis, et celui-ci fut tordu, tiré, tourmenté et finalement percé d'une takwara.

" Tu as tué notre frère! criaient les guerriers.

– Non je ne l'ai pas tué! C'est celui-là qui l'a tué! " Et la main de Capiwan indiquait le toit sous lequel le vieil homme reposait dans son hamac. Paam! Ils tuèrent Capiwan d'un coup de massue. Paam! le voilà mort. Ils grimpèrent jusqu'au vieillard dans son hamac et le basculèrent. Le vieux s'aplatit par terre. " Tu as tué notre frère! " lui criaient-ils en le roulant dans le foyer. Ils lui couvrirent le corps de braises et le tuèrent à coups de massue. Puis ils incendièrent la hutte où se trouvaient les corps, pour que rien ne reste du vieillard qui avait tué yandé ramuî, ni de Capiwan.

» Cependant, yandé ari était encore vivante. Les hommes la ramenèrent à leur village. Elle était triste, bien triste; son mari avait été tué et mangé sous ses yeux. Au village, Tushau attendait. " Je suis Tushau! lui dit-il. Je suis jeune, épouse-moi! " Elle l'épousa. " Les gens mangent du pécari, c'est parfait, dit Tushau, le pécari est bon à manger, le chevreuil, le tapir, le paca, l'agouti; tout ça c'est très bien; mais les jaguars, non... on ne mange pas de jaguars, pas de fourmiliers... pas d'hommes, non plus! On ne mange pas d'hommes! "

« Nous n'avons jamais mangé des gens, interpola vertueusement Antonio-hu. C'est seulement Capiwan qui mangeait les gens.

– Et que faisait le vieillard là-haut, sous le toit? demandai-je.

– Capiwan lui avait dit : " Ne te promène pas dans le village, ça ferait peur aux gens. Ne te promène pas, ne va pas chasser. Reste là, dans ton hamac sous le toit, nous t'apporterons à manger du poisson, des crevettes. Ne te lève pas, ne circule pas! " »

Chico profita de cette interruption dans le récit pour aller prendre son bain, bien qu'Antonio-hu essayât de l'en dissuader. « Il fait noir, il fait froid, attends demain matin! » Chico en avait assez – mais il ne lui servit à rien de s'en aller, car, dès qu'il fut revenu, Antonio-hu se lança dans une autre histoire qui dura jusqu'à 9 heures.

Quant à yandé ramuî – il s'appelait Piriangwa –, sa mort était des plus classiques. La guerre et le mariage sont intimement liés – en fait, les anciens Indiens Tupinamba appelaient leurs beaux-frères et leurs ennemis d'un même terme : *tobajara*, qui signifie, étymologiquement, « ceux qui sont face à face ou opposés » (1). Le commerce et l'échange vont donc de pair avec la guerre et le mariage. Dans certaines régions de l'Amérique du Sud, il existe des tribus, jadis hostiles, qui se sont si bien réconciliées qu'elles échangent aujourd'hui des femmes, bien précieux entre tous. Il est possible que certaines tribus divisées en moitiés se soient constituées de cette façon puisque les hommes d'une moitié ne peuvent épouser que les femmes de l'autre. De telles tribus introduisent en fait la guerre dans leur sein, car les moitiés s'affrontent au cours des cérémonies, et vont parfois jusqu'à simuler un combat.

Dans les tribus sans organisation dualiste, c'est surtout entre un homme, et ses alliés par mariage, que l'échange est conçu comme une lutte (de même que la guerre est un moyen d'obtenir ce qu'on veut, surtout les femmes, sans avoir à donner quelque chose en retour). Un homme a toujours des obligations envers ses beaux-parents, même s'il réussit à les limiter en épousant une femme avec laquelle il a déjà des liens de parenté. Les mariages conclus entre familles apparentées sont généralement stables : dans ce cas, il y a peu de chances pour qu'un homme rudoie son gendre ou pour qu'un mari brutalise sa femme. En revanche, des alliés par mariage non préalablement apparentés peuvent connaître des moments difficiles : quand ils se disputent, comme Caro et Toí (cf. chap. IX), l'absence de tous liens antérieurs à ceux du mariage rend parfois la querelle inévitable. L'histoire de Piriangwa offre un bon exemple : c'était un beau-frère et un étranger, il n'avait personne pour le défendre quand il se disputait avec sa femme et la famille de celle-ci. Capiwan profita de la situation pour organiser une fête cannibale. Cela n'a rien

(1) Les termes urubu sont analogues : *hê ruwaiyar*, mon beau-frère; *hê ruwaiyan*, mon ennemi.

pour surprendre : chez les Indiens, les mythes ne dépendent pas d'occasions fixées d'avance pour passer dans l'expérience vécue. Même des incidents quotidiens et d'apparence banale peuvent leur servir de prétexte pour envahir le réel. Généralement, on exécutait les prisonniers après de longs rites préparatoires qui, comme nous verrons, leur conféraient les attributs mythologiques nécessaires; mais on avait pu tuer et manger Piriangwa sans recourir à ces rites, car sa situation dans le village ainsi que l'acte de provocation auquel il s'était livré (et quelle qu'en pût être la nature) fournissaient au rite un équivalent exact, quoique inconscient. Puisque le monde où nous vivons trouve sa raison d'être et sa justification dans le monde surnaturel, on ne peut s'étonner que la légende de Piriangwa offre simultanément les caractères d'un mythe et d'un récit historique.

CHAPITRE XIX

L'EXÉCUTION RITUELLE

Jadis, on pouvait toujours reconnaître un chef à sa coiffure et aux divers ornements de plumes dont il ne se séparait jamais, sauf pour chasser. Les autres hommes ne mettaient leurs parures qu'en des occasions exceptionnelles : pour célébrer des cérémonies, ou quand ils partaient à la guerre. Ainsi orné, chaque homme devenait un Maír en même temps qu'il en présentait l'image.

Quand ils partaient en guerre, les hommes revêtaient donc leurs coiffures, leurs bracelets, leurs ceintures et leurs colliers, et ils se peignaient. Avec le suc du genipapo, ils traçaient des raies et des cercles noirs sur leur visage, et ils noircissaient leur bouche avec la chair brûlée du gymnote; ils peignaient aussi des bandes et des cercles de genipapo sur leur poitrine et le long des bras, enduisaient une large zone, depuis l'aisselle jusqu'à la taille, avec le lait gluant de l'arbre massaranduba, et saupoudraient du charbon de bois par-dessus; enfin, ils collaient des touffes de duvet blanc d'aigle sur tout leur corps et dans leurs cheveux. Ainsi décorés, ils commençaient à chanter.

Ils chantaient u-apik kangwer (*u-apik* veut dire : « il assied », ou « il pose » et le sens du mot *kangwer* est « ossements », « après qu'ils ont été décharnés »). Comme me l'expliqua Antonio-hu, on exécute toujours ce chant avec une machette sous le bras. Après avoir recouvert le sol de feuillage, les hommes s'asseyaient et chantaient à la gloire du guerrier farouche assis à leur place, et qui, bien sûr, n'était autre qu'eux-mêmes. Ils chantaient jusqu'à la tombée de la nuit, jusqu'au moment de partir en forêt pour encercler le village ennemi avant l'attaque qu'ils déclencheraient à l'aube : leur dernier chant s'intitulait *ningar puku,* le long chant, et Antonio-hu l'exécuta à mon intention.

Quand je l'en priai, il fut pris au dépourvu, car il n'avait pas de massue, or cette arme est indispensable pour danser le *ningar puku.* On lui trouva un bâton qu'il se fourra sous le bras, tenant l'extrémité dans la main gauche et dissimulée sous la paume. Il essaya quelques mesures à voix basse, pour se préparer, puis il se lança. C'était une de ces vociférations inarticulées dont raffolent les Indiens, car les paroles, à supposer qu'il y en eût, étaient incompréhensibles; Antonio-hu fut incapable de m'en citer une seule. C'est ça, ningar puku, dit-il. La danse, elle, était pleine d'entrain, un vrai morceau de bravoure; Antonio-hu élevait alternativement chaque pied très haut, puis frappait le sol avec une détermination vigoureuse. Au milieu de la performance, il s'arrêta pour demander une coiffure et reprit, cette fois, tout empanaché. Abandonnant alors le martèlement du sol pour une sorte de pas de l'oie, il lançait ses jambes en avant, soulevant la poussière avec ses doigts de pied, puis recommençait à frapper par terre. Le dos toujours légèrement courbé, il chantait avec une force barbare.

« Ningar puku! dit-il avec emphase, et en se redressant. Tu chantes, puis tu cours dans les bois à la recherche des Guajaja, la main droite sur la tête, un doigt dans le trou du cul. C'est ce que nous a raconté yandé ramuî; il disait : " Si tu ne mets pas un doigt dans ton trou du cul, tu ne tueras jamais personne. " »

Antonio-hu chantonnait de nouveau. En dansant, il tambourinait doucement sur une boîte de conserve vide qu'il venait de ramasser; il s'arrêta bientôt et jeta un regard circulaire.

« Je ferais mieux de ne plus chanter, dit-il, à cause des femmes; si je continue, elles ne pourront plus accoucher. » C'était le chant *camayi tiapiw maé,* le chant « chose-bruit » de Camayi, la cigale. Si les femmes venaient à l'entendre, leurs matrices se noueraient à tel point qu'étant enceintes elles ne pourraient jamais accoucher de leurs bébés; ce chant a aussi une influence sur les jeunes hommes : il fait sortir leurs intestins par l'anus.

– Les jeunes hommes ne doivent pas du tout l'écouter? demandai-je.

– Ils écoutent un peu. Ils se postent à l'autre bout du village pour écouter un tout petit peu. Les autres, les hommes, sont tous assemblés et chantent fort. »

Chico cria aux femmes de se boucher les oreilles – elles n'y prêtèrent pas grande attention, sauf Ari, la fille d'Antonio-hu, qui obéit en riant – et Antonio-hu recommença, portant, cette fois, sous le bras un gros paquet de flèches sur lequel était posée la boîte de conserve. En réalité, elle tenait lieu d'une carapace de tortue yenda'i, qui, portée en bandoulière, constitue un tambour d'une sonorité assez surprenante. La danse *camayi tiapiw maé* était plutôt comique; à demi accroupi, Antonio-Hu projetait la poussière à coups de talon, battait d'abord la boîte, puis les flèches, parce qu'elles rendaient un meilleur son, tout en chantant une mélodie lamentable dans un registre élevé.

Une des tâches les plus difficiles pour l'ethnologue est d'enquêter sur une cérémonie qui n'existe plus. Des histoires comme celle de Capiwan, que m'avait racontée Antonio-hu, contiennent une foule de renseignements, mais ne révèlent pas tout; or il faut éviter les questions directes, auxquelles l'indigène répondrait en omettant le contexte et certains détails qui peuvent avoir leur importance; ces questions risquent aussi de brouiller irrémédiablement la succession des événements relatés. Je ne pus jamais découvrir quand et pourquoi on chantait *camayi tiapiw maé*; il me fut également difficile de compléter mes informations sur les exécutions rituelles et l'anthropophagie. Mais le peu que je parvins à découvrir ne manque pas d'intérêt, surtout quand on confronte ces indications avec les récits classiques du cannibalisme tupinamba, qui, eux, fourmillent de détails. (C'est Alfred Métraux qui en a donné le meilleur résumé dans sa célèbre *Religion des Tupinamba.* Les récits originaux sont presque tous dus à des témoins oculaires, missionnaires ou aventuriers, peu après la découverte du Brésil.)

L'importance du chant *camayi tiapiw maé* est évidente puisqu'il est défendu aux femmes de l'entendre et que les jeunes hommes en ont à peine le droit. Cette indication, rare dans son genre, suggère que les hommes urubu devaient subir une initiation avant de pouvoir se marier. S'il n'existait pas de culte proprement dit, avec des mystères et des objets secrets (comme ceux du culte Jurupari chez certaines tribus plus ou nord) dont la vue était interdite aux femmes sous peine de mort, il n'en est pas moins vrai qu'un homme tupinamba était tenu d'exécuter publiquement un prisonnier et de célébrer, publiquement aussi, les rites qui achevaient de lui conférer la virilité. Il y avait bien quelques secrets, toutefois – à l'exception du chant *camayi tiapiw maé* et d'autres choses du même ordre – le secret ne protégeait pas les faits eux-mêmes, mais leur mode d'accomplissement. Or, sur le plan des faits, l'exécution rituelle est assez claire. C'est seulement quand une chose n'a pas une réalité pleine et entière qu'elle doit être protégée par le secret.

Chez les Urubu, le caractère secret se manifeste

par la réclusion. Pendant cette période, les Urubu dissimulent non seulement aux hommes mais aussi aux fantômes, aux esprits, et à leur propre féminité. Car l'Indien dissimule moins le résultat de son effort que cet effort lui-même, surtout s'il est difficile, et si le résultat est incertain. C'est pourquoi un Indien qui veut fabriquer une poterie va s'installer tout seul dans la forêt, là où personne ne peut le voir; pendant qu'il confectionne ses pots, il s'abstient de manger, de boire, d'uriner et d'avoir des relations sexuelles. Les Indiens font des récipients de bonne qualité, mais beaucoup craquent pendant la cuisson. Ils expliquent ces ratages par une faute commise dans l'acte spirituel de la fabrication plutôt que par un mauvais choix de la matière première ou que par une maladresse technique.

De même, aux moments importants de leur vie, les Indiens se cachent du monde et se retirent en observant un régime alimentaire strict, en s'abstenant de rapports sexuels – source d'une dangereuse contamination – et en mettant leur endurance à l'épreuve. De cette manière, ils se façonnent eux-mêmes. A ses premières règles, une fille s'isole, car elle est en train de devenir femme, un homme et une femme qui donnent le jour à un enfant se retirent pour devenir des parents; un homme, après avoir exécuté rituellement un prisonnier, se retire, car il est en train de se transformer en Maír. Ce genre de réclusion rituelle simule une descente dans l'au-delà.

Certaines choses ne peuvent jamais être montrées en public, même après qu'elles ont été fabriquées en secret, car ces choses ont elles-mêmes un pouvoir créateur. Il en est ainsi des fétiches de chasse : un Indien les prépare tout seul, au fin fond de la forêt; il enveloppe chacun dans une feuille et le cache sous le toit de sa hutte. Si un autre homme déballe le fétiche pour le toucher, ou même pour le regarder, le paquet perd sa vertu magique; si c'est une femme qui se mêle de l'ouvrir, la magie peut se tourner contre elle et la tuer. Ces objets magiques, qui perdent toute vertu quand leur secret n'est pas respecté, sont pour un homme ce que, dans nos contes de fées, le cœur de l'ogre est à son possesseur : le cœur, dissimulé dans un endroit insoupçonné, anime l'énorme masse de l'ogre – en le détruisant, on tue l'ogre du même coup.

La coiffure de plumes est un objet magique qui opère aussi bien en privé qu'en public. Les femmes ne doivent ni la porter, ni même la fixer sur la tête de leur mari, de crainte que les oiseaux yapu ne viennent crever leurs yeux : la coiffure offre donc pour les femmes un certain caractère secret. Mais pour quiconque la voit ou la touche, elle garde toujours son efficacité, car son rôle est de rendre visible la force qu'elle symbolise : c'est une partie intégrante de la magie sociale, du cérémonial. Il a fallu pourtant qu'elle soit d'abord faite, comme le raconte le mythe de Turiwar et d'Aé.

Maír est généralement conçu comme le possesseur, et donc le « créateur » de la coiffure de plumes, car Maír est le héros culturel, porteur de présents. Par un curieux paradoxe, ces dons qu'il apporte lui sont le plus souvent fatals. Bien qu'ils représentent tout ce qui rend la vie possible à l'Indien – nourriture, langage, coutumes et ornements –, leur valeur propre ressort surtout dans le rituel, où ces dons sont mis à profit pour célébrer la cérémonie, et, en un sens aussi, pour la déclencher. Les héros culturels meurent toujours de la main de ceux qu'ils avaient fait des hommes; et nul ne peut se dire homme s'il n'a tué un ennemi et procréé un fils. Les dons du héros culturel servent à ces deux fins; dès lors qu'un homme les accepte, il devient responsable et ne peut plus échapper au destin qui va faire de lui un homme. La notion de don gratuit n'a pas de sens : celui qui accepte un don contracte toujours une obligation. L'acte de donner peut aller jusqu'à perdre sa signification initiale, comme dans le potlatch du nord-ouest de l'Amérique septentrionale : coutume qui contraint le bénéficiaire à détruire tous ses biens pour tenter de rendre plus qu'il n'a reçu, et abaisser ainsi le premier donateur.

Chez les Urubu, les présents du héros culturel ont pour effet principal d'entretenir chez les hommes l'obsession de la dureté. Leurs masques, leurs peintures corporelles, leurs plumes, leur style oratoire ou ne'eng hantan, leurs cérémonies, sont autant de tentatives pour incarner la mâle vertu qui caractérise le héros; tentatives qui, par leur exagération, poussent toujours l'Indien à la démesure, à montrer plus de dureté que nécessaire. Les victimes de ce zèle décident aussitôt de se venger, ce qui conduit habituellement à une guerre ou à l'exécution rituelle de prisonniers.

Si la vengeance fournit le mobile des exécutions rituelles, elle ne suffit pas à expliquer les rites qui les accompagnent. Ces rites relèvent du héros culturel et apparaissent comme sa propre justification. Le héros culturel n'est pas forcément un homme : souvent il s'agit d'un ancêtre totémique – bison, bouquetin, perroquet, ou une certaine espèce de chenille – dont la vie et la mort sont représentées dans les rites. L'homme est cet animal paradoxal qui ignore qui il est jusqu'au moment où l'image de l'ancêtre, apparaissant dans le rituel – ce mystère solennel entre tous –, le lui apprend. Antérieurement au mystère, l'ancêtre n'existait pas réellement : il n'était qu'une figure errante parmi tant d'autres. Dès lors qu'il n'y avait pas d'ancêtres ou de héros, l'Homme n'existait pas non plus : privé d'une image fixe de lui-même, où il pût se contempler, il se laissait aller au gré de ses impulsions et vivait dans un monde où même les démons n'étaient pas encore apparus. Mais, quand surgit cette image, elle suscite du même coup des pères et des fils : elle instaure la logique de la paternité. De l'aveu de Meister Eckhart, « les théologiens s'accordent à dire que Dieu le Père conçut sa propre nature quand Il créa le Verbe éternel et toutes les créatures ».

Le mythe du héros montre comment les pères procréent des fils, et comment ces fils deviennent pères à leur tour. Un tel récit s'appelle mythe parce qu'il est un drame en images, aventure spirituelle qui rend manifestes la forme et le fonctionnement de l'esprit humain : bien que pour les Indiens, incapables de faire le départ entre la signification et son mode d'expression matérielle, le mythe soit la réalité même, au sens où l'entendait saint François, « à la lettre; à la lettre; et sans commentaires ». Le mythe, scrupuleusement agi, devient rite.

Mais il ne suffit pas de célébrer le héros chaque fois qu'on le fait apparaître dans les rites : sa présence est nécessaire aussi dans la vie quotidienne, et il faut toujours lui ménager un passage d'une cérémonie commémorant sa légende à la suivante. Les points importants de ce passage sont jalonnés de signes négatifs, ou tabous. Celui qui les viole s'aperçoit que son image du héros s'est, pour ainsi dire, égarée dans l'autre monde, et ne peut plus revenir, car le tabou dresse une barrière qui fonctionne dans les deux sens, et quel que soit le côté d'où on vient. Il n'est pas rare qu'un primitif perde son âme – on se rappellera que Timakanã avait mangé l'âme d'un homme – et, en mythologie, ce risque pèse sur le héros chaque fois qu'il est en cours de transformation; qu'un homme sans mérite tente l'acte, ou en soit simplement le témoin, il risquera d'être pétrifié par la peur, changé en pierre; ou bien encore il deviendra la proie de toutes les impulsions qu'un vrai héros aurait su contrôler, et il se transformera en animal, représentation symbolique de la puissance déchaînée du héros – jaguar, caïman, grand fourmilier, piranha.

Les tabous orientent dans la direction appropriée celui qui les respecte : ils cernent ses impulsions dangereuses et leur imposent une forme. Mais le héros qui observe régulièrement les tabous finit par aller à l'encontre de son propre but, qui est de surmonter le péril plutôt que de l'éviter. Le plus fort des tabous sanctionne le meurtre du héros, car le tuer fortuitement équivaudrait à ne pas le reconnaître pour ce qu'il est; tandis que le tuer sciemment expose à toutes les forces qu'il commande. Il faut toutefois que le héros soit tué, d'abord pour prouver qu'il est en vie, et surtout pour permettre à celui qui l'a tué d'entrer en possession des attributs du héros afin de devenir lui-même un héros. Cela ne peut s'effectuer que dans un rite, et d'une manière opposée à celle que relatent certains contes à propos du meurtre de l'ogre. L'ogre est un corps sans cœur; le héros est un cœur sans corps. Pour pouvoir le tuer, il faut se procurer un corps que le cœur, rituellement appelé, viendra habiter.

Les récits relatifs à l'anthropophagie tupinamba nous sont d'une grande utilité, ils nous apprennent comment on procurait un corps au héros et comment on le tuait ensuite. « Les guerriers vraiment braves meurent dans le pays de leurs ennemis », disaient avec orgueil les Tupinamba; ils s'endurcissent pour pouvoir affronter les pires dangers, un peu comme Turiwar luttant contre Aé dans le monde souterrain. Dans un des mythes tupinamba, Maír est lui-même un prisonnier sur le point d'être exécuté rituellement. C'est le prisonnier ennemi qui fournit un corps au héros et qui, par la suite, est lui-même changé en héros : l'exécution rituelle, c'est le monde souterrain exposé au grand jour, l'occasion offerte au héros de s'affirmer.

Les Tupinamba entreprenaient des expéditions pour capturer des prisonniers. Quand ils avaient réussi à tuer quelques ennemis durant le combat, ils restaient dans la forêt pour dépecer les cadavres, les faire cuire à petit feu et les manger sur place, sans cérémonie; ils ramenaient parfois une corbeille ou deux pleines de chair cuite pour la donner à ceux qui étaient restés au village. Mais ils ramenaient vivants les prisonniers, et ne les tuaient qu'après de longs rites préparatoires. Pourquoi ces complications?

La forêt n'est pas un lieu. Elle est le séjour des animaux et des esprits : les seuls lieux vraiment situés dans l'espace sont les villages, avec leurs chefs semblables à Maír. Les Indiens qui mangent de la chair humaine en dehors du village ne se livrent pas à un acte digne d'attention, puisque la forêt est un endroit où les gens se font manger de toute manière – sinon par des hommes, du moins par des jaguars ou des esprits. En revanche, manger de la chair d'homme dans un village prend immédiatement une lourde signification.

C'est seulement quand il est arrivé au village que le prisonnier se trouve réellement dans le pays de ses ennemis. Les guerriers se groupent autour de lui, mordant dans sa chair afin d'indiquer les morceaux qu'ils se réservent pour la future fête; en approchant du village, le prisonnier a déjà été obligé de crier : « Moi, votre nourriture, j'arrive! » Les femmes accourent, dansent autour de lui en hurlant, et, tandis que retentit triomphalement le son des flûtes faites avec des os d'ennemis, on amène le prisonnier devant le chef, devant la hutte où sont conservées les maraca sacrées qui ont servi au chaman pour prédire sa capture. On lui coupe alors les cheveux à la mode des vainqueurs, on le peint comme eux; puis on le conduit sur la tombe de l'homme dont sa propre exécution servira à venger la mort, et on l'oblige à la « renouveler ».

Voilà donc pourquoi on ramène le prisonnier au village. Mais cette raison n'est pas la seule. Si la forêt n'est pas un lieu, un ennemi n'est pas un être humain. L'Indien ne reconnaît la qualité humaine qu'aux membres de sa propre tribu; en général, le nom tribal signifie simplement « homme ». Manger un ennemi n'équivaut donc pas automatiquement à manger un homme. Il faut d'abord l'introduire dans le village, faire de lui un homme et lui donner une famille.

Le « renouvellement » de la tombe signifie que l'homme enterré vient de mourir, et que le prisonnier n'est pas étranger à sa mort. Plus tard, il assumera toutes les responsabilités du mort, recevra sa veuve pour épouse, et tous ses biens qui n'ont pas été enterrés avec lui. (Quand le mort n'a pas laissé de veuve, celui qui a capturé le prisonnier lui donne sa propre sœur ou fille, et, quand ce guerrier en est dépourvu, d'autres hommes se font un honneur de procurer au prisonnier une femme de leur famille.)

Le prisonnier a donc été adopté; il est libre de se promener dans le village et même d'aller chasser. L'évasion ne le tente pas, car s'il réussissait à retourner chez lui, ses parents le traiteraient de lâche. « Est-ce que nous n'aurions pas vengé ta mort? » demanderaient-ils, indignés. Parfois, cependant, des prisonniers s'enfuient, aidés par la femme qu'on leur avait donnée pour épouse. Quand on les rattrape, on les tue sur-le-champ; on abandonne leur femme dans la forêt, le crâne brisé, et on mange le prisonnier sans façon après l'avoir fait cuire.

En gros, la vie du prisonnier est celle des autres Indiens. De temps à autre, pourtant, on le revêt d'ornements de plumes et on le peint en rouge et noir, pour le montrer aux villageois assemblés, qui l'insultent et le tournent en dérision. Le lendemain, il est de nouveau traité comme un membre de la famille. (Certains prisonniers, capturés très jeunes, peuvent mener cette vie pendant une vingtaine d'années avant qu'on ne les tue.)

Le prisonnier est donc une forme extrême de

tobajara, mot qui désigne à la fois l'ennemi et le beau-frère. Il est venu d'une tribu ennemie, et on le marie de force, ce qui fait de lui un tobajara dans les deux acceptions du terme. Il a également le droit de courtiser n'importe quelle femme, à condition qu'elle ne soit pas mariée. Certains faits laissent supposer que ces avances sont favorablement accueillies par les intéressées, et même par leurs parents : le futur héros culturel possède une force bénéfique qu'il est sage de ne pas laisser sans emploi. Loin de refuser au héros les plaisirs de l'amour, on se fait un honneur de les lui offrir. Mais sans dépasser une certaine limite : le prisonnier qui couche avec une femme mariée est tué sur-le-champ, car un mari est aussi un Maír, un héros. Bien qu'il soit lui-même appelé à incarner Maír, le captif reste donc un ennemi, et les enfants qu'il a conçus pendant le temps de sa captivité sont tués en bas âge.

Adopté, le prisonnier n'en demeure pas moins un ennemi au sein de la famille. Mais on ne le lui fera sentir que dans les circonstances rituellement prescrites, où on le raille – et s'il tente de s'échapper. Dans ce cas, il sera déchu des droits que lui confère son adoption, et mis en quelque sorte hors la loi. Un rite d'évasion prélude pourtant à l'exécution. On conduit alors le prisonnier en dehors du village, et on l'encourage à se sauver. « Va te cacher! Disparais! » lui crie-t-on. Ce qui permet de le poursuivre et de le capturer à nouveau, cette fois comme quelqu'un envers qui on ne se sent plus aucune obligation. Cet épisode met un terme à sa liberté dans le village; désormais, une lourde corde en coton entravera ses chevilles, et son maître cessera de lui donner de quoi manger. Aussi le captif erre-t-il dans le village, volant ce qu'il peut, brisant ce qu'il veut. Personne ne l'arrête. Il est devenu un bouc émissaire, et plus il causera de dommages, plus la vengeance sera justifiée.

On attend donc du prisonnier qu'il incarne plusieurs rôles contradictoires. Ennemi adopté, il prend la place de l'homme en l'honneur duquel il sera tué; allié par mariage, il est aussi un paria; il est à la fois honoré et injurié, bouc émissaire et héros. On cherche à l'effrayer, mais, s'il a peur, il sera jugé indigne du sort qui l'attend. En se prêtant à ces rôles sociaux avant tout, il devient un être humain dans toute l'acception du terme, un vivant exemple de contradictions inhérentes à la société : situation impossible à laquelle seule la mort peut mettre un terme, et que viennent encore aggraver les pouvoirs et les attributs propres au héros culturel, dont le rituel dote le prisonnier. Celui-ci devient un représentant de l'autre monde installé en plein milieu du nôtre, une sorte de Janus trop sacré pour qu'on puisse vivre avec lui.

Un des rites qui transforment le prisonnier en héros culturel l'apparente à la massue, avec laquelle il sera tué, et à tous les chefs défunts. Un groupe de femmes est chargé d'enduire leur corps (le corps du prisonnier, de la massue, du chef défunt, et seulement de ces trois-là) de miel, qu'elles recouvrent de coquilles d'œufs verts. Après quoi, elles passent la nuit dans leurs hamacs à chanter des chants lugubres à l'intention du prisonnier, qui se trouve au milieu d'elles; une autre nuit, elles font de même avec la massue – qu'elles « endorment en chantant ». (A l'enterrement d'un chef, il serait évidemment déplacé de chanter, alors les femmes crient et gémissent pour mettre en fuite l'esprit du mort.)

Il va de soi que le sacrifice et le sacrificateur participent de la même nature spirituelle que le dieu à qui le sacrifice est offert; ajoutons seulement que cette identité spirituelle s'étend aussi à l'arme qui accomplit le sacrifice. La massue est une sorte de corps de rechange, comme le *churinga* des Australiens, comme le prisonnier lui-même; il faut également la doter d'un pouvoir spirituel pour qu'elle puisse jouer un rôle effectif dans le rite. Les Tupinamba s'y prenaient d'une manière qui en rappelle une autre :

Alors vient l'honorable juge, pointilleux examinateur du futur Chevalier, et, prenant l'Epée (ici la massue), *il la passe à plusieurs reprises entre ses jambes, la mettant tantôt à droite, tantôt à gauche, comme font les chiens du Bateleur quand ils pissent entre leurs pattes, et, après qu'il l'eut saisie des deux mains par le milieu, il la pointe avec brusquerie vers les yeux de l'homme qui va mourir. (Purchas his Pilgrims,* livre VII, page 1296.)

Et c'est bien là ce que faisait Antonio-hu en mimant la danse d'Aé. Au contact de la chair d'un homme, la massue s'anime. On se doute de la nature symbolique attribuée à la massue après qu'elle eut été l'objet des attentions féminines – le prisonnier n'a-t-il pas été l'objet des mêmes attentions pendant une période prolongée ? Mais, comme le prisonnier qui demeure un ennemi, tout en étant un héros culturel, la massue demeure l'arme du bourreau, bien qu'elle soit douée de dureté et qu'elle ait été endormie par les femmes. De toutes les personnifications de Maír et de son pouvoir, celle-ci est la plus abstraite; elle permet au bourreau, futur Maír, de tuer le prisonnier, Maír actuel.

A l'aube du dernier jour qui lui reste à vivre, pendant que la population chante autour de la massue installée au milieu du village, on réveille le prisonnier. Après avoir démoli la hutte temporaire qui lui servait de demeure, on le conduit sur le terrain où aura lieu l'exécution. Sa femme tient les extrémités d'une grosse corde en coton tressé, pourvue de nœuds compliqués, qui lui ceint la taille. Alors, il profite de la dernière occasion qui lui est offerte pour se venger, insultant l'audience railleuse et la bombardant de fruits de genipa et de terre prise à poignées. Sa femme le seconde de son mieux. Sept ou huit vieilles, enduites de rouge et de

Fig. 13. — *La massue avec laquelle le prisonnier doit être exécuté est suspendue au toit d'une hutte. Les hommes et les femmes dansent autour.*

noir, portant des colliers de dents humaines en sautoir, arrivent en chantant; elles tambourinent sur des vases fraîchement peints, où elles s'apprêtent à recueillir le sang et les entrailles du prisonnier mort. A quelques pas du prisonnier, on allume un feu, probablement pour rappeler que la fête est aussi célébrée en l'honneur du feu et du soleil, ces autres héros; une vieille vient alors en courant, elle porte la massue, la poignée vers le haut, et la donne à un guerrier.

Le bourreau apparaît enfin, coiffé de plumes rouges et vêtu d'un manteau rouge en plumes d'ibis; sur sa poitrine s'entrecroisent des colliers de coquillages et de plumes; ses bras et ses jambes sont également couverts de bracelets ou de jarretières de plumes. Sur ses reins pend par-derrière une sorte de grande rondache en plumes d'autruche. Il fait le tour de la place en dansant et en roulant les yeux d'une façon terrible. Avec les mains, il imite les serres de l'aigle prêt à fondre sur sa proie; il saisit la massue et la donne à un vieillard réputé pour sa bravoure, généralement un chef de guerre qui, en la touchant, lui communique les vertus de son propre corps. « N'es-tu pas de la tribu... (telle ou telle) qui nous est ennemie? » Et le bourreau demande encore : « N'as-tu pas toi-même tué et mangé de nos parents et amis?

– Oui, je suis un grand guerrier, et j'en ai réellement assommé et mangé plusieurs.

– Maintenant que tu es notre puissance, tu seras présentement tué par moi, puis boucané et mangé de tous nous autres!

– Eh bien! mes parents me vengeront aussi. »

La corde tressée était nouée autour de la taille du prisonnier de telle manière que ses extrémités libres puissent être tenues par deux ou trois hommes; ils tiraient dessus tant et plus pour empêcher le prisonnier de se déplacer. (Simplifiant les choses, les Urubu attachaient la corde qui retient le prisonnier à un poteau de la hutte.) Le prisonnier pouvait encore bondir et se pencher à droite et à gauche, aussi le bourreau avait-il parfois du mal à le tuer; il arrivait même qu'on donnât une massue au prisonnier pour lui permettre de se défendre; parfois encore, le prisonnier sautait sur le bourreau pour lui arracher sa massue. Mais, en fin de compte, le prisonnier est assommé, il tombe et on l'achève d'un coup sur la tête. A cet instant, les femmes se précipitent sur lui pour recueillir la cervelle, tremper leurs doigts dans le sang et le lécher tout chaud; elles encouragent les enfants à suivre leur exemple en leur disant qu'ils sont désormais vengés de leurs ennemis. Les mères qui allaitent se barbouillent les mamelons de sang pour que leurs nourrissons aient part à la jubilation générale. Ensuite, les femmes échaudent le cadavre avec de l'eau bouillante, et détachent l'épiderme en le grattant. Elles mettent un bouchon dans l'anus du cadavre pour que rien n'en sorte, et déposent les entrailles dans un vase.

Je vous laisse imaginer le brouet, commentait Thevet, le chroniqueur du XVIe siècle. *Une fois dépecé, le corps était disposé sur un boucan au-dessus d'un petit feu : pendant qu'il rôtissait, les femmes léchaient la graisse qui dégoulinait le long des bois, tant elles avaient du goût pour la chair humaine.*

Le bourreau se rend immédiatement dans sa hutte pour enlever ses ornements en passant au travers d'un arc bandé qu'un de ses amis courbe fortement pour lui éviter de frôler le bois ou la corde : un peu comme s'il passait au travers d'ita kitik. Arrivé à l'intérieur de sa hutte, il accomplit d'autres rites pour dérouter et effrayer l'âme du prisonnier. On lui apporte ensuite la tête du cadavre, dont on attache par les nerfs à son poignet un œil préalablement arraché. Ce contact est le seul qu'il ait avec le mort, puisqu'il ne lui est pas permis de consommer sa chair.

On comprend aisément ce que ce rite signifie pour le bourreau. Le soleil, emblème de Maír, est un symbole de la conscience claire; et c'est l'œil qui voit le soleil. En remplissant son office, le bourreau a obtenu du prisonnier ce degré de conscience qui est l'apanage du héros et qu'illustre, à sa façon, le soleil au cours de son voyage souterrain.

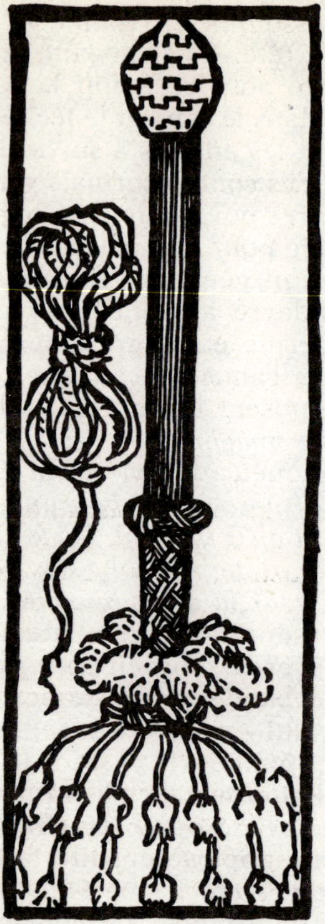

Fig. 14. — *La corde et la massue qui servent à exécuter un prisonnier.*

Chez les Urubu, l'exécution rituelle devait se passer à peu près de la même façon. Sur l'exécution proprement dite je ne pus malheureusement rien apprendre de plus que ce qui m'avait été rapporté au sujet de Piriangwa et de Capiwan; mais j'eus la chance, plus tard, de pouvoir recueillir quelques informations tronquées concernant certains rites qui précèdent ou suivent une exécution. Si Antoniohu m'en fournit quelques-unes, je dois les plus intéressantes à un Indien, extrêmement aimable et déluré, du nom de *Kuashi-puru* (Ecureuil-bondissant), qui vivait près de Jararaca, le village tembé.

Tout d'abord, Kuashi-puru me parla de la massue : je lui avais demandé si les Urubu chantaient pour la massue comme le faisaient jadis les Tupinamba. Il me répondit qu'en effet ils chantaient pour la massue, mais d'une tout autre manière.

« Oui! dit-il. Un homme ramène la massue de la forêt, où elle a été fabriquée. Personne n'a le droit de regarder pendant qu'on la fait. Tout le monde est réuni dans la hutte à boire le cahouin. L'homme à la massue arrive. " Voici la massue! " chantent-ils. " La massue arrive! " La massue arrive donc parmi eux. " La massue est là! » chantent-ils. " Ta chose ", disent-ils au Tushau, qui répond " Ma chose ". Ils chantent alors : " Sa chose-en-main bouge! " »

Kuashi-puru écarta les doigts de sa main droite, tournant la paume d'un côté et de l'autre, puis, avec une lenteur solennelle, il fit bouger sa main devant sa figure.

« " Sa chose-en-main bouge! " Un autre homme prend la massue des mains du Tushau. " Ta chose ", dit-il, et puis la lui rend. " Ma chose ", dit Tushau. Chacun prend la massue à son tour et la rend à Tushau. Ils chantent : " Sa chose-en-main bouge au-dessus des entrailles! " »

Après avoir tenu la massue imaginaire au-dessus de son épaule droite, d'un geste large Kuashi-puru la fit descendre, puis, repassant devant sa poitrine, il la releva jusqu'à son épaule gauche, de sorte qu'il avait le coude sous le menton.

« Chacun prend la massue, et tous chantent " Ta chose ", et Tushau dit " Ma chose ". Puis il prend la massue et la range sous le toit, très haut. Elle y restera jusqu'au jour où on aura besoin d'elle. »

La massue est un objet manifestement très puissant puisque, pour se référer à elle, on se sert du terme « chose-en-main », et non du mot massue : un peu comme un Indien que l'on ne doit pas appeler de son vrai nom quand on s'adresse à lui, et qu'on traite de « compagnon ». Ce mode de désignation suggère que la massue est probablement en voie de devenir plus qu'une simple massue, et qu'en l'appelant par son nom on arrêterait la transformation.

Cette consécration a lieu avant l'exécution (1). Les rites qui suivent l'exécution sont aussi des consécrations, mais ils concernent les participants au rite, et non les objets qui servent à le célébrer. Parce que le rite est, à la fois, important et dangereux, l'acteur principal, le bourreau ou tushau, doit demeurer en réclusion pendant plusieurs mois : il restera dans son hamac, suspendu très haut sous le toit, se nourrissant de poisson et de petites crevettes, et sans se montrer en public de peur que certains ne tombent malades après l'avoir vu – tel est le pouvoir spirituel dont il est investi; il ne doit pas non plus poser le pied à même la terre, mais sur une natte. Quand la réclusion approche de son terme, on prépare un cahouin; dès qu'il est prêt, le bourreau descend à la rivière s'y laver; puis il rentre au village et se poste devant la grande hutte cérémonielle réservée aux beuveries, qui est orientée vers l'est : quand le soleil se lève, un vieil homme s'accroupit devant le bourreau; avec une dent d'écureuil pointue, il lui fait de longues égratignures aux bras et aux jambes afin de laisser le « mauvais sang » s'écouler. Puis les femmes étanchent et lavent le sang avec du coton et de l'eau dans laquelle ont macéré des feuilles de coton, car s'il restait une trace de sang et que quelqu'un vienne à marcher dessus, il deviendrait tout jaune comme

(1) Le présent que nous employons ici est forcément historique puisque les Urubu ne pratiquent plus l'anthropophagie.

Mikur la sarigue, et le resterait jusqu'à la fin de ses jours. Après quoi, tous ceux qui ont assisté à l'opération – autrement dit tous les gens du village puisqu'ils sont tous là à regarder – se font égratigner les jambes pareillement. (Ce genre de scarifications rituelles s'emploie également pour soigner une maladie appelée « jambe lourde », qui rend les membres aussi lourds et insensibles que la pierre : l'incision fait jaillir le sang, elle transforme cette inertie en vertu positive. Après avoir tué l'Aé, Turiwar se fit lacérer les jambes par les jaguars qui le poursuivaient.)

C'est alors que prend place la véritable épreuve de dureté : tout comme une fille qui se soumet aux rites de puberté, le bourreau est obligé de porter deux bandes de coton dans lesquelles des fourmis tapi-ai-î ont été préalablement insérées : une sur le front, et l'autre autour de la taille. Vêtu de ces bandes, il se met à danser; on lâche alors sur lui une quantité de grosses guêpes dont les piqûres s'ajoutent aux morsures venimeuses des fourmis. Entouré des autres qui dansent, l'homme danse toute la matinée, jusqu'à ce que les guêpes se soient épuisées à le piquer et que les fourmis, en se débattant, aient commencé à se dégager des interstices du tissu qui les retenait prisonnières; pendant ce temps, le bourreau doit se montrer dur et fort, éviter de crier de douleur et ne pas essayer de se débarrasser des guêpes et des fourmis.

Puis, empoignant un compagnon, il s'écrie : « Je viens de tuer un ennemi! »

" Tu viens de tuer un ennemi! riposte le compagnon. Donne-moi tes flèches! "

Ils échangent leurs flèches, comme font entre eux les hommes promus au rang de chef, et continuent à danser jusqu'à la tombée de la nuit. On retire alors les bandes de coton et on donne au bourreau un grand bol de cahouin et du ragoût de tortue yashi pour qu'il puisse calmer sa faim. On entonne les chants. Les hommes chantent la préparation du cahouin : le pilage du manioc dans le mortier, le tamisage du manioc, sa cuisson sur le fourneau, sa transformation en cahouin; ils chantent le cahouin du muru, le cahouin des louanges. Puis c'est au tour des femmes de chanter : elles décrivent la nourriture du bourreau pendant sa longue réclusion, elles chantent mushi-mushi ramuî, grand-père Crevette – comment les crevettes mangent les racines de l'arbre pashi-i qui pourrissent dans l'eau –; elles chantent le poisson, et, pour une raison obscure, elles chantent mahau, le chevreuil blanc qui vit dans la forêt, sursautant au moindre bruit, lançant des regards furtifs. Tout en chantant, on danse : les hommes martèlent le sol de leurs pieds, les femmes esquissent des pas traînants entre les rangées de hamacs, où les hommes se reposent en inspectant leurs jambes fraîchement écorchées.

Je ne garantis pas que la succession des événements soit correcte; j'ignore aussi quel est le point culminant de cette cérémonie, mais peu importe. Ce moment, pour autant que je puisse me rendre compte, pourrait se situer le lendemain matin, au lever du soleil : ici encore, c'est de Kuashi-puru que je tiens mes informations. Je lui avais facilité la tâche en lui répétant tout ce qu'Antonio-hu m'avait raconté, car, au début, Kuashi-puru était plutôt gêné d'avoir à parler du cannibalisme. Mais soudain, le plus simplement du monde, il m'apprit que le bourreau se tenait debout au milieu de la hutte cérémonielle et, à la vue de tous, dénouait la cordelette qui retenait son prépuce. Je ne mis pas longtemps à mesurer l'importance de cet acte, car, normalement, un homme meurt de honte quand son prépuce ne dissimule plus le gland.

« Tout le monde le voit? Les femmes aussi? demandai-je.

– Les femmes le voient. Tushau, debout au milieu de la hutte, *lui,* ne regarde pas son pénis, il détourne les yeux... » Kuashi-puru plaça une main sous son nez et contempla d'un œil vague le toit au-dessus de lui. « Il ne regarde pas. Toutes les femmes regardent; elles se dirigent vers lui et saisissent le pénis.

– Ta! fit Chico, ahuri.

– Si, dit Kuashi-puru d'un ton solennel. Les femmes viennent toutes tenir le pénis, le frotter entre leurs mains; Tushau tire le prépuce en arrière pour qu'elles puissent frotter le gland. " Tu es Tushau, disent-elles. Tu es fort ". Il ne les regarde pas; aucun des hommes ne regarde, ils regardent ailleurs. » De nouveau, Kuashi-puru appliqua une main sous son nez et fixa le toit.

« Mais, Kuashi, les femmes n'ont-elles pas honte de regarder? Et le pénis de Tushau n'est-il pas raide? demandai-je.

– Non, il est mou. Les femmes le veulent, il leur plaît.

" Tushau, disent-elles. Je le veux! – Non! répond Tushau. Vous ne l'aurez pas! " Tushau n'a pas le droit de suruquer sa femme plus d'une fois par mois, sinon il tomberait malade.

– Et pourquoi les femmes tiennent-elles le pénis?

– C'est un remède, dit Kuashi-puru en riant. Un remède contre les maux de tête, et il se massait la tête avec les doigts.

– Kuashi!

– Ya té! C'est vrai! »

Vrai ou pas, la forme même de cette cérémonie présente un grand intérêt. Tout s'y passe comme si le bourreau, sorti de sa longue réclusion, récupérait, d'une manière à la fois publique et intime, le pénis dont il n'avait pu se servir durant cette période; et simultanément les femmes le reconnaissent comme leur homme – Homme avec un grand H, qui seul a pouvoir sur les femmes et le monde souterrain et féminin, dont il vient d'émerger en héros. Comme toujours, les femmes n'éprouvent aucune honte à reconnaître sa gloire; seuls les hommes montrent un embarras rituel, puisque c'est leur magie qui est publiquement soumise à l'épreuve.

Et que penser de la fête cannibale en soi? Les femmes n'étaient probablement pas moins avides de chair humaine que leurs homologues tupinamba; mais les hommes et les enfants en avaient également leur part. En sorte qu'ils ingéraient les vertus du prisonnier et, prouvant par cet investissement qu'ils étaient plus grands que lui, ils tiraient de lui leur vengeance. Ici, encore, nous avons affaire à un acte de démesure qui appelle une vengeance de la part des parents du prisonnier : car, se faire manger est une humiliation presque aussi grave que celle décrite par Sir Thomas Browne : *Nos crânes servant de coupes à boire et nos os de flûtes, à la grande joie de nos ennemis; ô tragiques abominations que nous épargnent les bûchers funèbres!*

Pourtant, cette humiliation présente certains avantages. On peut établir un parallèle intéressant entre la coutume des Tupinamba, qui mangeaient leurs ennemis et enterraient leurs parents défunts, et celle d'une tribu voisine où l'on mangeait les parents défunts et non les ennemis captifs. *Ils pensent que la plus grande preuve d'amour qu'on puisse donner ici-bas à ceux qui sont partis dans l'au-delà est de leur offrir une sépulture dans leurs ventres. Et les Tapuya, en particulier, mangent ceux de leurs enfants qui sont morts en bas âge* (1).

Ils mangeaient leurs enfants afin que ceux-ci pussent renaître. Le principe admis est que celui qui mange la chair d'un homme le fera renaître tôt ou tard comme son propre enfant : en fait, chez les Tupi-Guarani, le prisonnier trouvait sa réincarna-

(1) VASCONCELLOS, *Vida do Padre Anchieta*, chap. III.

tion dans l'enfant du bourreau – autrement dit, l'enfant du bourreau recevait son nom. Chez les Tupinamba et les Urubu, les choses ne se présentaient pas de façon aussi nette. La fête portait le nom du prisonnier, et, plus tard, on célébrait en son honneur une fête secondaire, dont le but n'est pas tout à fait clair; bien qu'une centaine de bouches se fussent partagé la chair, ces bouches ne correspondaient qu'à un seul ventre : celui de la société, qui allait désormais utiliser à ses propres fins les pouvoirs héroïques dont elle avait commencé par investir le prisonnier. On avait donc tué l'ogre sans endommager son cœur, qui servirait dorénavant à revigorer la société. Chez les Tupinamba, cette efficacité du cœur était considérable. Si le bourreau était célibataire, il pouvait alors se marier; et la femme du défunt, en l'honneur de qui le captif avait été tué, pouvait se remarier aussi, si elle le désirait; le bourreau et les siens prenaient de nouveaux noms; un vieux cycle de vengeance venait de se refermer, les morts pouvaient reposer en paix jusqu'à ce que débute un nouveau cycle, quand les parents du prisonnier le voudraient. Des objectifs politiques avaient été atteints, des liens d'amitié s'étaient noués, car on avait invité des villages voisins au festin anthropophage, leur faisant aussi partager la responsabilité de la mort du prisonnier. Cette cérémonie semble aussi avoir été liée à la fertilité des jardins. Quant au prisonnier, après qu'il se fut senti successivement transformé en un Maír vivant et en un Maír mort, il avait rejoint les nombreux héros qui peuplent l'au-delà.

CHAPITRE XX

LE DÉPART

« Ça me fera de la peine quand tu partiras, me dit un jour Antonio-hu, il n'y aura plus personne pour écouter mes histoires. »

Ses histoires, il avait pris tant de plaisir à me les conter! Et moi j'adorais les entendre, mais, chaque lendemain matin, au moment de les transcrire, j'avais souvent du mal à reconstituer les épisodes. Récits d'expéditions – une épopée, notamment, qui nous occupa pendant presque trois après-midi –, histoires d'esprits, légendes concernant Maír et l'origine des choses, contes truffés de scandales et de potins. Comme je connaissais déjà assez bien l'histoire et les mythes urubu, il m'était facile de le faire parler; en étudiant les relations de parenté, je m'étais familiarisé avec les généalogies célèbres, qui remontaient jusqu'à la cinquième ou sixième génération; je n'avais qu'à dire : « Saé, compagnon, dis-moi ce que tu sais de la lune », ou bien : « Raconte-moi l'histoire de Kuashi-hu » – un grand héros, mort depuis longtemps – pour apprendre l'histoire de la lune (mâle) et de sa sœur, ou bien les exploits fabuleux de Kuashi-hu, qui mourut en combattant une tribu voisine. Ces récits m'apportaient plus de renseignements sur le cannibalisme que des réponses à des questions directes n'auraient pu me fournir : la mémoire d'Antonio-hu, comme celle de tous les Indiens, travaillait mieux sur les événements concrets que sur les situations théoriques.

Mais, au bout d'un mois, je ressentis les symptômes d'une indigestion cérébrale, et j'avais du mal à trouver de nouveaux sujets de conversation avec Antonio-hu; lui-même s'engourdissait, car, depuis mon arrivée, il avait renoncé à la chasse et ne sortait plus qu'en ma compagnie, pour tirer les singes avec ma carabine calibre 22. Il commençait à se plaindre de douleurs dans les bras et les jambes, de migraines et d'un mauvais état général; il me suppliait de lui faire des piqûres dans les bras, les cuisses, les tempes, les fesses, le ventre, partout. Je préférais lui donner des comprimés d'aspirine et lui demandais d'aller nous tuer un tapir, mais, vraiment, il se sentait trop faible pour chasser. En plus, il avait des sautes d'humeur. Pour ma part, j'étais convaincu d'avoir entendu la plupart de ses histoires, et je résolus de partir.

Toutefois, l'idée de partir m'attristait autant qu'Antonio-hu, car nous étions devenus très amis; nous avions pris tous nos repas ensemble, nouant ainsi des liens auxquels il attachait une grande importance. Un matin que j'étais plongé dans mes notes, Chico apprêta le déjeuner un peu plus tôt que d'ordinaire; Antonio-hu fut très peiné que je n'interrompisse pas immédiatement mon travail pour aller manger avec lui. « Si tu ne viens pas manger avec moi, dit-il, je n'irai plus jamais manger de ta viande en boîte avec toi. » Je lui fis mes excuses et me hâtai de le rejoindre; pourtant, un peu plus tard, le même jour, je devais l'offenser de nouveau. Sa séduisante fille, Ari – treize ou quatorze ans, seins fermes et petits, sourire malicieux –, nous apporta le shibé de l'après-midi dans un pot, et Antonio-hu s'en versa une pleine calebasse. La portant à ses lèvres, il dit brusquement : « Je suis *triste* », et reposa le bol sans avoir goûté au shibé.

« Quand tu seras parti, plus personne n'ira se baigner à la rivière avec moi. Quand on m'apportera un shibé, je serai trop triste pour le boire, je penserai aux jours où nous buvions le shibé ensemble. Il n'y aura personne avec qui parler, avec qui chanter... » Il trempa son doigt dans le shibé, remua doucement, porta le bol de nouveau à ses lèvres et avala. « Du tabac », demanda-t-il alors, en tendant la main avec simplicité.

Mais il ne me restait presque plus de tabac, et je le dis. Après avoir ruminé sa décision pendant une demi-heure, il se leva, passa un petit panier en bandoulière, et me déclara qu'il allait du côté de la rivière Parua, à une semaine de marche, pour y jeter un coup d'œil sur les femmes. Il me regardait sans me voir et se tenait maladroitement sur un pied. « Saé, lui dis-je, si tu pars pour le Parua, nous ne nous reverrons jamais. » Il esquissa un sourire embarrassé, reposa son panier et fouilla dans la poche de ma chemise pour y trouver ma blague à tabac.

Nous nous étions allongés dans nos hamacs quand Antonio-hu demanda à Chico de lui énumérer tous ses parents à Canindé. Au nom d'une nièce de Chico, Antonio-hu, tout surpris, s'écria :

« Mais je l'ai suruquée!

– Tu me dois une flèche! Tout de suite! dit Chico durement.

– Non, non, ça s'est passé il y a longtemps! »

A vrai dire, il avait encore essayé de coucher avec elle depuis, mais, comme elle était enceinte, elle avait refusé. " Va-t'en! lui avait-elle dit, tu ne vois donc pas mon ventre? "

« C'est mal de suruquer une femme qui a un gros ventre si l'enfant n'est pas de toi, dit Antonio-hu. Ensuite, tu vas chasser dans les bois et tu ne vois rien, tu ne tues rien, tu ne tires plus rien tant que le gibier ne te parle pas. Quand c'est ta femme et ton enfant à toi, ça va bien. Mais, si tu suruques la femme d'un autre pendant qu'elle est grosse, tu ne verras dans les bois que des serpents qui te mordront.

– Que se passe-t-il quand une femme ne peut avoir d'enfant? demandai-je.

– J'aimerais bien le savoir; dis-le-moi! Ma femme, qui est morte maintenant, je l'avais suruquée et j'avais mis un enfant dans son ventre, ma fille. Je l'avais suruquée à nouveau. Rien! Je pouvais suruquer, suruquer. Rien! Suruquer, suruquer, suruquer. Il ne se passait rien. »

Après cela, Antonio-hu avait couché avec une autre femme, qui vivait séparée de son mari, et lui avait fait trois enfants, deux filles et un fils, mais ils étaient tous morts. Ensuite, sa femme était morte aussi, le laissant avec sa fille Ari, qu'il avait dû élever tout seul.

« Je n'arrivais pas à lui faire un autre enfant, dit-il. Quel remède faut-il employer dans ces cas-là? »

Après m'être assuré qu'il ignorait cette méthode, je me hasardai à lui expliquer que jadis les hommes fouettaient leurs femmes stériles avec un serpent, sans toutefois pouvoir préciser l'espèce du serpent utilisé.

« Etait-il tacheté? demanda-t-il, ou à raies?... Des raies! noires, rouges, jaunes, un mboi capitã, peut-être? Il y a longtemps, yandé ramuî m'a raconté que, quand un homme voit un mboi capitã (le serpent corail) en marchant dans les bois, c'est signe qu'il aura beaucoup d'enfants. Si tu en vois un, ne le tue pas! Il fait naître des enfants. Yandé ramuî battait-il sa femme avec un mboi capitã?

– Le mboi capitã n'est-il pas venimeux? demandai-je.

– Non, tu peux le ramasser, il ne te fera rien. » (Le plus souvent, les serpents-corail qu'on ramasse ne mordent pas; cela dit, leur venin est mortel.)

En tout cas, Antonio-hu était bien décidé à battre

Pinduaro avec un mboi capitã quand elle serait grande, si elle ne lui donnait pas d'enfants. « Fais attention, ne la bats pas avec un jararaca qui la mordrait et la ferait mourir », dit Chico. Antonio-hu riait tellement que la corde de son hamac faillit se rompre.

Il élevait Pinduaro, la fille de Wirakangupik, âgée de neuf ans, avec l'intention de la prendre pour femme. L'arrangement lui plaisait bien, à cela près qu'elle était encore trop jeune pour faire l'amour; cet aspect de sa vie un peu solitaire n'était certainement pas étranger au fait qu'il s'était tellement attaché à Chico et à moi. Son attitude envers Pinduaro était celle d'un oncle bienveillant; l'avenir lui inspirait toutefois quelques craintes, car, déjà, elle se plaignait de son infidélité. Elle avait commencé, ce matin-là, quand il nous avait raconté son rêve de la nuit précédente : il avait rêvé qu'il courtisait une femme, appelée Iro, qui vivait assez loin sur le fleuve Turi. Iro avait dit : « Allons faire l'amour dans la forêt! » Mais Antonio-hu avait refusé car, dans son rêve, une épouse adulte l'attendait à la maison.

« Regarde Pinduaro, dit Antonio-hu, elle va sûrement me battre quand elle sera grande; déjà, elle me gronde parce que je rêve de femmes! »

Pinduaro était avec Ari, en train de faire sécher du manioc dans la hutte à farine. Nous allâmes les observer. La purée molle des racines de manioc à moitié décomposées était pressée dans un tube de vannerie, le *tipiti,* pour en exprimer le suc vénéneux, puis tamisée et débarrassée des grosses fibres; on la posait alors sur une grande platine en poterie sous laquelle ronflait un bon feu. Pinduaro remuait la farine avec une sorte de râteau plein, et la retournait pour l'empêcher de brûler. Dès qu'elle aperçut Antonio-hu, elle se mit à le gronder de sa petite voix aiguë, cette fois pour une autre raison : la veille, il était resté un long moment à bavarder avec Saracaca et à remuer la farine qu'elle préparait; plus tard, il lui avait donné un rang de perles noires. « Mais si! Mais si! » criait Pinduaro, très sûre d'elle, au pauvre Antonio-hu, qui détournait les yeux en murmurant qu'il n'avait rien fait de pareil.

« Mais si, répétait-elle, tu seras changé en cururu! » Et, toute contente, elle continuait de remuer la farine. L'accusation était grave, car un homme ne peut donner de perles qu'à une femme avec qui il vient de coucher (à moins qu'elle ne soit son épouse), et Pinduaro avait raison de dire qu'Antonio-hu, après sa mort, serait changé en crapaud cururu pour avoir commis l'adultère. Antonio-hu, tourné vers moi, se lança dans une longue explication, à laquelle Pinduaro ne prêta pas la moindre attention; elle le poussa simplement, pour poser une nouvelle bûche sur le feu. « Cururu! Cururu! » répétait-elle gaiement. Sa dernière pique fut de dire que Saracaca avait un yahi-rata ramuî de vagin; en d'autres mots : un grand-père d'étoile de vagin. Expression qui me parut être un produit de son imagination.

Le même soir, assise par terre avec Ari, près du hamac de Chico, Pinduaro continua à se moquer des grandes personnes; elle criait ironiquement : « Saracaca! Saracaca! » et taquinait Chico parce qu'il était épris de celle-ci. Ari était particulièrement caustique; elle désirait avoir un amant à elle, et trouvait que Saracaca en avait plus qu'assez. Elle exhorta Chico à montrer son courage en couchant avec elle séance tenante. Les filles chantèrent quelques petites chansons, dont les paroles, improvisées au fur et à mesure, dévoilaient que Chico aimait seulement les femmes mariées, s'intéressait peu aux filles, ne flirtait même pas avec elles... Chico était devenu tout rose, mais ça ne l'empêchait pas de s'amuser.

Trois ou quatre jours passèrent ainsi à regarder

tomber la pluie, à boire un shibé après l'autre, à parler tranquillement de rien et de tout. Le soir, Chico et Alishandre s'associaient pour chanter des chants de chaman, accompagnés par le chœur des habitants du village. Ils chantaient mieux que chez Pari, et les soirées étaient très réussies; des choses bizarres se produisaient : ainsi, un esprit qui exhalait un doux parfum apparut à un jeune garçon, et Antonio-hu vit une forme pâle, au dos tacheté, qui était un esprit-serpent. Nous chantions toute la nuit et dormions jusqu'à midi; ensuite, accompagné d'Antonio-hu, j'allais parfois abattre un singe hurleur, ou bien Alishandre partait tout seul pour chasser un paca, et le restant de la journée passait à manger et à parler.

Le dernier soir, on dansa en toute simplicité – sans cahouin, ni plumes, ni peintures; car, si l'on danse aussi pendant les cérémonies, on danse surtout pour s'amuser. Dans l'espace libre entre les huttes, on avait allumé un grand feu qui, par moments, éclairait tout d'une lumière rouge; puis les filles, se tenant par la main, formèrent un rang derrière Saracaca. Après quelques rires et coups de coudes, Saracaca chanta la chanson du canard que toutes reprirent avec hésitation, et la danse commença. Courbant légèrement le dos, pour que leurs cheveux retombent en rideau devant leur visage, elles avançaient pas à pas, puis s'arrêtaient, levaient la tête, la baissaient, reculaient et repartaient en avant. Au bout d'un moment, se sentant plus sûres d'elles, elles se mirent à chanter la chanson du canard, comme il se doit d'une voix haute et pleine, avec des passages plus bas et fortement expirés, qui se prolongeaient en vocalises mélodieuses. La danse s'assouplit : Saracaca, la première, tenait son bras libre au-dessus de la tête, les doigts pointant vers le bas – mimant un bec de canard qui, à mesure qu'elle inclinait la tête ou faisait des pas en avant et en arrière, plongeait doucement vers le sol, explorant une jarre, une touffe d'herbes, voire même le feu; en ligne sinueuse, les autres filles la suivaient à travers le village. Puis ce fut le tour des garçons, menés par Tero (qui nous rendait justement visite). Dans l'ombre, ils dansaient superbement, tous ensemble, bondissant et s'accroupissant, chantant la chanson du yapu, qui ressemble à celle du canard avec des appels plus sonores, dont l'écho se répercutait dans la forêt. Eclairée par le feu, la poussière tourbillonnait au ras du sol. Puis, comme par une bénédiction, cette soirée d'été, qui avait baigné dans la limpidité d'une lumière frisante, se termina sous une pluie battante et plaqua la poussière au sol, éteignit le feu et dispersa les danseurs, en quête d'abris. « La pluie tombe », dit Antonio-hu en scrutant la nuit.

Le lendemain, nous étions tous assez silencieux. La journée traînait; je rassemblai mes affaires et, après avoir décroché mon hamac, je le rangeai avec ma couverture rouge en flanelle de coton au fond de mon ruck-sack; par-dessus, je posai ma machine à écrire, que j'avais préalablement entourée d'une chemise de rechange et d'un pantalon; mon appareil photographique (hélas endommagé) trouva sa place dans une des poches; j'enfilai mes chaussures de toile et m'écriai : « Chico, je m'en vais. »

Chico, assis dans la hutte à farine, bavardait avec Saracaca et Alishandre. Il arriva l'air triste.

« Te reste-t-il des perles quelque part? » demanda-t-il, préoccupé. Il m'en restait une poignée, dont je lui donnai la moitié; Ari, Pinduaro et les autres enfants se partagèrent le reste des perles. J'offris mes quelques boîtes de conserve vides aux hommes; Alishandre me donna des plumes et une quantité d'écorces de tawari pour faire des cigares. Saracaca, les larmes aux yeux, regardait Chico rouler son hamac. « Tu ne veux pas un shibé? » demanda-t-elle d'une petite voix.

« Tu ne vas pas te mettre à pleurer, maintenant!

Si, je veux un shibé. » Elle alla en faire un grand, pour Chico, Tero, moi et Antonio-hu, qui devait partir avec nous. Vers 4 heures et demie, nous nous engageâmes sur le sentier qui mène chez Pari.

C'était la bonne heure pour voyager : il ne pleuvait plus depuis midi, et le soleil, en séchant la forêt, n'avait pas eu le temps de lui enlever sa fraîcheur. Pénétrant de biais à travers les feuilles, ses rayons parsemaient le sol de plaques claires, révélaient les petits panaches des fougères, qui avaient surgi au cours du mois précédent, les fleurs rouges du guaruma, les longs tubes roses des bromélies, les feuilles mortes, les fruits de bacuri, qui pourrissaient à terre, et les vieux troncs d'arbres couverts d'amanites tachetées, rouges et brunes; sa lumière accrochait d'énormes toiles d'araignées. Plusieurs bandes de singes jacassaient dans les branches, et beaucoup de perroquets, ainsi que des oiseaux plus petits, poussaient des cris volubiles en mangeant des fruits. J'avais le sentiment de partir en vacances.

On passa la nuit dans la hutte de Pari, après avoir dîné du tatou qu'il avait tué la veille – la chair de cet animal est très tendre – et de quelques bananes qu'il retira des cendres du foyer, où il les avait mises à mûrir. Le lendemain matin, après un rapide petit déjeuner, qui se composait de mon café et de la farine de manioc de Pari, nous chargeâmes nos bagages sur nos épaules, et, au lever du soleil, nous étions déjà en route.

Depuis un mois, il pleuvait tant et plus; mais il fallut traverser la roça qui dépend du poste de Canindé pour se faire une idée de la quantité de pluie qui venait de tomber; bien qu'elle fût éloignée du fleuve d'un bon kilomètre, la forêt était inondée par une nappe d'eau profonde de trente centimètres. Spectacle extraordinaire que ce lac immense étalé sous les arbres; le ciel, en s'y reflétant, faisait ressortir la silhouette des arbres, et on voyait deux fois plus loin que d'ordinaire. Un étrange silence régnait en ces lieux, comme si la forêt attendait qu'un événement se produisît; silence que le bruit intermittent d'une hache au loin rendait encore plus saisissant.

Pataugeant dans le sentier, nous atteignîmes une pirogue qu'un des employés de la roça avait attachée là. Après avoir entassé nos bagages à l'avant et à l'arrière, nous nous hâtâmes de grimper à bord – c'était la plus grande pirogue du poste et nous y tenions aisément. Chico et Pari, qui étaient des nôtres, empoignèrent chacun une pagaie et firent avancer doucement la pirogue entre les arbres. Bientôt, nos ébats joyeux, pareils à ceux d'un groupe de canotiers un jour de fête, étaient devenus si bruyants que je ne perçus même pas le hurlement de douleur de Tero, qu'une fourmi tocandira venait de piquer : il l'avait touchée de la main droite en écartant la pirogue d'une branche. Sur l'autre rive, les habitants de Canindé avaient entendu nos cris et ils se lamentaient à l'idée de devoir nous nourrir, car ils nous prenaient pour une quarantaine d'Indiens.

CHAPITRE XXI

INDIENS ET BRÉSILIENS

C'était bon de se retrouver à Canindé. La maison solidement construite, la radio qui marchait sur piles et que João Carvalho allumait le soir, la nourriture servie dans des assiettes en porcelaine sur une table ornée d'une nappe : ce confort familier rendait étrangement irréels les quatre mois que je venais de passer dans la forêt. Quelle joie de manger à nouveau de la viande convenablement cuite, du poisson, des pommes frites, de la salade et des épis de maïs; on pouvait même se procurer du lait, car le poste avait un troupeau de zébus qui paissaient aux alentours. Mais le plus beau, c'était de pouvoir lire en paix. Pendant mon séjour dans la forêt, j'étais venu à bout de *Don Quichotte* et de *Moby Dick,* sans toutefois me défendre d'un certain sentiment de culpabilité qui gâtait mon plaisir : m'isoler avec un livre me semblait être une façon de dédaigner les Indiens et l'amitié qu'ils me témoignaient. Revenir à Canindé, c'était comme rentrer chez moi; je me jetai sur les livres; ce changement venait à point.

Ça me semblait drôle de dormir à nouveau dans une chambre. Chico préférait coucher sur la véranda, d'où il voyait le fleuve scintiller au clair de lune; cette vue lui rappelait son chez lui à Jararaca, que nous devions bientôt visiter; quant à Antonio-hu, il suspendit son hamac près du mien, à l'intérieur. Ce n'était pas simplement pour le plaisir de ma compagnie : il commençait à se sentir dépaysé. En fait, nous venions d'échanger nos situations : c'était lui, maintenant, qui devait s'efforcer de vivre dans un système de conventions auquel il n'était pas habitué, et les conversations, qui se déroulaient en portugais et non plus en urubu, l'irritaient tout particulièrement.

Mais il ne se sentait pas isolé, car beaucoup d'Indiens venaient voir João. La plupart d'entre eux apportaient des quantités de résine, de cuirs séchés de chevreuils et de pécaris, que João vendait en aval et contre lesquels il leur donnait des haches et des machettes, du tabac et du tissu. Parmi ces Indiens, il y avait un chef du nom de Shapi qui venait de son village avec sa femme, ses trois fils et des hommes. Ils arrivaient les mains vides, s'attendaient à recevoir des cadeaux et réclamaient impudemment des machettes. « Je t'apporterai beaucoup de résine, promit Shapi, mais, pour le moment, je veux une machette. » Plutôt méfiant, João leur donna un peu de tabac et une machette pour chaque homme; ils partirent, et revinrent le lendemain soir avec une petite charge de résine, qui était pratiquement sans valeur. « Voilà de la résine », dit Shapi avec complaisance.

Je partis d'un éclat de rire, et João, pour me punir, conseilla à Shapi de s'adresser à moi : « Demande-lui des perles », lui dit-il. Mendiant invétéré, Shapi s'empressa de suivre son conseil. Je refusai :

« Il ne me reste plus de perles, dis-je.

– Mais ma femme en veut!

– Il n'y en a plus!

– Des bleues! As-tu des perles bleues?

– Plus une!

– Ma femme en veut, elle en rêve.

– Je te dis que je n'en ai plus.

– Plus du tout? Des bleues? Moi aussi j'en veux.

– Il n'y en a plus!

– Si, là-dedans? (montrant ma valise).

– Il n'en reste plus.

– Là-dedans, là-dedans! Tero dit que tu en avais apporté des tas.

– C'est un mensonge, il n'en reste plus.

– Ma femme en veut. C'est ma femme. Elle veut des perles bleues, elle n'en a pas du tout.

– Moi non plus, je n'en ai pas.

– Il n'y en a plus du tout?

– Plus du tout.

– Plus?

– Vraiment plus!

– Plus! » dit Shapi, devenu songeur.

Ses fils avaient des perles d'une espèce particulière. Le cadet, âgé de cinq ou six ans, les yeux fendus en biais, était bien joli; il portait autour du cou la trachée artère séchée d'un hocco, tandis que l'aîné se parait d'os de hocco enfilés en collier : afin qu'en grandissant ils deviennent bons chasseurs de hoccos. Un des jeunes gens qui accompagnaient Shapi avait un collier fait de côtes du serpent jiboia, pour attirer magiquement le gibier. Il portait également la tête séchée d'un jeune jiboia qu'il donna à João contre une pièce de tissu. Le prix était exorbitant, mais João s'inclina, car son frère lui avait demandé une tête de jiboia qui, paraît-il, influe favorablement sur la chasse au chevreuil.

Les Brésiliens se moquent parfois des Indiens, mais ils leur doivent beaucoup. Sans les Indiens, qui connaissent si intimement la forêt, les Portugais n'auraient pratiquement pas pu s'installer au Brésil. Les premiers colons durent abandonner la culture de céréales qui poussent mal sous les tropiques et se consacrer à celle du manioc, qu'ils préparaient selon les méthodes compliquées – et pour eux inusitées – mises au point par les Indiens. Depuis, les paysans brésiliens ont adopté bien d'autres coutumes indiennes. Ils dorment dans des hamacs; lorsqu'ils sont trop pauvres pour posséder un fusil, ils se servent d'arcs et de flèches, de pièges à gibier et à poissons de modèle indien; ils appellent les animaux et les plantes par leur nom tupi. Ces connaissances d'histoire naturelle vont de pair avec tout un savoir surnaturel. Le paysan brésilien croit ferme à l'existence de Curupir, l'esprit de la forêt, au mauvais sort magique ou panem, à l'efficacité des fumigations de tabac et au chamanisme; l'emploi des plantes médicinales s'inspire presque toujours de la science indigène, et les meilleurs fétiches de chasse sont, bien entendu, ceux fabriqués par les Indiens.

Il existe un fétiche connu jusque dans les villes. C'est un oiseau appelé wira-puru, ou oiseau sauteur (*Pachysilvia* sp.) : les Indiens prétendent qu'il est le roi des oiseaux, car, où qu'il aille, tous les autres petits oiseaux de la forêt suivent. Sa nature est donc magique. Les Indiens s'en servent comme fétiche de chasse, s'il tombe sur le dos quand on l'abat; car, s'il tombe sur le ventre, il devient un fétiche d'amour, qu'on tient dissimulé dans le creux de la main; pour s'en servir, on découvre brusquement le bec, qu'on pointe vers la femme désirée sans qu'elle le voie. A Viseu et à Belém, ces oiseaux sont très recherchés : des commerçants les placent sous leur porte pour s'assurer une affluence de chalands; des hommes d'affaires les mettent dans leur bureau ou leur coffre-fort; les amoureux les gardent dans leur poche. La demande est telle qu'un Indien de ma connaissance partit un jour pour Belém avec vingt petits oiseaux séchés d'espèces variées, et sut les faire passer pour des wirapuru; à son retour, il était habillé de neuf et rapportait des machettes, du tabac et bien d'autres choses encore.

Tout ce que les Indiens et les Brésiliens ont en commun ne doit pas nous masquer leurs différences réelles. Les petites différences sont triviales – les uns mangent avec leurs doigts, les autres avec une cuiller; les uns marchent pieds nus, les autres portent des chaussures, les uns disent « donne », les autres « s'il vous plaît » – triviales donc, mais importantes par leur nombre. Quant aux grandes différences, elles sont moins apparentes, plus difficiles à saisir, car elles se rapportent aux valeurs particulières que chaque homme considère comme allant de soi et qui donnent un sens à sa vie. En un mot, il s'agit des différences de religion. Ce sont elles qui empêchent les peuples de se comprendre, car seuls peuvent comprendre une religion ceux qui la vivent de l'intérieur.

J'eus l'occasion de m'en apercevoir lors du baptême d'un enfant de Canindé. Le père, assez malheureux de ce que son enfant n'était pas bien portant – la mère ne pouvait plus l'allaiter – aurait préféré le faire baptiser en bonne et due forme par un prêtre; mais il aurait été obligé de se transporter à Viseu, en aval; or il n'était pas en mesure de payer un si grand voyage. Il avait donc demandé à João d'officier à la place du prêtre.

Les parents de l'enfant avaient balayé leur hutte, décroché les hamacs et emprunté quelques bancs, qu'ils avaient disposés le long des murs. Tous les habitants de Canindé vinrent assister à la cérémonie : on se bousculait horriblement, et João eut le plus grand mal à s'introduire dans la hutte. Les préparatifs terminés, il demanda : « Où est l'eau? » On lui apporta de l'eau froide. « Non, faites-la chauffer. Vous ne voudriez pas glacer ce pauvre petit être? » Cinq minutes plus tard, on lui présenta une casserole d'eau bouillante. « Voyons, les femmes, il n'y en a pas besoin de tant. Qu'est-ce qui vous prend? Passez-moi le sel. Un petit peu seulement. » Elles lui en apportèrent une pleine assiette, dont il prit une pincée pour la mélanger à l'eau bénite, et une autre qu'il fourra ensuite dans la bouche du bébé. D'une voix très basse, João prononçait les paroles du rite, mais le sel dont le bébé avait la bouche pleine le faisait tellement crier que Leudi, la femme de João, fut obligée de le retirer avec son doigt. Marmonnant à toute allure, João acheva finalement son office; on rendit l'enfant à sa mère, et les invités se dirigèrent en troupe vers la maison, où Leudi leur avait préparé des gâteaux et du café.

Ahuri, Antonio-hu observait tous les gestes. A quoi rimait cette cérémonie où personne ne s'était orné de plumes? Où on ne s'était pas saoulé? Où nul n'avait bien entendu le nom du bébé, ni répété ce nom après le parrain pour être sûr de le savoir? Où personne, enfin, n'avait dansé ni chanté?

« C'est tout? » me demanda-t-il.

Mais Leudi était contente. elle complimenta son mari : « Un prêtre n'aurait pas fait mieux! »

Antonio-hu voyait bien pourquoi on donnait un nom à un enfant et, sans doute, si on avait pris la peine de la lui expliquer, aurait-il compris la signification de l'eau bénite et du pur sel de vérité. Mais comment lui faire comprendre la réalité chrétienne derrière ces symboles puisqu'elle ne correspondait à rien dans sa propre mythologie? Les missionnaires ont toujours eu du mal à faire entendre aux peuples primitifs ce qu'ils désignaient par Dieu, le Christ et tous les saints : le plus souvent, ils empruntaient quelque figure du panthéon indigène pour l'élever au rang de Dieu – les autres devenant obligatoirement des diables. Au Brésil, les missionnaires se sont toujours référés à Dieu sous le nom de Tupan, le tonnerre. Les dieux-tonnerre ont une aptitude particulière à devenir des Etres Absolus, sans doute parce qu'ils font tant de bruit et qu'ils peuvent foudroyer les gens (1) : en tout cas, il valait mieux choisir Tupan que Maír, si manifestement un surhomme, car Tupan présente l'avantage théologique d'être désincarné et de vivre au ciel.

Mais les noms sont dotés d'un pouvoir propre, surtout quand ils se réfèrent à des forces mythologiques : bien qu'on se soit efforcé de faire de lui un bon chrétien, Tupan s'est parfois montré récalcitrant et a changé le Christ en un Indien. Ce fut le cas chez les Urubu. Il y a plusieurs années, une mission anglaise, qui a été dissoute depuis, travaillait près de Jararaca; il semble qu'elle rivalisait en popularité avec le poste du Service de Protection; les Indiens s'y rendaient continuellement pour recevoir des dons, des médicaments, ou simplement par plaisir. Bien que, pour autant que je sache, la mission anglaise n'ait accompli aucune conversion, elle fit beaucoup pour aider les Indiens; ses enseignements donnèrent naissance à un mythe complètement nouveau, que me raconta Anakãpuku. Je lui avais demandé qui avait créé les chiens au commencement du monde, et, à ma grande surprise, voici ce qu'il me répondit :

« Un jour, Tupan descendit sur terre et suruqua une femme mariée. Celle-ci n'en souffla mot à son mari, mais, au bout de quelques mois, il s'aperçut qu'elle était enceinte. " Cet enfant n'est pas de moi! " dit-il en colère. Un matin, peu après la naissance de l'enfant, la femme quitta sa hutte et alla chercher de l'eau à la rivière. Le mari profita de l'occasion pour battre l'enfant et lui plonger un couteau dans le corps; après quoi il cacha le corps sous une pierre.

» La femme revint, chercha son enfant. " Enfant,

(1) Il est intéressant de noter que, dans le monde entier, les haches de pierre sont considérées comme des créations de la foudre. On trouve également cette croyance chez les Urubu, bien que certains d'entre eux sachent que leurs ancêtres, jadis, fabriquaient ces « pierres de tonnerre » et s'en servaient pour abattre les arbres.

enfant, où es-tu? " appelait-elle, et l'enfant, de sous la pierre, lui répondit " Mère, me voici ". Elle vit l'enfant tuméfié, en sang. Maír, qui avait observé la scène, fut pris de pitié : il s'approcha et souffla de la fumée de tabac sur l'enfant pour le guérir. " Mère, dit alors l'enfant, si je reste ici d'autres viendront pour me tuer : je m'en vais. " Ayant dit ces mots, il monta dans une sorte de chaise que lui avait apportée Maír; comme un avion, la chaise le transporta au ciel, où il habite à présent. Du sang qu'il perdit naquirent des chiens, des poulets et des canards : tous animaux importés d'Europe. »

En remontant le fleuve jusqu'à Jararaca, Chico et moi vîmes l'emplacement où s'élevait jadis cette maison. La forêt avait reconquis le site, et sans Chico, qui me l'indiqua, je ne l'aurais même pas remarqué. Mais Jararaca était en meilleur état, bien que le poste du Service de Protection, qu'on avait commencé à installer pour les Tembé, ne fonctionnât plus, vu le petit nombre de Tembé qui y vivaient encore. Situé sur une falaise, dans un endroit particulièrement plaisant, leur village dominait une boucle du fleuve; une rangée de palmiers se dressait sur cette falaise, devant un épais buisson de goyaviers sauvages pleins de fruits; au loin, on apercevait les cimes vert sombre d'un bosquet de manguiers.

Chico, qui commençait à avoir le mal du pays, fut content de retrouver sa famille; il m'emmena voir un autre petit village tembé, à une heure de marche, et le village voisin urubu; je rencontrai là Kuashi-puru, qui me raconta le rite extraordinaire auquel se soumet le Tushau après avoir tué rituellement un prisonnier ennemi.

Je me plus beaucoup à Jararaca, où je passai quelque six semaines. C'était la fin des pluies; les jours se réchauffaient dans la lumière dorée du jeune été. Chico aussi se sentait heureux : assis sur la falaise, il chantait des chansons et goûtait la fraîcheur du vent qui soufflait toute la journée. « *O verãozão!* » s'exclamait-il (ô été!). A cette époque, sa chanson préférée était une samba locale qui commençait ainsi :

O menino de hoje
E uma ponta dificil,
Quando cresce um bocadinho
Quer namorar...

(Un petit gars d'aujourd'hui,
Ça n'est guère commode,
Dès qu'il grandit un peu,
Il veut faire la cour aux filles...)

Chico avait grandi tant et plus. Au bout d'une semaine à Jararaca, son sang tembé reprenant le dessus, il avait renoncé à l'idée de vivre avec Saracaca. « Peut-être ne voudra-t-elle pas venir ici si je le lui demande; de plus, elle ne sait pas chanter », conclut-il comme s'il prononçait une condamnation sans recours. Il se mit à flirter assidûment avec plusieurs jeunes femmes, et un mois ne s'était pas écoulé qu'il se trouvait coincé par une promesse de mariage avec une fille tembé du nom de Jelsa, qui, tout en étant fort belle, ne savait pas chanter non plus! Son père, comme presque tous les hommes tembé, était un peu chaman. Occupé par de grands projets d'avenir, Chico dressa une liste des choses qu'il voulait acheter à Belém – il allait m'accompagner pour voir la ville et dépenser son salaire de la manière la plus avantageuse. (Une bonne partie de l'argent se transforma en parfums et en huiles pour les cheveux, présentés dans d'élégants flacons auxquels il ne pouvait pas résister; il m'avoua, un peu gêné, qu'il pourrait toujours les revendre trois fois leur prix n'importe où le long du Gurupí.)

Feliciano, qui était sur le point de descendre le fleuve jusqu'à Viseu, accepta de nous prendre avec lui. Un après-midi, nous le vîmes arriver de l'amont dans l'autre bateau de Mundik Tavares, une vedette à bord de laquelle quelques hommes pagayaient, car la réserve d'essence était épuisée. Dona Benedita, plus loquace que jamais, et son fils Dorico accompagnaient Feliciano. La vie au camp de bûcherons de Mundik l'avait ennuyée, elle voulait changer d'air.

Kuashi-puru et plusieurs hommes de son village étaient venus me dire au revoir : avec les Tembé, ils aidèrent à porter mes bagages jusqu'au fleuve et à les charger sur la vedette.

« C'est ça les caboclos chez qui vous étiez? » demanda dona Benedita; elle s'était servie du terme un peu péjoratif qu'emploient les Brésiliens pour parler des Indiens. Nous avions quitté la rive et voguions avec le courant. Debout sur le pont de la vedette, je regardais ces Indiens avec tendresse en les saluant de la main. A côté de Dorico, dans sa chemise et son pantalon bien repassés, ils avaient l'air plutôt minable; moi aussi.

GLOSSAIRE

Note sur la prononciation : les termes indigènes sont transcrits approximativement en orthographe française, sauf *e*, qui est un *è* ouvert, et *u*, qui se prononce ou. Le tilde sur *a* et *o* (*ã* et *õ*) et l'accent circonflexe sur *e* et *i* (*ê* et *î*) indiquent la nasalisation.

U = Urubu
B = Brésilien
T = Tembé
Tu = Tupi

Aé : un esprit anthropophage (U).
Anawira : un héros culturel secondaire; l'arbre anawira (U).
Ang : âme, ombre (U).
Anyang : l'esprit (ou les esprits) des morts (U).

Ara-yar : maître des aras; une des épithètes appliquées à Maír (U).

Caá-por : un Indien; nom que se donnent les Urubu quand ils parlent d'eux-mêmes; de *caá,* la forêt, et *por,* habitant (U).
Caboclo : à l'origine, un métis de Noir et d'Indien,

donc un paysan; ce terme sert aussi à désigner les Indiens (B).
Capitã : un chef; dérivé de capitão (U).
Capitão : chef, capitaine (B).
Capoeira : une plantation abandonnée (B).
Carapua : vagin; de *cara,* patate, et *pua,* rond (U).
Cararan : pénis; de *cara,* patate, et *ran,* semblable à (U).
Caruwa : charme magique ou figuration symbolique d'un esprit (U).
Cahouin : bière fermentée faite avec du manioc ou des fruits; de *kaú,* ivre, fou, et *i,* eau (U).
Curupir : l'esprit de la forêt; de *curu,* rude, et *pir,* peau (U).

Hantan : dur, fort (U).
Hu-hu! : cri d'intimidation que pousse un Indien quand il est en colère (U).
Ita kitik : roches branlantes, ou Symplégades; de *ita,* pierre, et *kitik,* frotter (U).
Ita kui : idem; de *ita,* pierre, et *kuí,* moudre (U).
Iwi pita : le bout du monde, là où vit Maír; de *iwi,* terre, et *pita,* demeurer (U).
Iwitu ramuî : Grand-Père Vent, un personnage mythologique (U).

Katu : bon (U).
Kaú : être ivre, fou (U).
Kwa! : exclamation (T).

Mai! ou *mai-té!* exclamations d'étonnement; de *mai,* une chose, et *té,* réellement vrai (U).
Maír : le héros culturel (U).
Maír mimi : le fils de Maír (U).
Mamai-hu : Grande Mère, la reine. (voir Papai-hu) (U).
Maraca : un hochet en calebasse dont se servent les chamans (U).
Membek : mou, faible (U).

Mikur : la sarigue, l'esprit familier du chaman; le pendant mortel de Maír (U).
Mikur mimi : le fils de Mikur (U).
Mimi : enfant, sperme (U).

Nde, ne : toi (U).
Ne'eng hantan : langage dur : langage officiel qu'emploient les hommes quand ils sont en visite. De *ne'eng,* langage, et *hantan,* dur, difficile (U).

Pai angau : parrain (U).
Pai-té! exclamation d'étonnement (Voir *Mai!*) (T).
Panem : échouer, manquer de chance (U).
Papai-hu : Grand-Père : le chef spirituel de toute nation civilisée, par exemple, le président du Brésil ou le roi d'Angleterre. De *papai,* père, et *hu,* grand (U).
Patuc : frapper du pied : une démonstration de colère indienne avec piétinements et cris (U).
Payé : chaman (U).
Pera : panier de feuilles de palme tressées, porté sur le dos, et qu'on remplit de gibier, de fruits, etc. (T).
Porang : beau, vertueux (U).

Raír : enfant, sperme (U).
Rankuaî : pénis (U).
Rankuaî-ang : pénis fantôme (U).
Roça : plantation (B).

Saé : homme, camarade (U).
Shibé : boisson faite avec de la farine de manioc macérée dans de l'eau (B).
Suruquer : copuler avec une femme; littéralement : percer (U).

Taboca : bambou; désigne aussi une flèche dont la pointe en bambou a la forme d'une feuille (U).
Takwara : flèche à pointe de fer (U).

Tamuî : grand-père (U).
Tenetehar : animal surnaturel; littéralement : relation (U).
Timakanã : un des esprits de la forêt. De *tima,* jambe, *akang,* os, et *ang,* esprit (U).
Tobajara : beau-frère; sert aussi à désigner une tribu ennemie (Tu).

Urubu : de *uruhu,* vautour (U).

Yandé : notre grand-mère (U).
Yandé ramuî : notre grand-père, ou ancêtre (U).
Ya té! ya té gui! exclamation affirmative; littéralement : « Tu dis vrai! » (U).
Yayi : la lune.

TABLE DES ILLUSTRATIONS
IN TEXTE

TABLE DES MATIÈRES

OUVRAGES DE LA COLLECTION *TERRE HUMAINE*

Selim ABOU : *Liban déraciné.*
Immigrés dans l'autre Amérique.
Autobiographies de quatre Argentins d'origine libanaise.

James AGEE et Walker EVANS : *Louons maintenant les grands hommes.*
Alabama : trois familles de métayers en 1936.

Alexander ALLAND Jr. : *La danse de l'araignée*
Un ethnologue américain chez les Abrons (Côte-d'Ivoire).

AMICALE D'ORANIENBURG-SACHSENHAUSEN : *Sachso.*
Au cœur du système concentrationnaire nazi.

Georges BALANDIER : *Afrique ambiguë.*

Ettore BIOCCA : *Yanoama.*
Récit d'une femme brésilienne enlevée par les Indiens.

Adélaïde BLASQUEZ : *Gaston Lucas, serrurier.*
Chronique de l'anti-héros.

Ronald BLYTHE : *Mémoires d'un village anglais.*
Akenfield (Suffolk).

Pierre CLASTRES : *Chronique des Indiens Guayaki.*
Ce que savent les Aché, chasseurs nomades du Paraguay.

Georges CONDOMINAS : *L'exotique est quotidien.*
Sar Luk, Vietnam central.

René DUMONT : *Terres vivantes.*
Voyages d'un agronome autour du monde.

Joseph ERLICH : *La flamme du shabbath.*
Le shabbath — moment d'éternité — dans une famille juive polonaise.

Eduardo GALEANO : *Les veines ouvertes de l'Amérique latine.*
Une contre-histoire.

Margit GARI : *Le vinaigre et le fiel.*
La vie d'une paysanne hongroise.
Mémoires recueillis et présentés par Edith Fel.

Luis GONZALEZ : *Les barrières de la solitude.*
Histoire universelle de San José de Gracia, village mexicain.

Eduardo GONZALEZ-VIAÑA : *Parle, cactus, appelle les Sorciers!*
Confessions d'El Tuno, chaman péruvien.

Pierre GOUROU : *Terres de Bonne-Espérance.*
Itinéraires d'un géographe dans le monde tropical.

Tewfik EL HAKIM : *Un substitut de campagne en Egypte.*
Journal d'un substitut de procureur égyptien.

Pierre-Jakez HELIAS : *Le cheval d'orgueil.*
Mémoires d'un Breton du pays bigouden.

William H. HINTON : *Fanshen.*
La révolution communiste dans un village chinois.

Francis HUXLEY : *Aimables sauvages.*
Chronique des Indiens Urubu de la forêt amazonienne.

Francis A. J. IANNI : *Des affaires de famille. La Mafia à New York.*
Liens de parenté et contrôle social dans le crime organisé.

Bruce JACKSON : *Leurs prisons.*
Autobiographies de prisonniers et d'ex-détenus américains.

Robert JAULIN : *La mort sara.*
L'ordre de la vie ou la pensée de la mort au Tchad.

Theodora KROEBER : *Ishi.*
Testament du dernier Indien sauvage de l'Amérique du Nord.

Jacques LACARRIERE : *L'été grec.*
Une Grèce quotidienne de 4 000 ans.

Richard LANCASTER : *Piegan.*
Chronique de la mort lente. La réserve indienne des Pieds-Noirs.

Claude LEVI-STRAUSS : *Tristes tropiques.*

Mahmout MAKAL : *Un village anatolien.*
Récit d'un instituteur paysan.

Jean MALAURIE : *Les derniers rois de Thulé.*
Avec les Esquimaux polaires face à leur destin.

Margaret MEAD : *Mœurs et sexualité en Océanie.*
1) Trois sociétés primitives de Nouvelle-Guinée (région du Sepik).
2) Adolescence à Samoa.

C. F. RAMUZ : *La pensée remonte les fleuves.*
Essais et réflexions.

Jean RECHER : *Le grand métier.*
Journal d'un capitaine de pêche de Fécamp.

Eric de ROSNY : *Les yeux de ma chèvre.*
Sur les pas des Maîtres de la nuit en pays douala (Cameroun).

Gaston ROUPNEL : *Histoire de la campagne française.*

Victor SEGALEN : *Les immémoriaux.*

Mary SMITH et Baba GIWA : *Baba de Karo.*
L'autobiographie d'une musulmane haoussa du Nigeria.

Jacques SOUSTELLE : *Les quatre soleils.*
Souvenirs et réflexions d'un ethnologue au Mexique.

Antoine SYLVERE : *Toinou.*
Le cri d'un enfant auvergnat (Pays d'Ambert).

Don C. TALAYESVA : *Soleil Hopi.*
L'autobiographie d'un Indien Hopi.

Wilfred THESIGER : *Le désert des déserts.*
Avec les Bédouins, derniers nomades de l'Arabie du Sud.

Wilfred THESIGER : *Les Arabes des marais.*
Tigre et Euphrate.

Tahca USHTE et Richard ERDOES : *De mémoire indienne.*
La vie d'un Sioux, voyant et guérisseur.

IMPRIMÉ EN FRANCE PAR BRODARD ET TAUPIN
58, rue Jean Bleuzen - Vanves.
Usine de La Flèche, le 13-09-1985.
6399-5 - N° d'Éditeur 2140, septembre 1985.

PRESSES POCKET - 8, rue Garancière - 75006 Paris
Tél. 634.12.80